U0646414

王荔 蔡艳梅 舒亚玲◎主编

心理学基础

北京师范大学出版集团
BEIJING NORMAL UNIVERSITY PUBLISHING GROUP
北京师范大学出版社

图书在版编目(CIP)数据

心理学基础 / 王荔，蔡艳梅，舒亚玲主编 . —北京：北京师范大学出版社，2019.2(2023.8 重印)
ISBN 978-7-303-24540-6

Ⅰ.①心⋯ Ⅱ.①王⋯ ②蔡⋯ ③舒⋯ Ⅲ.①心理学—教师教育—教材 Ⅳ.①B84

中国版本图书馆 CIP 数据核字(2019)第 025494 号

营 销 中 心 电 话　010-58808083
图 书 意 见 反 馈　gaozhifk@bnupg.com　010-58805079

XINLIXUE JICHU
出版发行：北京师范大学出版社　www. bnupg.com
　　　　　北京市西城区新街口外大街 12-3 号
　　　　　邮政编码：100088
印　　刷：北京虎彩文化传播有限公司
经　　销：全国新华书店
开　　本：787 mm×1092 mm　1/16
印　　张：19.5
字　　数：326 千字
版　　次：2019 年 2 月第 1 版
印　　次：2023 年 8 月第 3 次印刷
定　　价：39.00 元

策划编辑：张丽娟　　　　　　　责任编辑：张丽娟　薛玉玲
美术编辑：陈　涛　李向昕　　　装帧设计：李尘工作室
责任校对：包冀萌　王志远　　　责任印制：马　洁　赵　龙

版权所有　侵权必究

前 言
PREFACE

　　《心理学基础》是教师教育公共课教材。本书以习近平新时代中国特色社会主义思想为指导，坚持为党育人、为国育才，落实立德树人根本任务，贯彻落实二十大报告精神，结合《教育部关于大力推进教师教育课程改革的意见》（教师〔2011〕6号）中的《教师教育课程标准（试行）》，和《教育部关于印发〈幼儿园教师专业标准（试行）〉〈小学教师专业标准（试行）〉〈中学教师专业标准（试行）〉的通知》（教师〔2012〕1号），以及中小学和幼儿园教师资格考试标准及大纲（试行）的相关要求，突出教师教育课程标准中的儿童发展、中小学生认知发展与学习教育等模块的主体内容，基本涵盖了教师资格证考试标准中与心理学相关的知识点，是师范生掌握教育教学中所需心理学知识的重要依据。

　　本书的编写特点：一是系统性。对师范生需要掌握的心理学基本理论进行了系统阐述，内容涵盖基础心理学、发展心理学和教育心理学等领域的基本知识，强调对心理学基本概念、基本原理、基本规律及应用等内容的阐述，力求帮助师范生熟悉中小学生的心理发展特点，掌握学习理论及学与教的活动规律，以尽快适应教育教学工作，成为一名合格的中小学教师。二是融合性。心理学知识与教师资格考试内容的高度融合，在保证心理学知识体系相对完整的基础上，力求突出教师资格考试所需知识点，每章都附有练习题，帮助学习者熟悉考试的题型和部分经典考题。

本书由昆明学院教师教育学院组织编写。其中，王荔编写第一章；舒亚玲编写第二章的第一节、第二节，徐惠萍编写第二章的第三节，曾湧编写第二章的第四节、第五节；宋娜编写第三章；曾蕾编写第四章；蔡艳梅编写第五章；余秋梅编写第六章；罗承和陈玉芳编写第七章；蔡艳梅编写第八章；王荔编写第九章的第一节、第二节、第三节，舒亚玲编写第九章的第四节。在初稿完成后，主编对各章内容进行了认真的修改，对全书的体例和风格进行了统一，并最终定稿。

本书在编写过程中借鉴了国内外同行的最新资料与文献，对本书所列参考文献的作者和未一一列出的各位作者一并表示感谢。

由于我们水平有限，编写的疏漏与错误在所难免，恳请同行专家和使用本书的读者指正并提出宝贵的意见，以便今后不断修订和完善。

编　者

目 录
CONTENTS

第一章 绪 论

【学习目标】

1. 识记心理学、发展心理学、教育心理学的研究对象；识记心理现象、心理的实质、儿童心理发展的特点与年龄特征。

2. 理解心理学的发展历程与流派、儿童心理发展的基本理论和教育心理学的作用。

3. 理解学习心理学的意义。

心理科学是一个庞大的知识体系，包含数十个分支学科。如果采用两分法对心理科学进行分类，则可以将心理科学分为基础心理学和应用心理学。基础心理学着重基础的实验研究和理论探讨，担负着创造新的心理学知识的使命，包括发现新的心理学规律、探索新的方法和技术等。主要包括普通心理学、实验心理学、生理心理学、发展心理学、社会心理学、认知心理学等。应用心理学则是着重实际应用，将基础心理学的研究成果应用到人类活动的各个领域，涉及学校教育、社会生活、医疗保健、组织管理、市场消费、体育运动以及工业、军事、司法等各个领域，以便根据人们心理活动的规律安排工作、学习和生活，从而最大程度地发挥人的功能作用。主要包括教育心理学、临床心理学、咨询心理学、工业心理学、管理心理学、司法心理学等。从事教师职业，主要是把心理学的基本原理应用到教育教学实践中。为帮助师范生从心理学的角度去分析教育过程，并学会从心理学的角度去认识学生的心理过程，从而科学、有效地完成教育教学工作，本书重点介绍教育心理学的知识，但为了学生能更好地掌握教育心理学的知识，本章对师范生所需的普通心理学、发展心理学和教育心理学的相关知识做一个简要概括，以便为师范生从事教育教学工作打下坚实的心理学基础。

第一节　心理与心理学

一、心理学的研究对象

任何一门科学都有自己的研究对象，以此来揭示特定领域中的事物或现象本身所固有的规律性。心理学也不例外，心理学是研究人的心理现象发生、发展及其变化规律的科学。

心理现象又称心理活动，简称心理。心理是人脑对客观世界的主观能动反映。人的心理现象比自然现象和生物现象更为复杂，其表现形式多种多样，它们之间的关系也纷繁复杂。但是心理现象又是人们所熟悉的，有规律可循，并且是能够正确认识的。一般可将心理现象分为两个既有区别而又紧密联系的方面：心理过程和个性心理特征。心理过程和个性心理是人的心理活动的基本形式，也是人的心理活动表现的重要方面。只要人处于清醒状态，这一精神现象就随时处在外界现实的影响下，通过感觉器官和大脑不断地产生、发展。

(一)心理过程

心理过程是指心理活动的动态过程，即人脑对客观事物的反映过程。人的心理过程就其性质和功能的不同，可分为认识过程、情感过程和意志过程。

1. 认识过程

认识过程是在大脑作用下人们输入、储存、加工和编码各种信息的过程，即人脑对客观事物的现象和本质的反映过程，包括感觉、知觉、记忆、想象、思维等过程。感觉、知觉、记忆、想象、思维都是为了弄清楚事物的性质和规律而产生的心理活动，这种人脑对客观事物的认识活动统称为认识过程。

2. 情感过程

情感过程是人们对客观事物是否满足需要而产生的态度反应过程。人们在认识客观事物时，不是冷漠无情、无动于衷，而总是带有某种倾向性，表现出鲜明的态度体验，充满着感情的色彩。因此，情感过程是心理过程的一个重要内容，跟人的需要相关，根据需要的不同，可将情感过程分为情绪和情感。

3. 意志过程

人们不仅能对客观事物进行感知和认识，产生相应的情绪和情感体验，还能在此基础上进行有意识地变革客观环境的活动。人类不仅能认识客观世界，还能改造世界。在改造世界的过程中，人总是具有自觉的目的和动机，有实现目标的坚定信念和决心，有战胜困难与挫折的顽强毅力和胆识。如一个热爱教育工作的教师，为提高教学质量而下决心攻克教学问题的难关，精心组织教材内容使讲课得心应手，达到理想的教学效果，这种有意识、有目的地支配自己行动的内心活动称为意志。意志是人的心理、意识的能动性的具体体现，它是人特有的一种心理活动形式。

认识过程、情感过程、意志过程并非各自孤立、互不联系，而是作为一个统一整体相互依存、相互渗透、相互作用。常言道"知之深、爱之切、行之坚"，说的就是知、情、意三者的关系。一方面，情感是在认识的基础上产生的，没有认识就没有情感，情感的产生与变化依赖于认识；另一方面，人对事物的认识又是在情感的支持与激励下实现的。而在认识的基础上、在情感的推动下进行的意志行为过程又反过来加深人们对事物的认识和情感。可见，人的认识、情感和意志这三种心理现象是密不可分的。例如，一个教师帮助、教育后进学生的过程，就包含这三个心理过程：了解情况，分析原因，这是认识过程；端正态度，转变感情，由厌烦变为同情喜爱，这是情感过程；制订教育措施，下定决心，不怕反复，耐心地做好转化工作，这是意志过程。在统一的心理过程中，认识是基础，情感和意志是行为的动力，它们是相互促进、相互影响的。

（二）个性心理

心理过程是人们共同具有的心理活动。但是由于人们的生活条件、受教育程度、经历和知识经验的不同，心理活动在不同人身上就会有不同的表现和特点，正所谓"人心不同，各如其面"，人与人之间在心理风格和面貌上存在着差别，形成了每个人较稳定的、经常表现出来的个性心理特征（又称为人格或个性），人的个性心理的差异主要表现在以下两个方面。

1. 个性倾向性

个性倾向性是指一个人具有的意识倾向和对客观事物的稳定态度。个性倾向性是人从事各项活动的基本动力，决定着人的行为方向，其中主要包括需要、动机、兴趣、理想、信念、世界观。在个性倾向性的成分中，需要是基础，对其他成分起支配调节作用；信念、世界观居于最高层次，决定着一个人总的思想倾向。心理倾向在个性倾向中，随一个人的成熟与发展的阶段不同而不同。在儿童期，支配其心理活动与行为的主要心理倾向是兴趣；在青少年期，理想上升到了主导地位；到中年期，人生观和世界观支配着人的整个心理和行动，成为其主导的心理倾向。

2. 个性心理特征

个性心理特征是一个人身上经常表现出来的本质的、稳定的心理特点，这种稳定的心理特征是个性倾向性稳定化和概括化的结果。个性心理特征包括能力、气质和性格。

(三)心理过程与个性特征的关系

心理过程和个性心理是密不可分的。一方面，心理过程表现在每个人身上时，总具有个人的特点。也就是说，个性心理是通过心理过程在实践的基础上逐步形成和发展起来的，心理过程是个性形成的条件和表现。如果没有对客观事物的认识，没有对客观事物的情感体验，没有对客观现实的积极改造的意志行动，人的个性是难以形成的。另一方面，个性心理要通过人的心理过程表现出来，并制约着心理过程的发展。例如，具有不同兴趣和能力的人，对同一事物的认识及解决问题的水平常常是不同的；性格不同的人，在处理同样的问题时，也常常表现出不同的行为特点。

可见，人的心理过程和个性心理是既有区别又密切联系的统一整体，二者相互融合、相互制约、相互促进，从而形成了一个人完整的心理面貌。

同时，需要指出的是，还有一种比较特殊的心理现象叫注意。注意不是一种独立的心理过程，而是伴随着人们各种心理活动过程存在的一种意识倾向。因此，我们可把心理学研究的心理现象做如下概括，如图1-1所示。

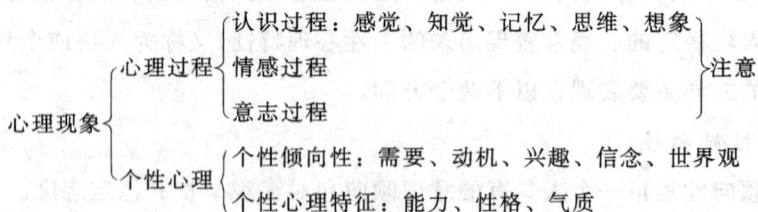

图 1-1　心理现象的结构

二、心理的实质

心理现象是人们普遍熟悉的现象，但对于心理这一现象是如何产生的，心理现象的产生是否有专门的器官，心理现象同物质现象的关系怎样，也就是说，心理的实质是什么，却是一个非常复杂的问题。人们为了寻求这个问题的答案争论不休，产生了许多关于心理实质的不同观点，科学心理观主要包括以下几个方面。

(一)人脑是心理的器官

科学的心理观认为产生心理的器官是脑。随着医学的进步，人们逐步增强了对脑的认识，经过实验发现，人在睡眠和醉酒时，测其心脏活动并无异常，但精神状态却大不相同。生理心理学的许多研究证明，当脑的某部位受损时，相应器官的活动会受阻。把心理的产生与脑的活动联系起来，认为脑是产生心理的器官，例如，大脑皮层的额叶受损。人的活动便失去了方向性，任何偶然的诱惑性情况都会引起其不正确的行为；大脑皮层的顶叶受损，人的活动便失去了均匀性，甚至不能停止已经开始的活动，直到精疲力竭为止；大脑皮层的枕叶受损，人的视觉便会发生障碍甚至失明等。又如"无脑儿"，没有正常的脑髓，也就没有正常人的心理活动。科学的心理观认为：人脑是心理的器官，心理是人脑的机能。

(二)心理是人脑的机能

脑是心理的器官，这一观点已成为科学的结论。那么脑是怎样产生心理的呢？

脑由脑干、间脑、小脑和大脑构成。脑干包括延脑、桥脑和中脑。间脑又包括丘脑和下丘脑。大脑位于脑干和小脑之上，是脑和整个神经系统的最高部位。大脑分为左、右对称的两个半球。左半球主管语言、数学、思考分析、抽象与逻辑思维等能力，右半球主管音乐、绘画及空间关系的鉴别能力，两个半球之间由胼胝体连接。大脑两个半球的表面被平均厚为 2.5 毫米的灰质覆盖，这层灰质被称为大脑皮层(或皮质)，大脑皮层纵横折叠成球形窝在颅腔内，皮层表面凹凸不平，凸出的部分称为"回"，凹陷的部分称为"沟"或"裂"，以主要的沟(中央沟、顶枕裂、外侧裂)为界，把大脑皮层分成 4 个叶——额叶、顶叶、枕叶、颞叶。

5

额叶上分布着躯体运动中枢；顶叶上分布着躯体感觉中枢；枕叶上分布着视觉中枢；颞叶上分布着听觉中枢。这些中枢都是执行相应功能的核心部分，其他区域也分散有类似的功能。当某一区域受损后，经过适当的治疗和锻炼，其他区域可以起部分或全部补偿作用，因此，大脑皮层机能定位区是相对的。

人的心理现象就其产生方式而言是反射。反射是有机体借助于中枢神经系统而实现的对体内外刺激所做出的规律性的应答活动。引起反射的刺激可能是外部的，如食物、声、光、温度等；也可能是体内的，如肠胃运动、某些内脏器官活动的变化等。对于刺激的应答可能是肌肉收缩而产生的身体运动；也可能是腺体的活动而导致分泌唾液、胃液、胆汁、汗液、眼泪或各种激素。从简单的咳嗽、眨眼到复杂的学习、品德的养成都是反射。实现反射的全部生理结构称为反射弧。反射弧一般包括五个环节：感觉器官（眼、耳、鼻、舌、皮肤、内脏、肌肉等）、传入神经、中枢神经、传出神经、效应器（肌肉、腺体等）。反射活动一般都需经过完整的反射弧来实现。例如，手遇烫物缩回这一反射活动，是这样实现的：当烫物作用于手的皮肤（感觉器官）引起神经兴奋，兴奋沿着传入神经到达中枢神经，由中枢神经发出"指令"传到手的肌肉（效应器）引起缩手这一活动。这就是一个简单的反射弧模式。但完成一个活动并不是单向传导能够完成的，往往需要多次传导、多次反馈才能实现。反射弧实际上是一个反射环。

反射可以按其产生条件分为无条件反射和条件反射两类。一是无条件反射。无条件反射是遗传的、生来就有的反射。例如，强光刺激引起的瞳孔收缩；异物进入呼吸道引起的咳嗽；食物进入口腔引起的唾液分泌；新生儿的抓握反射、向光反射等都是生来就会的。引起无条件反射的刺激物叫作无条件刺激物。无条件反射可以分为食物的、防御的和性的三大类。无条件反射的意义是维持机体的生命和延续种族。二是条件反射。条件反射是后天的，是在个体生活过程中经过学习而形成的反射。例如，挨过棒打的狗再见到举棒的姿势就逃跑；打过几次针的小孩儿，见到穿白衣服的人就哭或躲避；吃过梅子的人，一见到梅子便会分泌唾液。这些都是在无条件反射的基础上形成的条件反射。

根据刺激物的性质可把信号系统划分为第一信号系统和第二信号系统。第一信号系统是由具体刺激物（如声音、颜色、气味等）引起的条件反射系统。如"望梅止渴"是由梅子的各种属性直接作用于人的感觉器官而引起唾液分泌，属于第一信号系统的活动；第二信号系统是指由语词作为条件刺激物而引起的条件反射系统。如"谈虎色变"是由与虎的特征相关的词语而引起的恐惧，属于第二信号系统的活动。实验表明，语言和词往往比具体事物的刺激更容易形成条件反射。在语言和词的刺激下，只要一次结合，就能形成条件反射。所以，我们可以借助第二信号系统间接地认识客观事物，学习前人的知识、经验。教师可以利用第二信号系统的活动向学生传授知识，帮助学生形成技能，更可以通过表扬或批评等强化手段来培养学生良好的思想品德。两种信号系统既有区别又有联系。第一信号系统是人和动物共有的，第二信号系统是人独有的；第二信号系统是在第一信号系统的基础上建立的，第二信号系统调节和控制着第一信号系统的活动。两种信号系统协同活动，产生人的心理。

综上所述，心理现象就其产生方式而言是反射（主要是条件反射），条件反射是一种信号活动，通过两种信号系统的协同活动产生人的心理。

(三)心理是人脑对客观现实的主观、能动反映

1. 客观现实是心理产生的源泉

脑是心理的器官，具有反映的机能，但人脑必须在客观现实的影响下才能实现其反映的机能，从而把客观存在转化为主观的心理。人脑好比是个"加工厂"，客观现实就是"原材料"，没有"原材料"，大脑这个"加工厂"就不能生产出任何产品。没有客观事物的作用，就不能实现脑的反映机能，只有在客观现实的作用下，人脑的反映机能才能由可能性变为现实性。客观现实制约着人的心理发展方向、速度和可能达到的水平。因此，人的心理所反映的是客观现实，客观现实是人的心理的源泉。对人来说，客观现实包括自然环境和社会环境。自然环境所包括的日月山川、飞禽走兽等是人的心理的源泉；但社会生活条件所包括的城市、乡村、工厂、学校、家庭、风俗习惯、文化传统、人际关系等是人的心理的最重要的、起决定性作用的源泉和内容。

大量实例证明，离开了社会生活条件，就不可能产生正常人的心理。"狼孩"便是一个典型的实例。1920年印度人辛格在加尔各答附近发现了两个"狼孩"，大的7岁，取名为卡玛拉；小的2岁，取名为阿玛拉（很快便死亡）。起初，卡玛拉用四肢爬行，双手和膝盖着地歇息，她害怕强光，白天蜷伏在黑暗角落里睡觉，夜间潜行，不穿衣物，不怕冷，不洗澡，用舌头舔饮生水和流汁，只吃扔在地板上的生肉。经过人们的照料和教育，2年后学会了站立，6年后学会独立行走，8 岁时只有 6 个月婴儿的智力水平，4 年后学会了 6 个词，7 年后学会了 45 个词，17 岁死去时只有相当于 4 岁儿童的智力水平。这一事实告诉我们：一个人如果失去了社会生活条件，尽管他有着正常的人脑，也不可能产生正常人的心理。卡玛拉自幼失去了人的社会生活条件，生活在动物的自然环境里，她只能成为生物的个体，而不可能产生人的心理，即使后来给予了她正常的社会生活条件以及多年的教育和训练，也难以使其达到正常人的心理发展水平。

因此，人的心理现象，无论是简单的，还是复杂的，无论是离奇的幻想，还是虚无缥缈的神话故事，其内容材料都来源于客观现实。正是由于客观现实中复杂的事物作用于人脑，人才能产生感觉、知觉、记忆、思维、想象、情感、意志等心理过程和个性心理特征及个性倾向性。所以说，客观现实是人的心理活动的内容和源泉。

2. 心理是客观现实的主观的、能动的反映

虽然人的心理是由客观现实引起的，在脑中形成的近似于客体的映象，按其内容源泉及其发生方式来说是客观的。但就产生心理的人这一主体来说，任何心理都是属于一定主体并产生于具体人的脑中，是不可替代的，由于每个人的知识经验、生活经历、世界观、需要、态度及个性特征以及当时的心理状态不同，就必然使人的心理活动带上了鲜明的个人色彩，表现出对客观事物反映的主观性。因而，不同的人对同一个事物的反映不同。如同一班学生同读一本书，各人对书的内容的理解及评价也会各不相同。人对客观现实的反映，并不是机械的、刻板的、照镜子式的，更不是对客观现实的简单复制，而是通过人和客观现实的相互作用，对客观现实进行积极的、能动的反映，人不仅可以反映客观现实的表面现象和外部联系，而且可以反映客观现实的本质和规律，从而有目的、有计划地改造客观现实。因此，人的心理活动不仅具有客观性，而且还具有主观性和能动性，是对客观现实的主观的、能动的反映。

人的心理是对客观现实的主观反映，并不是指人的心理是对客观现实的主观臆测或任意附加，而是指人是反映的主体，客观现实是反映的客体，人对客观现实的反映总是带有作为主体的具体人的特点的。正是由于人对当前事物的每一个反映都有过去的知识经验、个性特征的参与而起作用，才保证了人对客观现实的反映的不断深入。

3. 人的心理是在实践活动中发生、发展的

人的心理不是头脑里固有的，仅仅有了产生心理的物质器官——人脑，还不能产生人的心理，即使有了反映器官和被反映的客观现实，如果人不从事社会实践活动，仍然不会自然地产生人的正常心理。实践活动是人的心理发生、发展的基础，社会实践活动是把人脑和客观现实联系起来的桥梁，人的一切心理活动都是在实践活动中，在劳动、学习、交往中产生的，离开实践活动，人的心理就不可能得到发展，因为人的心理的日益丰富是随着实践活动的日益深化而实现的，人在改变外界的实践活动中，也同时改变了自己对外界的反映，使自己的心理得到发展。

综上所述，人的心理是客观现实在人脑中的主观映象。客观现实、社会实践是产生人的心理的决定因素，而人脑是产生人的心理的必要条件和主要器官，它影响着人对客观现实的反映和人的主观能动性的发展，人脑对人的心理的产生和发展，要依赖于客观现实和人的社会实践活动。

三、心理学的产生与发展

(一)科学心理学的产生

心理学是一门从哲学中独立出来的既古老又年轻的科学，有很短的历史，但却有一个漫长的过去。在中国，两千多年前，古代思想家荀子、王充等也都有不少关于心灵的论述。在国外，古希腊哲学家如柏拉图(Plato)、亚里士多德(Aristotle)等有不少关于心灵的论述。其中，亚里士多德的《论灵魂》是历史上第一部论述心理现象的著作。在西方，从文艺复兴到 19 世纪中叶，人的心理特性一直是哲学家研究的对象，心理学是哲学的一部分，这段时期，英国的培根(F. Bacon)、霍布斯(T. Hobbes)、洛克(J. Locke)等人，以及 18 世纪末法国的百科全书派的思想家都试图纠正中古时代被神学歪曲了的心理学思想，并给予符合科学的解释。培根的归纳科学方法论对整个近代自然科学的发展起了很大作用。到了19 世纪中叶，自然科学特别是生理学的迅速发展，科学成果不断涌现，为心理学从哲学中分离出来而成为一门独立的科学创造了有利的条件。1879 年德国哲学家、生理学教授冯特 (W. Wundt)在莱比锡大学建立了世界上第一个心理学实验室，把自然科学中所使用的方法应用于心理学的研究。著名的《生理心理学原

理》一书，就是他采用科学的实验方法研究心理现象的成果总结。从此，心理学摆脱了哲学的附庸地位，成为一门独立的科学。心理学史上，人们公认 1879 年是心理学的正式诞生之年，冯特被誉为"心理学之父"。如果以冯特建立世界上第一个心理学实验室作为心理学脱离哲学而成为一门独立科学的开始，那么，迄今为止心理学只有一百多年的短暂历史。从这个角度来看，心理学与其他科学（如文学、物理学、生物学等）相比，它又是一门很年轻的科学，是一门正在发展中的科学。所以，正如心理学家艾宾浩斯（H. Ebbinghaus）说的，"心理学有着漫长的过去，但只有短暂的历史"。

（二）现代西方心理学的主要流派

冯特建立心理学后，从 19 世纪末到 20 世纪 50 年代，心理学进入派别林立的时代。

1. 构造主义

代表人物是冯特和他的学生铁钦纳（E. B. Titchener）。构造主义认为，心理学应该研究人的直接经验即意识，意识可以分解为感觉、意象和感情三种元素。心理学研究的目的在于通过内省（即被试对自己经验的观察和描述）去了解在不同的刺激情境下各种元素的结构。

2. 机能主义

代表人物是美国心理学家詹姆斯（W. James）、杜威（J. Dewey）和安吉尔（J. R. Angell）。机能主义认为，心理学应研究个体适应环境时的心理或意识的功能，意识不是心理元素的集合，而是川流不息的过程，意识是个人的、变化的、连续的和有选择功能的。在研究方法上，机能主义认为不应局限于内省法，可以采用观察、测验、调查等方法。机能主义对心理学面向实际生活过程起了推动作用。

3. 行为主义

代表人物是美国心理学家华生（J. B. Watson）。其最重要的特点是：①反对研究意识，主张心理学应研究行为。认为意识看不见、摸不着，无法进行观察和测量。②个体的行为不是与生俱来的，而是受环境因素影响被动学习的。反对遗传决定论，代之以环境决定论。③把对动物研究得到的结果（行为的原理原则）用来解释人的行为。

4. 格式塔心理学

代表人物是韦特海默（M. Wertheimer）、苛勒（W. Kohler）和考夫卡（K. koffka）。格式塔（Gestalt）在德文中是"形状"或"组型"之意，有整体的意味，这个名称代表了这个学派的宗旨。特点：①反对把意识分解为元素。认为人的心理现象是一个整体，知觉是心理组织的过程。②在知觉、学习、思维和问题解决方面做了大量实验研究，有重要的贡献。③格式塔心理学认为"整体大于部分之和"，整体先于部分而存在，并且制约着部分的性质和意义。

5. 精神分析论

代表人物是奥地利精神科医生弗洛伊德（S. Freud）。这一理论不仅是心理学中影响最大的理论之一，也是 20 世纪影响人类文化最大的理论之一。特点如下：①理论观点不是来自大学教授的书斋和实验室，而是来源于精神病治疗的临床实践；②不以人的意识和正常行为为对象，而以人的无意识和异常行为为对象；③不采用实验法，而是用临床方法（精神分析法）作为研究方法；④在很长一段时间内被拒于心理学主流之外，有时也被称为"非学院派的心理学"。

6. 人本主义心理学

人本主义心理学被称为当代心理学中的"第三势力"，因为它既反对行为主义，又反对精神分析。主张心理学应以正常人为研究对象，应研究人不同于动物的一些复杂经验。认为人的本质是好的，是善良的，人不是受无意识的欲望驱使的，人有自由意志，有自我实现的需要。只要有适当的环境，人就会努力去达到某些积极的社会目标。人类本性中蕴藏着无限的发展潜力。

7. 认知心理学

20 世纪 40 年代末，在信息论、系统论和控制论的影响下，诞生了认知心理学，认知心理学家将人的认知过程类比为计算机的信息加工过程，用实验法研究人的内部心理过程。

8. 积极心理学

积极心理学是心理学领域的一场革命，是人类社会发展史中的一个新的里程碑，也是一门从积极角度去研究人的心理的新兴科学。积极心理学作为一个研究领域的形成，以马丁·赛利格曼（Martin E. P. Seligman）和米哈依·西克赞米哈依（Mihalyi Csikzentmihalyi）2000 年 1 月发表的《积极心理学导论》为标志，采用科学的原则和方法来研究幸福，力求用一种更加开放、欣赏的眼光去看到人的潜能、动机和能力等。倡导心理学的积极取向，以研究人类的积极心理品质、关注人类的健康幸福与和谐发展。

(三)心理学的任务

1. 描述和阐明人的心理现象

人的心理现象纷繁复杂，但是有其活动的规律性。心理学的任务之一就是要描述和阐明人类的行为和心理活动如何调节与支配人的活动，以寻找其心理活动的规律性。例如，心理学通过大量测量揭示了人类遗忘的规律，这样就可以理解为什么有的人记得又快又牢固，有的人记忆效果差，并提出相应的有助于记忆的方法，控制和避免不利于记忆的各种因素。

2. 测量和预测人的心理现象

科学的重要作用在于测量和预测。当人们通过测量了解到某些心理活动的规律时，就能够根据客观现实的需要去预测人的行为。例如，通过智力测验了解了某个学生的智力水平，就能够较准确地预测这个学生的学业成绩；根据测验了解了一个工人的机械能力，就能够预测他在机器装配上的成就。心理学就是通过测量和预测人的心理现象，来掌握人的心理规律，以便指导教育教学工作的。

3. 理解和调节人的心理活动

理解和调节人的心理活动，实际上就是找出产生所观察到的心理现象的原因。这个过程既包括了把已知事实组织起来以形成与事实相符的说明，也包括了就事件之间的关系提出需要证明的假定。例如，有的小学生在上课期间注意力经常不易集中，这并不是心理病症，而是符合该年龄段学生的心理规律：小学生有意注意的稳定性，一般不超过 20 分钟。因此，作为教师，在一节课内应该准备丰富而又生动有趣的材料，不断改变讲授方法以吸引小学生的有意注意。

(四)心理学的性质

学科分类中通常分为自然科学和社会科学两大类。心理学要研究心理现象的物质本体及心理的神经生物学基础。在这个意义上，心理学的研究目标和手段和自然科学一样，因而具有自然科学的性质。但人又是社会的实体，人的心理的发生离不开社会环境的影响，此外，心理学还研究团体心理和社会心理，这些心理现象更是社会生活的产物。在这个意义上，心理学的研究又具有社会科学的性质。所以，心理学既具有自然科学的性质又具有社会科学的性质，属于自然科学和社会科学双重性质的科学，处在自然科学和社会科学的中间位置，因而又叫作中间科学或者边缘科学。

第二节 心理发展

一、心理发展概述

(一)心理发展的内涵

心理发展，是指个体在整个生命历程中所发生的一系列积极的心理变化，是人对客观现实反映活动的扩大、改善、日趋完善和复杂化的过程。因此，并不是所有的心理变化都可以叫作心理发展。例如，由于疲劳和疾病等原因而发生的心理上的变化，就不能称为心理发展。心理发展主要表现在四个方面：①反映活动从混沌未分化向分化、专门化发展；②反映活动从不随意性、被动性向随意性、主动性发展；③反映认知机能从认识事物的表面现象向认识事物的内部本质发展；④对周围事物的态度从不稳定向稳定发展。

(二)发展心理学的产生与发展

专门研究心理发展的学科，称为发展心理学。发展心理学是研究个体从受精卵开始到出生、成熟、衰老的生命全程中心理发生、发展的特点和规律，即研究毕生心理发展特点和规律。从广义上说也包括种系的心理发展(比较心理学和民族心理学)，从狭义上说就是指个体发展心理学，本书所讲的是个体发展心理学，是研究个体心理发展规律和各年龄阶段心理特征的科学。

发展心理学的发展经历了从儿童心理学的研究到发展心理学的研究过程。儿童心理学的创始人是普莱尔(W. Preyer)。普莱尔1882年发表的《儿童心理》一书是第一本较为系统的儿童心理学著作，被公认为是一部科学的儿童心理学著作。从儿童心理学的研究到发展心理学的研究的主要标志为：①霍尔(G. S. Hall)将儿童心理学研究的年龄范围扩大到青春期。②精神分析学派对个体生命全程的发展率先进行了研究。精神分析学派心理学家荣格(Carl G. Jung)是最早对成年人心理开展研究的心理学家。他对个体全程发展的观点主要涉及三个方面：一是提出前半生和后半生分期的观点；二是重视中年危机；三是论述了老年心理，特别是临终前的心理。新精神分析学派的代表埃里克森(E. H. Eriksson)在荣格的研究和理论的基础上将弗洛伊德研究的年龄阶段扩展到青春期直至老年期。③发展心理学的问世及其研究。美国心理学家何林渥斯(H. Z. Hollingwerth)于1930年出版了《发展心理学概论》,这是世界上第一部发展心理学著作。美国另一位心理学家古德伊洛弗(F. L. Goodenough)于1935年也出版了一本《发展心理学》。1957年,美国《心理学年鉴》用"发展心理学"作章名代替了惯用的"儿童心理学"。

(三)影响心理发展的因素

人心理的发展是个复杂多变的过程,而且受许多因素的影响,但一般来说主要有以下影响因素:先天的遗传素质,后天的环境、教育和个体主观能动性。

1. 遗传素质是人心理发展的物质前提

遗传素质为人的身心发展提供了必要的生物前提和发展的潜在可能性,没有这个前提人就无法得到发展。同时遗传素质的生理成熟程度制约着人的身心发展水平及阶段,为一定年龄阶段的身心特点的出现提供了可能和限制。

2. 环境对人的心理发展起重要作用

环境是人的身心发展的外部的客观条件,环境为个体的发展提供了多种可能,包括机遇、条件和对象,环境使遗传提供的发展可能性变成现实。社会环境在很大程度上制约着儿童心理发展的方向和水平。时代不同,社会生活条件不同,儿童心理发展的方向、速度和水平都不相同。例如,生活在20世纪前叶的儿童,与生活在21世纪初的儿童,无论是智力水平还是精神面貌都大不相同。家庭的生活方式、物质条件、文化素养以及家庭气氛,都对儿童的心理发展有着直接、深刻、持久的影响。

3. 教育在人的发展中起主导作用

教育,特别是学校教育是一种专门对人施加积极影响的活动,对人的心理发展起主导作用。主要体现在:①学校教育具有明确的目的性和方向性,是专门培养人的活动;②学校教育是通过专门训练的教师来进行的,相对而言效果较好;③学校教育能有效地控制、影响学生发展的各种因素;④学校教育给人的影响比较全面、系统和深刻。因而,学校教育在人的身心发展中起主导作用。

4. 个体主观能动性对心理发展起着决定性的作用

个体的主观能动性是人的主体性的表现,表现为个体能根据自己的意愿和思想，主动、自觉地按照自己的意愿进行认识和实践的特性，是人身心发展的内在动力，对个体发展起着决定性的作用。

二、心理发展理论

(一)皮亚杰的认知发展理论

1. 强调动作的重要性

皮亚杰十分重视动作在儿童认知发展中所起的重要作用。他认为，儿童的思维既不起源于先天的成熟，也不起源于后天的经验，而是起源于主体的动作。主体通过动作对客体的适应乃是儿童心理发展的真正原因。

2. 心理发展的结构

皮亚杰(J. Piaget)是一个结构主义的心理学家，他提出心理发展的结构问题。他首先认为心理结构的发展涉及图式、同化、顺应和平衡。

(1)图式。图式是人脑中已有的知识经验的网络。图式最初来自先天的遗传，以后在适应环境的过程中，不断变化、丰富和发展，形成了本质不同的认知图式(或结构)。图式就是孩子对外界的一个认知感受与产生的结果。他认为，个体通过动作对客体的适应是心理发展的真正原因。

(2)同化。同化是主体将环境中的信息纳入并整合到已有的认知结构的过程，也就是说个体在感受刺激时，把它们纳入头脑中原有的图式之内，使其成为自身的一部分，以加强和丰富主体的动作。例如，孩子原来知道苹果、梨是水果，今天看到榴梿了，并且知道榴梿也是一种水果，这就是知识同化了。

(3)顺应。顺应就是个体改变自己的动作以适应客观变化。如儿童过去认为鸟都是会飞的，现在发现也有不会飞的鸟，这时候就要改变已有图式来形成新的经验。个体就是不断地通过同化与顺应两种方式，来达到自身与客观环境的平衡的。

(4)平衡。平衡是指学习者个体通过自我调节机制，不断地通过同化与顺应两种方式，使认知发展从一个平衡状态向另一个平衡状态过渡的过程。皮亚杰认为个体心理发展的过程就是个体通过同化(把环境因素纳入机体已有的图式或结构之中，以加强和丰富主体的动作)和顺应(改变主体动作以适应客观变化)的形式来达到机体与环境的平衡的过程。这一过程是一种不断的"平衡—不平衡—平衡—不平衡"的过程，也是适应的过程。

3. 儿童认知发展的阶段

皮亚杰认为，儿童从出生到成人的认知发展不是一个数量不断增加的简单累积过程，而是伴随着同化性的认知结构的不断再构，使认知发展形成几个按不变顺序相继出现的时期或阶段。他认为逻辑思维是智慧的最高表现，因而从逻辑学中引进"运算"的概念作为划分智慧发展阶段的依据。这里的运算并不是形式逻辑中的逻辑演算，而是指心理运算，即能在心理上进行的、内化了的动作。经过一系列的研究与演变，皮亚杰将从婴儿到青春期的认知发展分为感知运动、前运算、具体运算和形式运算四个阶段。

(1)感知运动阶段(0~2岁)。这一阶段儿童的认知发展主要是感觉和动作的分化。初生的婴儿，只有一系列笼统的反射。随后的发展便是组织自己的感觉与动作以应付环境中的刺激，到这一阶段的后期，感觉与动作才渐渐分化为有调适作用的表现，思维也开始萌芽，逐渐形成物体永久性和出现了因果性认识的萌芽。

(2)前运算阶段(2~7岁)。这一阶段儿童的各种感知运动图式开始内化为表象或形象模式，特别是语言的出现和发展，使儿童日益频繁地用表象符号来代替外界事物，但他们的语词或其他符号还不能代表抽象的概念，思维仍受具体直觉表象的束缚，难以从知觉中解放出来。这一阶段儿童的思维有如下主要特征：认为外界的一切事物都是有生命的；所有的人都有相同的感受，一切以自我为中心；认知活动具有相对具体性，但还不能进行抽象的运算思维；思维不具有可逆性等。

(3)具体运算阶段(7~11岁)。这一阶段儿童的认知结构中已经具有了抽象概念，思维可以逆转，因而能够进行逻辑推理。其标志是儿童已经获得了长度、体积、重量和面积的守恒。所谓守恒，是指儿童认识到客体在外形上发生了变化，但其特有的属性不变。这一认识的根本原因是儿童已经能够同时考虑到问题的多个维度。这个阶段的儿童还能凭借具体事物或从具体事物中获得的表象进行逻辑思维和群集运算。但这一阶段的儿童的思维仍需要具体事物的支持。

(4)形式运算阶段(11~15岁)。这个阶段的儿童思维迅速发展，能在头脑中把形式和内容分开，使思维超出所感知的具体事物或形象，进行抽象的逻辑思维和命题运算。

皮亚杰的认知理论主要包括以下几方面：①强调动作的重要性。皮亚杰认为，动作是连贯主客体的桥梁和中介，一切知识是主客体相互作用的产物，"知识来源于动作，而非来源于物体"。②强调阶段性，提出在儿童教育上，应遵循以下原则：第一，教育要符合儿童身心发展阶段，符合儿童心理发展的水平，避免儿童教育成人化的倾向。第二，发展儿童的主动性。皮亚杰十分重视主体在教育过程中的作用。他认为，儿童的教育必须是一个主动的过程，教育者必须注意发展儿童的主动性。第三，强调儿童的实际活动。皮亚杰认为认知起源于动作，动作在儿童心理发展中起着重要的作用，因此教育者应该使儿童通过实际生活和具体事物进行学习。第四，重视儿童的社会交往。皮亚杰强调社会交往在儿童心理发展中的重要性。他认为，与他人交往及儿童之间相互交往，有助于儿童语言与思维的发展以及情感和道德的发展。

（二）维果斯基的心理发展理论

维果斯基(Lev Vygotsky)是苏联的心理学家，他在心理的个体发展和种系发展上做了许多探讨，特别是在关于人类心理的社会起源、儿童心理发展对教育、教学的依赖关系等有很独特的论述。

1. 创立了文化—历史发展理论

维果斯基用其创立的文化—历史发展理论，解释了人类心理本质上与动物不同的那些高级心理机能。提出了人类心理发展的规律不再受生物进化规律所制约，而受社会历史发展的规律所制约的观点。

2. 提出了文化—历史的发展观

维果斯基在阐明心理发展实质的基础上，提出其文化—历史的发展观，将人类心理由低级向高级发展的标志归纳为四个方面：第一，心理活动的随意机能；第二，心理活动的抽象概括机能；第三，各种心理机能之间关系的不断变化；第四，心理活动的个性化特征。维果斯基将人类心理由低级向高级发展的原因归纳为三个方面：第一，人类心理发源于社会、文化历史的发展，受社会规律所制约；第二，语言符号是个体心理发展的重要条件；第三，高级心理机能是一种不断内化的结果。

3. 阐述了教学与发展的关系

在教学与发展的关系上，维果斯基提出了三个重要的问题：①最近发展区思想；②教学应当走在发展的前面；③关于学习的最佳期限问题。维果斯基认为，对于学生的教学发展，至少要确定两种发展的水平。第一种水平是现有发展水平，这是指儿童独立活动时所达到的解决问题的水平。第二种是在有指导的情况下所达到的解决问题的水平，也是通过教学所获得的潜力。这二者之间的差异就是最近发展区。教学创造着最近发展区，第一个发展水平和第二个发展水平之间的动力状态是由教学决定的。根据上述思想，维果斯基提出教学应当走在发展的前面。也就是说，教学可以定义为人为的发展，教学决定着智力的发展，这种决定作用既表现在智力发展的内容、水平和智力活动的特点上，也表现在智力发展的速度上。怎样发挥教学的最大作用？维果斯基强调学习的最佳期限。如果脱离了学习某一技能的最佳年龄，从发展的观点来看是不利的，它会造成儿童智力发展的障碍。因此，开始某一种教学，必须以成熟与发育为前提，但更重要的是教学必须首先建立在正在开始形成的心理机能的基础上，走在心理机能形成的前面。

(三)埃里克森的心理发展理论

埃里克森是美国的精神分析医生，也是美国现代最有名的精神分析理论家之一。与弗洛伊德不同，埃里克森的人格发展学说，既考虑到了生物因素的影响，也考虑到了社会文化因素的影响。他认为，个体的发展过程是自我与周围环境相互作用和不断整合的过程。他将个体的发展划分为八个阶段，同时指出了每一个阶段的主要发展任务。①婴儿期(0～2岁)：主要发展任务是满足生理上的需求，发展信任感，克服不信任感。婴儿的生理需要如果能得到满足，会对周围的环境产生一种基本信任感；如果自身的生理需要总是不能得到满足，则会对周围的环境产生不信任感，即怀疑感。②儿童早期(2～4岁)：主要的发展任务是获得自主感，克服羞怯和疑虑，体验着意志的实现。如果能顺利解决这一阶段的发展任务，将有利于儿童对未来社会秩序和法律生活的适应；如果不能顺利解决，儿童就会产生对自己的羞怯和对他人及生活的疑虑。③学前期(4～7岁)：主要发展任务是获得主动感和克服内疚感，体验目的的实现。本阶段又称为游戏期，儿童在各种游戏中体会着自我的功能，实现着自我教育。儿童在此阶段主动性的发展程度，将与以后在工作与经济上取得的成就有关。如果这一阶段的任务不能很好地完成，儿童就会因感到自己无用而产生内疚感。④学龄期(7～12岁)：发展任务是获得勤奋感，克服自卑感，体验着能力的实现。儿童开始了学校生活，需要努力去完成学习任务。儿童在这个时期所形成的勤奋精神将与其以后的工作态度有关，如果儿童不能很好地完成学习及其他方面的任务，就会产生自卑感。⑤青年期(12～18岁)：发展任务是建立同一感和防止同一感混乱，体验着忠诚的实现。他提出了"合法延缓期"的概念。他认为这时的青年承继儿童期之后，自觉没有能力持久地承担义务，感到要做出的决断未免太多太快。因此，在做出最后决断以前要进入一种"暂停"的时期，用以千方百计地延缓承担的义务，以避免同一性提前完结的内心需要。虽然对同一性寻求的拖延可能是痛苦的，但它最后是能导致个人整合的一种更高级形式和真正的社会创新。⑥成年早期(18～25岁)：发展任务是获得亲密感以避免孤独感，体验着爱情的实现。这个阶段的青年人已经自愿准备去开始一种相互信任、努力工作、生儿育女的生活，以便能更圆满地进入社会，但有时由于各种原因而不能与他人或伴侣形成相互信任的关系，因而产生孤独感。⑦成年中期(25～50岁)：发展任务是获得繁殖感而避免停滞感，体验着关怀的实现。这个阶段的个体已建立了家庭，关心着下一代的成长，若缺乏这种对下一代的关心，会有一种停滞感。⑧成年晚期(50岁至死亡)：发展任务是获得完善感并避免失望和厌倦感，体验着智慧的实现。如果个体对自己的一生还满意的话，就会产生完善感，否则就会对人生感到厌倦和失望。在埃里克森关于个体发展的这八个阶段中，前五个阶段是与弗洛伊德的五个阶段相对应的，后三个阶段则是他个人的创造。埃里克森这个发展阶段论着重强调个体在身心发展上不仅具有纵向性，也具有发展方向上的多维性。埃里克森的发展渐成说有着自己的特色而不同于别人，可以说他的发展过程不是一维性的纵向发展观——一个阶段不发展，另一个阶段就不能到来；而是多维性的，每一个阶段实际上不存在发展不发展的问题，而是发展的方向问题，即发展方向有好有坏，这种发展的好坏是在横向维度上两极之间进行的。

三、儿童心理发展的特点与教育

(一)儿童心理发展的特点

1. 顺序性

儿童的心理发展是按照一定的顺序持续不断变化的过程，是一个由低级到高级、由简单到复杂、由量变到质变的过程，具有顺序性的特征。例如，身体发展是按照首尾方向(即从头部到躯干到下肢)和中心外周方向(即从中间部位到边缘部位)进行的。心理发展也是以一定的顺序发展,例如,儿童思维的发展总是从具体动作思维到形象思维,再从形象思维到抽象逻辑思维发展;记忆发展的顺序是从机械记忆到意义记忆等。

2. 阶段性与连续性

儿童心理发展是一种连续、渐进的过程。当某一种心理活动在发展变化之中而又未出现新质变时,它就正处于一种量变的积累过程,表现为心理发展的连续性,当量变达到一定程度产生质变,由于质变,使得儿童在不同的时期表现出与其他时期不同的心理特点,于是心理发展过程中表现出明显的阶段性。在每一个人生阶段都会形成一般的、典型的、本质的特征。每一阶段都是前一阶段发展的继续,同时又是下一阶段发展的开始;前一阶段中总包含有后一阶段的某些特征的萌芽,而后一阶段又总带有前一阶段某些特征的痕迹。例如,一二年级以具体形象思维为主,但仍有幼儿期的知觉思维。

3. 不均衡性

儿童发展不是匀速地发展的,而是表现出不均衡性。儿童发展的不均衡性表现在两个方面。一是个体同一个方面在不同的年龄阶段发展是不均衡的。例如,人的身高、体重在不同年龄阶段发展速度不同。少年期是儿童身高、体重增长最快的阶段,儿童期的生长相对要缓慢一些。二是个体不同方面的发展具有不均衡性。有些方面在较早的年龄阶段就已达到较为成熟的发展水平,有些要等到一定的年龄阶段才发展,例如,感知力在幼儿阶段就得到较好发展,抽象思维要到少年期才能得到较好发展。

4. 稳定性与可变性

在一定社会和教育条件下,儿童心理年龄特征具有一定的稳定性,即阶段的顺序、每一阶段的变化过程和速度等,大都是稳定的、共同的,表现出稳定性。由于儿童先天素质以及所处的环境和所受教育的不同,或是社会环境与教育在儿童身上起作用的情况不尽相同,儿童在心理发展的过程和速度上,彼此之间可能有一定的差距,表现出可变性。

5. 个别差异性

个别差异性,是指在儿童发展具有整体共同特征的前提下,个体与整体相比较,每一具体儿童的身心发展,在表现形式、内容和水平方面,都可能会有自己的独特之处,这种表现于个体发展方面的差异性,来源于个体遗传素质和生活环境的差别。例如，同样年龄的儿童，在身高方面有明显的高矮之分。同年龄的儿童，也会由于他们各自神经过程灵活性的差别，在学习中表现出注意力的持久性、知觉的广度方面的差异。

(二)儿童心理发展的"关键期"

儿童心理发展不是齐头并进的，而是有各自的发展最佳期，也称儿童心理发展的"关键期"，即在某一特定的时期幼儿有某种心理倾向性，从而使儿童在发展的某一特定时刻对一定的事物或活动表现出积极性和兴趣，并能有效地认识事物和掌握活动，而过了这一时期上述情况便会消失而且不再出现。如果能抓住这个最佳时机发展孩子的能力，就会起到事半功倍的效果。例如，2～3岁是口头语言发展的关键期。在正常语言环境中，这一时期儿童学习口语最快、最牢固，相反，这个时期完全脱离人类的语言环境，其后就很难再学会说话，"狼孩"的情况就是这样。

(三)儿童心理发展的年龄特征

儿童心理发展的阶段性是与人的年龄相联系的。由此，心理学上把个体心理发展各年龄阶段所表现出来的一般的、典型的、本质的特征，称为心理年龄特征。心理年龄特征是个体在一定年龄阶段心理水平的标尺，它是从许多同龄人心理发展事实中，通过概括并与不同年龄的人的心理进行比较而被确认的。儿童心理学不但要研究儿童心理发展的一般规律，而且要研究在不同发展阶段上的具体规律，这些具体规律是通过儿童各年龄阶段的心理特征表现出来的。儿童心理年龄特征是客观存在的。例如，两三岁的儿童情感是易变的，自我控制力是较差的，因此很容易破涕为笑，转怒为喜。又如，有经验的小学一年级教师把儿童初入学时在课堂中可能产生的各种表现(如坐不住、下位子、说话、注意力不易集中且不持久等)理解为这一时期的特征，并且善于根据这种客观存在的特征去采取正确的措施。但是一个没有经验的教师，则往往引发厌烦、急躁的情绪，以致把事情越弄越糟。在教学观察中可以发现：虽然同是小学时期的儿童，低年级和高年级也是不一样的。低年级儿童还跟学前儿童有某些共同之处，思维带有很大的具体性，有意注意还不能很好地发展，因而在一堂课中往往运用着不同的作业形式，更多地注意直观性，而对高年级儿童就不需要这样做了。

儿童心理发展的年龄特征具有以下特点。

第一，儿童心理年龄特征是儿童心理发展的各个年龄阶段中所形成的一般特征、典型特征或本质特征。它和年龄有联系（因为年龄是时间的标志，一切发展都是和时间相联系的），但不是由年龄决定的。同时，它是从许多个别儿童的心理特征中概括出来的，它只能代表某一年龄阶段儿童心理发展的一般趋势，而不能代表这一年龄阶段所有儿童的个别特征。

第二，在一定条件下，儿童年龄既是相对稳定的，同时又是可以随着社会生活和教育条件的改变而有一定程度的改变的。这是因为：一方面，年龄特征是受许多比较稳定的因素支配的，例如儿童脑的结构和机能的发展是有一定过程的，知识本身的深浅也是有一定顺序的，这就决定了儿童心理发展在一定时期或阶段内不可能没有一定的、不能突破的限度；另一方面，年龄特征又是可以随着社会生活和教育条件的变化而有一定的变化的（当然，也不是毫无限制的），例如，在我国社会主义社会条件下，一年级儿童的识字量可以比以前多一些，算术程度也可以适当提高一些，儿童个性品质的发展方面也是如此。

(四)教育要遵循儿童心理发展的规律

1. 教育要适应个体发展的顺序性，循序渐进地促进学生的身心发展

人的身心发展是一个由低级到高级、由简单到复杂、由量变到质变的连续不断的发展过程。因此，教育工作要做到循序渐进。一切知识技能的传授、智力的发展、体质的增强、思想品德的培养，都要遵循由具体到抽象、由简到繁、由低到高的顺序，既不要"拔苗助长""陵节而施"，也不要压抑学生的发展、消极地迁就学生现有的发展水平。

2. 教育要适应个体发展的阶段性规律，注意各阶段之间的"衔接"工作

个体发展的阶段性和连续性决定了教育工作必须根据不同年龄阶段的特点分阶段地进行。在教育教学的要求、内容和方法上不能搞"一刀切"，不能把不同年龄阶段的学生混为一谈。同时，还要看到各年龄阶段之间的相互联系，不能人为地截然分开，要注意各阶段之间的"衔接"工作。

3. 教育要适应个体发展的不均衡性，加强学生身心发展的关键期教育

由于个体发展的不均衡性，个体身心各个方面的发展存在最佳期或关键期，为了有效地促进个体身心的发展，教育工作要抓住关键期，以求在最短的时间内取得最好的效果。

4. 个体身心发展存在个别差异性，要做到因材施教

个体发展的个别差异性要求教育工作者不仅要认识到学生发展的共同特征，还应充分重视每个学生的个别差异，做到因材施教。发挥每个学生的潜力和积极因素，选择最有效的教育途径，使每个学生都能获得最大限度的发展。

第三节　心理与教育

一、教育与心理发展的关系

教育与心理发展的关系是心理发展过程中外因（教育）与内因（心理发展的内部矛盾）的关系，是辩证统一的。一方面，教育决定着个体心理的发展。因为教育总是不断向个体提出新的要求，总在指导个体的心理发展。另一方面，教育本身还必须从个体心理发展的实际出发，即要从个体心理发展的水平出发，才能实现它的主导作用。教育在个体心理发展中起主导作用。这种主导作用表现在以下三个方面：教育能促进或延缓个体心理发展的进程；教育是引起个体领会和掌握知识经验的关键；教育必须适合个体心理发展内在需要的变化。

教育的作用只有在符合个体心理发展内在需要的情况下，才能促进个体心理发展。而教育并不能立刻直接地引起个体心理的发展，从教育措施的提出，到激发个体新的需要的产生，再到个体心理的发展，必须以领会知识和掌握技能为基础。知识是人类社会历史经验的总结，从心理学的角度来说，它以思想内容的形式为人所掌握；技能是指操作技能，它以行为方式的形式为人所掌握。因此，教育通过反复实践，才能让个体领会和掌握知识经验，只有当个体把知识经验内化以后，才能促进心理的发展。

总之，教育与心理发展的关系是心理发展过程中外因和内因的关系，内因是发展变化的基础，外因是发展变化的条件，外因只有通过内因来起作用。教育这个外因在心理发展中起主导作用。

二、教育心理学的研究对象

(一)教育心理学的含义

教育心理学是研究学校情境中学与教的基本心理规律的科学。具体而言，教育

心理学主要研究在教育和教学过程中所产生的各种心理现象及其变化，从而揭示在教育教学作用下，受教育者的知识掌握、技能学习、智力发展和个性形成的心理变化规律；研究道德品质形成的心理特点，以及教育和心理发展的相互关系等。

教育心理学是心理学与教育学的结合，既含有教育学的性质任务，研究揭示教育体系中受教育者学习的性质、特点、类型及其各种学习的过程和条件，从而使心理学在教育领域中得以发展；也具有心理学的性质任务，通过研究受教育者学习及其规律提高教学效率，优化教育体系，加速人才培养的心理学原则。此外，教育心理学的特殊功能是将心理学研究人性特质的理论与方法转化为教师的智慧，用于学校教学，在学生身心成长上反映出教育的目的与理想。

(二)教育心理学的研究内容

教育心理学的具体研究内容是围绕学与教之间的相互作用过程展开的。学与教相互作用过程是一个系统过程，该系统包含学生、教师、教学内容、教学媒体、教学环境五种因素；由学习过程、教学过程以及评价/反思过程这三种活动过程交织在一起。

1. 学习与教学的五种要素

学习与教学的五种要素是：①学生。学生是学习的主体因素。从两个方面影响学与教的过程：第一，群体差异(年龄、性别和社会文化差异)；第二，个体差异(先前知识基础、学习方式、智力水平、兴趣和需要等差异)。这两方面是任何学习和教学的重要内在条件，是教育心理学研究的主要范畴。②教师。教师处于指导地位。主要涉及四种基本心理特性(敬业精神、专业知识、专业技能以及教学风格)。③教学内容。是学与教的过程中有意传递的主要信息部分。一般表现为教学大纲、教材和课程。教材的编制和课程的设置必须以学习和教学的理论和研究为基础。④教学媒体。是教学内容的载体，是教学内容的表现形式，是师生之间传递信息的工具。不仅影响着教学内容的呈现方式和容量的大小，而且对教师和学生在教学过程中的作用、教学组织形式以及学生的学习方法等都将产生深远的影响。⑤教学环境。包括物质环境和社会环境两个方面。物质环境包括：课堂自然条件、教学设施以及空间布置等；社会环境包括：课堂纪律、课堂气氛、师生关系、同学关系、校风以及社会文化背景等。

2. 学习与教学的三个过程

学习与教学的三个过程是：①学习过程。学习过程指学生在教学情境中，通过与教师、同学以及教学信息的相互作用获得知识、技能和态度的过程，是教育心理学研究的核心内容。如学习的实质、条件、动机、迁移以及不同种类学习的特点等。②教学过程。在教学过程中教师设计教学情境，组织教学活动，与学生进行信息交流，从而引导学生的理解、思考、探索和发现过程，使其获得知识、技能和态度。③评价/反思过程。包括的内容：在教学之前对教学设计效果的预测和评判；在教学过程中对教学的监测和分析；在教学之后的检验和反思。

五种因素共同影响了三种过程，而且三种过程交织在一起，相互影响。从学科范畴看，教育心理学既是心理学的一个分支学科（应用心理学的一种），又是心理学与教育学的交叉学科。

三、教育心理学的产生与发展

(一)西方教育心理学的发展

1. 初创时期（20世纪20年代以前）

在初创时期，捷克的夸美纽斯(J. A. Comenius)第一次明确提出教育必须遵循自然的思想。瑞士的裴斯泰洛齐(J. H. Pestalozzi)提出"教育心理学化"。德国的赫尔巴特(J. F. Herbart)第一次明确提出把教学研究建立在心理学等学科基础上。俄国著名教育家乌申斯基(C. D. Ushensky)1867年出版了《教育人类学》（此书的中译本为《人是教育的对象》）一书。俄国教育家卡普捷列夫（Л. Ф. Калтерев）于1867年出版了俄国第一本《教育心理学》。美国心理学家桑代克(E. L. Thorndike)1903年出版的《教育心理学》一书，以学校情境详尽说明学习的概念，从而使教育心理学成为一门独立的学科，这是近代教育心理学的真正开端。1913年，这一著作扩充为三大卷，内容包括人的本性、学习心理学、个别差异及其原因三大部分。他提出的学习三大定律（效果律、准备律、练习律）及个别差异理论成为20世纪20年代前后教育心理学研究的重要课题。这些成就使桑代克成为教育心理学这门学科的奠基人。

2. 发展时期（20世纪20年代到50年代末）

这一时期的主要特点是广泛吸取心理学各分支学科与教育有关的内容，研究范围不断扩大；吸取了儿童心理学和心理测验等方面的成果，大大地扩充了自己的内容。从20世纪20年代起，对动物和人的学习研究取得了许多重要成果，并形成了各个学派，这些理论以及学派之争，对教育心理学的方法起到了促进作用。30年代以后，学科心理学发展很快，成为教育心理学的组成部分。到40年代，弗洛伊德的理论广为流传，有关儿童的个性和社会适应以及生理卫生问题也进入了教育心理学领域。50年代，程序教学和教学机器兴起，同时信息论的思想为许多心理学家所接受，这些成果也影响和改变了教育心理学的内容。

3. 成熟时期(20世纪60年代到70年代末)

20世纪60年代开始，西方教育心理学的内容和体系出现了某些新的变化和趋势。集中表现为：①内容日趋集中，大都是围绕有效的教与学而组织的。尽管不同的教科书对如何教或如何学的问题各有侧重，但有几个方面的研究为大多数人所公认，如教育与心理发展的关系、学习心理、教学心理、评定与测量、个别差异、课堂管理和教师心理等，教育心理学作为一门具有独立的理论体系的学科正在形成。同时，各理论流派之间的分歧日趋缩小，相互之间吸收着对方的合理内容，学派界限趋于模糊。②比较注重结合教育实际，注重为学校教育服务。尤其是60年代初，由布鲁纳(J. S. Bruner)发起课程改革运动，把这种热情推向了高潮。人本主义思潮、教学中的社会心理因素也日益引起人们的研究兴趣。

4. 完善时期(20世纪80年代以后)

布鲁纳在1994年美国教育研究会的特邀专题报告中，精辟地总结了教育心理学十几年来的成果，主要表现在这样四个方面：第一，主动性研究，研究如何使学生主动参与教与学的过程，并对自身的心理活动作更多的控制；第二，反思性研究，研究如何促使学生从内部理解所学内容的意义，并对学习进行自我调节；第三，合作性研究，研究如何使学生共享教与学过程中所涉及的人类资源，如何在一定背景下将学生组织起来一起学习，如同伴辅导、合作学习、交互式学习等，从而使学生把个人的科学思维与同伴合作相结合；第四，社会文化研究，研究社会文化背景是如何影响学习过程与结果的。

(二)中国教育心理学的发展

1908年我国学者房东岳把日本小原又一的著作《教育实用心理学》译成中文，这是20世纪初我国出现的第一本教育心理学著作。到了1922年，我国心理学家廖世承借鉴英国的教育心理学在南京师范大学授课，并于1924年编写《教育心理学》一书，此书被认为是我国最早的教育心理学教科书，此后廖世承还陆续出版了多本与教育心理学相关的著作。但是这一时期教育心理学研究问题的方法以及观点大都是模仿和借鉴西方，几乎没有自己的研究和创造。直到 1949 年后，我国的教育心理学研究发生了明显的转变，由以前的照搬西方理论到根据马列原理和方法，以辩证唯物主义为指导，结合我国教育实际情况，开展教育心理学研究，成果显著，逐步建立起了我们的教育心理学体系，并于 1962 年在中国心理学会成立了教育心理学专业委员会。改革开放以后，随着国内外学术交流的日益频繁，我国的教育心理学研究也向着更加繁荣的方向发展，在批判吸收国外研究成果的基础上，结合我国的教育教学实际，开始提出了自己的理论设想，开展了独立的教育心理学研究，众多学者先后编著了一系列具有影响力的教育心理学著作，具有代表性的有潘菽主编的《教育心理学》(1980)、邵瑞珍主编的《教育心理学》(1988)、韩进之主编的《教育心理学纲要》(1989)和陈琦、刘儒德主编的《当代教育心理学》(2007)等。

(三)教育心理学的发展趋势

1. **转变教学观念，关注教与学两方面的心理问题**

教育心理学研究从 S-R 范式向认知范式的转化，特别是建构主义学习理论的兴起，引起了教学观念的转变。学习与学习者不再是被动知识的接纳者，学习是一种认知加工过程，是学生对知识的一种主动构建过程，学习不是记录信息而是理解信息。而教学的重心也从课程转向学生的认知，帮助学生发展适合于各种学科的学习和思考策略。从此教育心理学不再单纯关注学习的实质问题，而是关注学生如何学，教师如何教的问题，关注学生学习中的认知过程，关注教师如何促进这些认知过程的发展，对教学问题的关注，最直接的成果就是促进了教学心理学的发展。从 1969 年加涅(Robert M. Gagne)等人提出教学心理学概念以来，教学心理学发展至今已成为教育心理学的一个重要分支和最具活力的研究领域。

2. **关注影响教育的社会心理因素**

教育心理学对学生学习的关注，也使教育心理学研究者认识到，学生的学习并不仅仅是一个认知过程，在学生的学习过程中，受到很多因素的影响。相同教学环境的学生，其所能达到的成就是各不相同的，这就促使教育心理学工作者去探求影响认知过程的各因素及其相互关系。

3. **注重实际教学中各种策略和元认知的研究**

教育心理学研究从实验室转向教学实际，更加关注教与学的有效性，使得对学生学习中的各种策略与元认知问题就成了教育心理学研究的另一个热点与方向。特别是当前教育心理学在学科教学方面的研究中，更是密切结合学习策略、教学策略、问题解决策略以及元认知理论，以期解决相关学科的教学有效性问题。

四、教育心理学的作用

(一)教育心理学的理论作用

首先，教育心理学从教育过程这一侧面对一些心理规律进行探索，揭示的心理学规律不仅充实了普通心理学的一般理论，而且为整个心理学的理论发展做出了贡献。

其次，教育心理学的研究也对教育学(特别是教学论、课程论和德育论)的理论发展起了重要作用。

最后，教育心理学对人类学习过程的了解和为人工智能的发展提供了有益的理论指导。

(二)教育心理学的实践作用

1. 帮助教师准确地了解问题

学生的情况是千差万别的，一旦出现了学习困难，教育心理学可采用多种方法，帮助教师来了解学生学习出现困难的原因。例如，如果一名中学生在语文阅读方面存在困难，就可以应用智力测验、阅读测验或者与此有关的生理方面的健康检查等各种形式的测查手段来找出困难的症结。教育心理学有助于教师对教育现象形成新的科学认识，尤其是对传统的、常规的教学方法、教学行为进行分析和研究，提出更为科学的观点。

2. 为实际教学提供科学的理论指导

教育心理学对实际教学所提供的科学的理论指导主要体现在两个方面：一方面，为教育现象提供了不同于传统的新观点；另一方面，教育心理学为实际教学提供了一般性的操作技术。教师可结合实际的教学内容、教学对象、教学材料、教学环境等，将这些原则转变为具体的教学程序或活动。例如，依据学习迁移的规律，可以在教学内容的选编、教学程序的安排等方面采取措施，以促进学习迁移。

3. 帮助教师预测并干预学生

利用教育心理学原理，教师不仅可以正确分析、了解学生，而且可以预测学生将要发生的行为或发展的方向，并采取相应的干预或预防措施，以达到预期的效果。例如，根据学生的智力发展水平，为智力超常或有特殊才能的儿童提供更为充实、更为有利于其潜能充分发挥的环境和教学内容。

4. 帮助教师结合实际教学进行研究

教育心理学不仅为实际教育活动提供一般性的理论指导，也为教师参与教学研究提供了丰富的可参照的例证。

(三)教师学习心理学的意义

1. 有助于掌握学生的心理特点，达成教育目标

学生的心理特点和规律是客观存在的，而且始终在教育教学过程中起作用。心理学中关于学生学习的心理特点和规律的知识，为教师提供了指导他们学习的依据。教师如果掌握这些特点和规律，并且灵活运用到教学实践中，教学就比较顺利；否则，就可能碰钉子、走弯路。学生是一个发展变化中的人，他们有各自的心理特点，教育上提倡"因材施教"，主张根据学生的不同特点施以不同的教育，提不同的要求，采用不同的教学方式和方法。只有充分了解学生，才能热爱学生，才能调动学生学习的积极性，学生充分发挥了主观能动性，自然提高了教学的效度和教育的力度。因此，只有学习心理学，掌握学生的心理特点，才能了解学生的个性特点、学习动机、学习能力、学习习惯，才能有的放矢地实施教育，让学生往更好的方面发展，教育也才能更大限度地发挥功效。

2. 有助于把握教育教学规律，提高教育教学效果

教学是一个系统的过程，教师教的过程和学生学的过程交织在一起。心理学所揭示教育过程中的一些带有普遍性的规律，可以帮助教师总结自己的工作经验，自觉地驾驭和控制学校教育系统中的各种因素，从而克服盲目性，增强科学性。当然，心理学并非给教师提供解决一切特定问题的具体模式，相反它给教师提供进行科学研究的思路和研究的方法，使教师不仅能够理解、应用某些基本的原理和方法，而且还可以结合自己的教学实际进行创造性的研究，去验证这些原理并解决特定的问题。有效的教学需要教师掌握教育教学规律，并灵活应用教育教学规律，因为学生、班级、学校以及相应的社会环境各有不同，教学内容、教学时段、教学方法等也各有不同，普遍适用的教学模式是不存在的，需要教师结合教学实际，因人、因事、因时、因地创造性地、灵活地将心理学的基本规律应

用于教学中，否则，生搬硬套某些原理无助于教学效率的提高，甚至适得其反。

3. 有助于把握教师角色，增强角色胜任能力

教师是教育教学活动的主要实施者和组织者，在整个教育过程中占据着主导地位。他们不仅是文化知识的传授者，还担负着学生人际关系的协调者、心理问题的咨询工作者以及人格的塑造者等各种角色。教师能否胜任各种角色直接关系到教师权威的建立、师生关系的改善以及教学质量的提高。教师掌握了心理学，就可以借助心理学知识，进行心理品质的自我训练，正确把握教师角色，增强角色意识，强化责任心和职业道德感，凸显人格魅力，增强角色胜任能力。

4. 有助于调适群体心态，辩证对待社会的多极影响

教师个体心理结构的形成和优化是一个长期的过程，其中群体心态趋同的现象不可避免，社会的多极影响，在其中起着重要作用。教师作为教育的主导力量，其特定的职业特点，特别需要加强心理品质的锻炼，积极抵御社会的消极影响。这就要求教师要在掌握心理学的普遍规律的基础上，善于利用心理学中的某些方法，如自我暗示、心理换位等方式来调适个体心态，对当下的生存现状持一种宽容和期待的心理，并以积极进取的姿态来优化教育行为，用先进的教育理念和管理手段实现教育的价值。因此，教师应加强心理学知识的学习，优化自身的心理结构，使自己的行为符合归属与爱的需要，建立起亲密的师生关系，树立起尊师爱生的良好风尚，并且教师之间及其与领导之间要形成合作、协调的关系，以自身的人格力量来影响学生，真正实现言传身教。

总之，掌握学生学习的心理特点和规律，是每个教师都应该必备的基础知识，也是教师从教必备的一种技能，要不断地学习它、探索它、掌握它，以提高自身的教育科学理论修养，促进教育教学工作的科学化。

【练习题】

一、单项选择题

1. 心理学是研究（　　）的科学。

A. 心理现象发生、发展及活动规律　B. 除精神病人心理以外的心理现象

C. 除动物心理以外的心理现象　　　D. 正常成人心理现象

2. 心理反映的特点有（　　）。

A. 能动性和主观性　　　　　　　　B. 客观性和反映性

C. 形象性和抽象性　　　　　　　D. 原则性和灵活性

3. 由于人的心理和行为之间的关系，使得我们（　　）通过人的行为客观地研究他的心理。

　　A. 可以　　　　B. 难以　　　　C. 没法　　　　D. 只能在某些方面

4. 1879 年冯特在德国莱比锡大学建立了世界上第一个心理学实验室，标志着（　　）。

　　A. 心理学的研究开始运用实验的方法

　　B. 构造心理学派的诞生

　　C. 科学心理学的诞生

　　D. 机能主义心理学的诞生

5. 冯特和铁钦纳是（　　）学派的创始人。

　　A. 格式塔心理　　B. 构造心理　　C. 机能主义心理　D. 行为主义

6. "唯上智与下愚不移" "生而知之" 反映影响个体身心发展的哪一因素（　　）。

　　A. 环境　　　　B. 遗传　　　　C. 教育　　　　D. 主观能动性

7. 第一个系统地论述教育心理学，被称为"现代教育心理学之父"的心理学家是（　　）。

　　A. 桑代克　　　B. 斯金纳　　　C. 布鲁纳　　　D. 加涅

8. 根据埃里克森的观点，12～18 岁时期发展的特定目标和任务是（　　）。

　　A. 成为自主者的阶段　　　　　　B. 发展主动性的阶段

　　C. 变得勤奋的阶段　　　　　　　D. 建立自我同一性的阶段

9. 1924 年我国第一本《教育心理学》教科书出版，它的作者是（　　）。

　　A. 陶行知　　　B. 蔡元培　　　C. 潘菽　　　　D. 廖世承

10. "孟母三迁"的典故说明影响个体发展的（　　）因素。

　　A. 遗传　　　　B. 环境　　　　C. 成熟　　　　D. 个体的主观能动性

11. 印度"狼孩"的事例表明，个体在早期心理发展的某一个短暂时期内，对某类刺激特别敏感，一旦错失将难以达到应有的发展水平。心理学上把这一时期称为（　　）。

　　A. 最近发展期　　B. 生长高峰期　　C. 心理断乳期　　D. 发展关键期

12. 心理活动的基本方式是（　　　）。

A. 反射　　　　　B. 反馈　　　　　C. 反映　　　　　D. 反应

13. 大脑皮层上的枕叶是（　　　）中枢。

A. 听觉　　　　　B. 视觉　　　　　C. 言语　　　　　D. 感觉运动

14. 教育心理学研究的核心内容为（　　　）。

A. 学习过程　　　B. 教学过程　　　C. 评价过程　　　D. 反思过程

15. 按照皮亚杰的认知发展分期的理论，11～15 岁的儿童处于（　　　）。

A. 感觉运动阶段　　　　　　　　　B. 思维准备阶段

C. 思维阶段　　　　　　　　　　　D. 抽象思维阶段

二、判断题

1. 心理学主要研究个体内部心理活动规律，不关注个体的外在行为。（　　　）

2. 遗传是儿童心理发展的自然前提。（　　　）

3. 心理发展具有可逆性和平衡性。（　　　）

4. 儿童心理发展的关键期是指儿童对某种外界刺激特别敏感，某种心理现象形成发展特别迅速的时期。（　　　）

5. 青春期是人的身体和心理发展的一个加速期。（　　　）

6. 同一儿童能演算较抽象的数学题，但在理解历史事件时却不能离开具体的形象。这是儿童思维发展不平衡的表现。（　　　）

7. 儿童心理年龄特征的稳定性都是相对的，而不是绝对的。（　　　）

8. 同化是指当旧有的方式在探究世界的过程中不能奏效时，儿童或许会根据新信息或新经验来修改已有的图式。（　　　）

三、简答题

1. 简述心理学的研究任务。

2. 简述心理学的实质。

3. 简述教育心理学的研究内容。

四、观点评析题

教育在人的身心发展中起主导作用，一定能促进儿童的发展。

五、材料分析题

尼克·胡哲天生没有四肢，并且很自卑和孤独，但在老师和父母的指导下，有了很大的成就。请结合材料分析影响人身心发展的主要因素及其作用。

第二章　认知发展与教育

【学习目标】

1. 了解感觉的规律，理解知觉的规律。

2. 了解注意的分类，掌握注意的品质及影响因素。

3. 了解记忆的分类，掌握遗忘的规律和原因，应用记忆规律促进中小学生的有效学习。

4. 了解思维的种类和创造性思维的特征，理解影响解决问题的因素。

认知就是人的认识活动，是人们获得、存储、转换、运用以及沟通信息的过程。在我们的日常生活中包含了大量的认知活动，并且表现为多个认知加工过程的交集工作。本章将认识基本的认知活动：感觉、知觉、注意、记忆和思维，并了解中小学生认知活动的发展特点。

第一节　感觉、知觉与教学

一、感觉、知觉的概述

(一)感觉

1. 感觉的概念

感觉是人脑对直接作用于感觉器官的客观事物个别属性的反映。客观世界是感觉的源泉和反映的内容。例如，听到别人说话时，对音高、音色等单个属性的反应就是感觉。

感觉是一种最简单的心理现象。研究表明，在心理发展的进程中，半岁以前

33

的婴儿就有独立的感觉存在，而在成人的现实心理活动中，单纯的感觉是极其罕见的，只有在特定的条件下或者实验室里，用人为方式才能诱发独立存在的感觉。感觉虽然是简单的心理现象，但是它对人的生活是十分重要的，因为一切高级、复杂的心理现象都是在感觉的基础上产生的。同时，感觉是人类认识的开端，任何知识都来源于人的感官对客观世界的感觉。

2. 感觉的种类

依据刺激物的来源和产生感觉的分析器不同，可以把感觉分为两大类，即外部感觉和内部感觉。

（1）外部感觉。外部感觉是由外界刺激引起的。这类感觉反映的是外界事物的个别属性。它们的感受器位于身体的表面或接近身体表面的地方。

外部感觉包括视觉、听觉、嗅觉、味觉和肤觉。其中，视觉和听觉在人的生活中最为重要。

视觉：波长380～780纳米的可见光波是引起视觉的适宜刺激。接收光波刺激的感觉器官是眼睛的视网膜。在视网膜上有视锥和视杆两种感光细胞。视锥细胞分布在视网膜的中央部分，它能感受强光和颜色的刺激，并分辨事物的细节，叫作明视器官。视杆细胞分布在视网膜的周围部分，它对弱光很敏感，但不能分辨颜色和物体的细节，叫作暗视器官。视觉是人类主导感觉。在我们接收的信息总量中85％的信息都是通过视觉器官输入的。

听觉：引起听觉的刺激是声音，声音的物理特征为声波。频率为16～20000赫兹的声波是引起听觉的适宜刺激。对于我们而言，听觉的重要性仅次于视觉。在我们接收的信息总量中10％的信息是通过听觉器官输入的。

嗅觉：有气味的物质微粒是引起嗅觉的适宜刺激。引起嗅觉的感觉器官是鼻腔内鼻黏膜的嗅细胞。根据科学研究，人的嗅觉分析器有分辨樟脑气味、花香气味、薄荷气味、刺激性气味等气味的能力。

味觉：能溶解于水或唾液的有滋味的物质是引起味觉的适宜刺激。味觉的感觉器官是位于舌表面、咽后部和腭上的味蕾。人的味觉分析器有分辨酸、甜、苦、咸四种基本味道，以及由它们综合而成的其他各种味道的能力。

肤觉：物体的机械特性和温度特性是引起肤觉的适宜刺激。肤觉的感觉器官位于皮肤、口腔黏膜、鼻黏膜和眼角膜上。肤觉是个总称。肤觉对于人的认识过程、情绪的发展过程都具有重要的作用。有时它的重要性会被视觉和听觉掩盖。

但人的视觉、听觉受到损害时，肤觉的代偿作用就会充分地显示出来。

（2）内部感觉。内部感觉是由机体内部发生变化所引起的。这类感觉反映的是我们身体位置、运动和内脏器官及其变化的特征。内部感觉包括运动觉、平衡觉和机体觉（内脏感觉）。

运动觉：身体运动和姿势的变化是引起运动觉的刺激因素。运动觉的感觉器官位于肌肉、肌腱和关节中的神经末梢。凭借运动觉，人才能够知道自己身体的位置、运动和运动的强度以及肌肉的紧张程度和物体的轻重等情况。

平衡觉：人体和头部的重力方向、运动速度变化或受到震动是引起平衡觉的刺激因素。平衡觉的感觉器官是位于内耳的前庭器官。凭借平衡觉，我们能够对头部和身体的移动、上下升降、翻身倒置、摇晃振动等状态做出识别。平衡觉与视觉、机体觉有密切的联系。

机体觉：人的机体内部器官的活动和变化是引起机体觉的刺激因素。

（二）知觉

1. 知觉的概念

知觉是人脑对直接作用于感觉器官的事物的各种不同属性、各个不同部分及其相互关系的综合反映。

知觉是在感觉的基础上产生的，但知觉是比感觉更复杂的心理反映形式。我们看到一朵花，认出一个字，听到一首歌曲等，都是知觉。

知觉不是各种感觉的简单总和。例如，听到有人唱歌，我们除了反映它的声音高低、强弱和音色这些个别属性外，还反映着这些属性之间在时间延续、空间定位和运动节奏等方面的相互联系。在这样的情况下，我们就知觉到曲调和旋律稳定、并能表达一定感情色彩的完整的一首歌曲。可见，知觉要比感觉复杂得多，具体表现在两个方面。一是知觉包含着对事物个别属性、个别成分之间相互关系意义的理解。例如，看到一面红旗，知觉就要借助经验去解释它，说出它的名称或用词去标志它，这是知觉具有主动性的表现。二是知觉是通过不同分析器的机能活动产生的。在知觉的成分中，除了包括感觉外，还包含思维、言语活动等。这是知觉具有综合性的表现。

然而，知觉和感觉都只是反映事物的外部特征和外部联系。它们都是人类认识世界的初级形式，都属于认识的感性阶段。

2. 知觉的种类

根据知觉过程中起主导作用的分析器不同，可以把知觉分为视知觉、听知觉、嗅知觉、触知觉等；根据人脑反映的对象的不同，可以把知觉分为物体知觉和社会知觉。

(1)物体知觉。物体知觉可分为空间知觉、时间知觉、运动知觉等。

空间知觉：是指物体的空间特性在人脑中的反映，包括形状知觉、大小知觉、深度知觉、方位知觉等。在人与周围环境的相互作用中，空间知觉起着很重要的作用。如果人们不能认识物体的形状、大小、距离、方位等空间特性，就不能正常生存。

时间知觉：是对客观事物时间关系(即事物运动的速度、延续性和顺序性)的反映。在时间知觉中，听、视、触等感官都参加，并起不同的作用。正确估计时间在人类生活和工作中有很重要的意义。教师在课堂教学中，应该对时间做出恰当的安排。先进行什么、后进行什么，每个教学环节要花多少时间等，这些都需要良好的时间知觉。

运动知觉：是对物体在空间位置移动的知觉，直接依赖于对象运动的速度。物体运动的速度太慢，或单位时间内物体位移的距离太小，都不能使人产生运动知觉。运动知觉对人和动物的适应性行为有重要意义。

人通过运动知觉可以分辨物体的静止和运动以及运动速度的快慢。

(2)社会知觉。社会知觉是个体在生活实践中，对别人、对群体以及对自己的知觉，也叫社会认知。它包括对别人的知觉、自我知觉、人际知觉三部分。

社会知觉常出现以下几种偏差。

首因效应：在总体印象形成上，最初获得的信息比后来获得的信息影响更大的现象，称为首因效应，也叫最初效应。在通常情况下，印象形成过程中首因效应的发生更常见。这是因为，第一印象一旦建立起来，对后来的信息的理解和组织有着强烈的定向作用。出于保持认知平衡和情感平衡的心理需要与后来获得信息的理解，常常是根据第一印象来完成的。

晕轮效应：当我们认为某人具有某种特征时，就会对他的其他特征做相似判断，这就是晕轮效应，也称光环效应。社会心理学家发现，外表的吸引力有明显的晕轮效应。当一个人的外表充满魅力时，那么其他同外表无关的特征，也会得到更好的评价。不只外表具有吸引力，其他品质尤其是重要品质的认定也具有同样的效应。晕轮效应使得个体对他人印象的判断存在偏差。但通过这一途径建立印象是最迅速、最经济的。

刻板效应：对一群人的特征或动机加以概括，把概括得出的群体的特征归属于团体中的每一个人，认为他们每个人都具有这种特征，而无视团体成员中的个体差异，这种现象叫作社会刻板效应。在关于人的自然特征方面，我们所建立起来的比较系统的观念首先是同人们的性格、种族和外表吸引力结合在一起的。因此，我们首先根据这三个方面将人进行分类。当我们把某一个人归入其中某一个类别的时候，就会自觉不自觉地认为这个人也具有这一类别的特征。

投射效应：是指将自己的特点归因到其他人身上的倾向。是指以己度人，认为自己具有某种特性，他人也一定会有与自己相同的特性，把自己的感情、意志、特性投射到他人身上并强加于人的一种认知障碍。例如，自私的人总认为别人也很自私，慷慨大方的人认为别人对自己也不小气。

3. 错觉

错误的、歪曲实际的知觉就是错觉。在人的错觉中，视错觉最为常见。

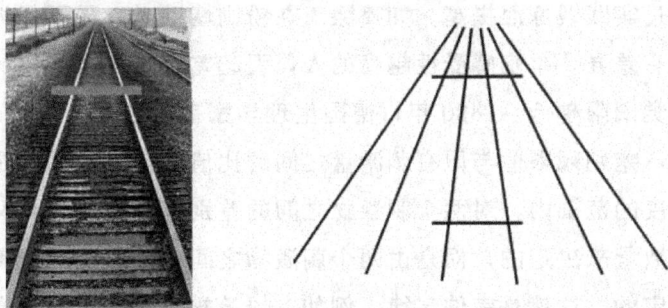

图 2-1 视错觉图形

产生错觉的原因很多，有生理方面的，也有心理方面的。刺激信息相互干扰、旧经验的影响、情绪异常等，都可能导致各种形式的错觉。

二、感知觉规律

(一)感觉规律

1. 感受性

感觉是客观事物作用的结果，但并非任何刺激都能引起我们的感觉，刺激只有达到一定的量才能引起人的感觉。感觉强度与刺激强度之间存在着依从关系，心理学用感受性与感觉阈限之间的关系来说明。

感觉器官对适宜刺激的感觉能力叫作感受性。感觉阈限是用于测量感觉系统感受性大小的指标，用刚能引起感觉的刺激量来表示。感受性的大小可以用感觉阈限来度量。阈限值越低，感受性就越高；阈限值越高，感受性就越低，二者在数值上呈反比关系。

(1)绝对感受性与绝对感觉阈限。感官所能察觉的最小、最弱的刺激量叫作绝对感觉阈限，而个体所能觉察出这种微弱刺激量的能力叫作绝对感受性。

(2)差别感受性与差别感觉阈限。两个同类的刺激物的差异只有达到一定程度，才会引起差别感觉，即能察觉出它们的差别。这种刚刚能引起差别感觉的刺激物间的最小差异量，叫作差别感觉阈限。而刚刚能觉察出两个同类的刺激物的最小差异的能力叫作差别感受性。

差别感觉阈限表示人们对两个刺激间最小差异的觉察能力。如1升水加入一勺糖或两勺糖，人们感觉不到甜味的差别，当增加到5勺糖时人们觉得水变甜了。这种觉察刺激之间微弱差别的能力叫作差别感受性，它在生活实践中有重要意义，可以通过实践锻炼而提高。如喷漆工在粉刷墙壁时，需要仔细观察两次调出的颜色是否有差异。差别感受性越高的人，引起差别感觉所需要的刺激差别越小，即差别感觉阈限越低。1830年，德国生理学家韦伯（E. H. Weber）研究差别阈限时发现，差别阈限值与原有刺激量之间的比值在很大范围内是稳定的，即在中等刺激强度的范围内，对两个刺激物之间的差别感觉，不是由两个刺激物之间相差的绝对数量来决定的，而是由两个刺激物之间相差的绝对数量与原刺激量之间的比值决定的。这就是韦伯定律。例如，铅笔被切掉1厘米和旗杆被切掉1厘米，你可以很容易就发现铅笔短了，但却很难发现旗杆短了。韦伯定律用公式表示为：

$$K = \Delta I / I$$

公式中，K为韦伯分数，是一个常数；I为原刺激量，ΔI为引起差别感觉的刺激增量。一个人的感受性高低不是一成不变的。同一个人在不同条件下，对同一刺激物的感受是有高低的。

2. 感受性的变化

(1)感觉的适应。感觉适应是在刺激物持续作用下引起感受性的变化。这种变化可以使感受性提高，也可以使感受性降低。适应现象是感觉中的一个普遍现象，如"入芝兰之室，久而不闻其香；入鲍鱼之肆，久而不闻其臭"，这是嗅觉适应。

视觉适应是比较常见的一种感觉适应现象，视觉适应分为暗适应和明适应两种情况。暗适应是指照明停止或由亮处转入暗处时视觉感受性提高的现象；明适应是指照明开始或由暗处转入亮处时视觉感受性降低的现象。

(2)感觉的对比。感觉的对比一般是指一种感觉的感受性因其他感觉的影响而发生变化的现象。这种变化可以在几种感觉同时产生时发生，即同时对比，也可以在先后几种感觉中产生，即继时对比。例如，"月明星稀"现象，灰色的长方形放在黑色背景上看起来比放在白色背景上更亮些等，就是同时对比引起的，而吃过糖果，再吃苹果，很难品尝出苹果的甜，这是感觉继时对比导致的结果。

一般的变化规律是：某一微弱的刺激能提高一种感觉的感受性，而强烈的刺激则会降低这种感受性。教师在使用直观教具和组织教学时，应充分考虑感觉的相互对比规律。

(3)感觉后像。外界刺激停止作用后，暂时保留的感觉印象叫感觉后像。例如，电灯灭了，你的眼睛里还会看到亮着的灯泡的形状，这就是视觉后像；声音停止后，你的耳朵里还有这个声音的余音在萦绕，这是听觉后像。后像有正后像和负后像两种。

(4)感觉补偿。感觉补偿是指某种感觉系统的机能丧失后，由其他感觉系统的机能来弥补。例如，盲人失去了视觉，会增强其听觉、嗅觉、触觉等感觉的感受性，以发挥其补偿作用。

(5)联觉。一个刺激不仅引起一种感觉，同时还引起另一种感觉的心理现象叫作联觉。如红色、黄色看起来很温暖，蓝色看起来则凉爽一些。

(二)知觉的规律

知觉的活动规律主要表现在知觉的选择性、知觉的整体性、知觉的理解性和知觉的恒常性等方面。

1.知觉的选择性

在日常生活中，作用于我们感觉器官的客观事物是多种多样的，但是在一定的时间内，人并不能感受所有的刺激，而总是优先地选择某一事物作为知觉的对象，而其他事物则作为知觉的背景，只能模糊地觉察到。这一特点就是知觉的选择性。

图 2-2　少女、老妇双关图

人的知觉对象受注意指向和知觉定势的影响。例如，教师在黑板上板书时，字就是学生知觉的对象，黑板就是字的背景。

2. 知觉的整体性

在知觉过程中，人们不是孤立地反映客观事物的个别特征，而是反映事物的整体和关系。

知觉是对当前事物的各种属性和各个部分的整体反映。当我们感知一个熟悉的对象时，只要感觉到了它的某一属性或主要特征，就可以根据以前的经验而知道它的其他属性和特征，从而在整体上知觉它。如果感知的对象是没有经历过的或不熟悉的事物，知觉就更多地以感知对象的特点为转移，将它组织成具有一定结构的整体，这种现象叫作知觉的组织化。

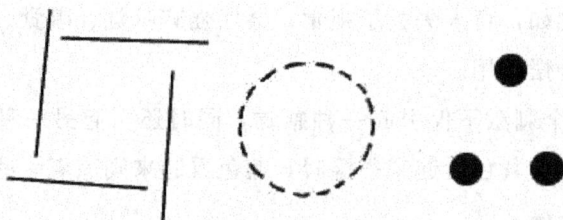

图 2-3　知觉的整体性

3. 知觉的理解性

在知觉的过程中，人总是用过去所获得的有关知识经验，对感知事物进行加工处理，并用语言、词的形式把它们标示出来，这种特性就是知觉的理解性。

不同知识经验的人在知觉同一个对象时的理解不同，知觉的结果也不同。最简单的事实是，成人与儿童对一幅图画的知觉有很大差别，年龄较小的儿童只能说出图画中主要的构成成分，而成人则既能掌握画面上的每一个细节，又能把握整个图画的意义。显然，不同的知识背景和理解力影响了对同一对象的知觉。所谓"仁者见仁，智者见智"就说明主观因素对知觉理解性的影响。

图 2-4　知觉的理解性

4. 知觉的恒常性

在知觉中，由于知识和经验的参与，人们对于变化着的事物的知觉具有一定的稳定性，在知觉条件发生一定范围变化时，知觉印象往往会保持相对不变。例如，当一个人由远及近向我们走来时，由于距离的远近不同，投射到视网膜上的视像大小相差很大，但是我们总认为他的大小没有什么变化，仍然按照他的实际大小来知觉，这就是知觉的恒常性。常见的知觉恒常性有颜色恒常性、大小恒常性、形状恒常性等。

知觉的恒常性也是过去经验作用的结果。当然，并不是知觉条件的任何变化都能保持知觉的恒常性，知觉的恒常性在一定条件下会被破坏。

三、感知规律在教学中的运用

(一)学生感知觉的发展

在小学阶段，学生的感知能力已有了较大的发展。

1. 小学生感觉的发展

(1)视觉的发展。小学儿童的视觉是随着年龄的日益增长和小学儿童学习活动的不断深入而逐渐提高的。

进入小学后，在不断的教学要求下，小学高年级学生一般能分辨 12 种红色、10 种黄色、6 种绿色和 4 种蓝色，与小学一年级相比他们区分颜色的精确度增加了 50% 以上。

视敏度也飞速发展。视敏度俗称为视力，是指在一定距离内感知和辨别细小物体的视觉能力。有人对儿童视敏度的研究证明，童年期绝对感受性的增长比幼儿期缓慢，而差别感受性的增长比幼儿期显著，尤其是 7～15 岁的差别感受性比绝对感受性提高很多。研究证明，10 岁前儿童的视敏度不断提高，10 岁儿童水晶体的弹性较大，视觉调节能力的范围最大，远近物体看得都较清楚。10 岁以后，随着年龄的增长，视觉调节能力逐渐降低。

小学儿童在各种学习活动中，运用视觉的机会很多。近年来，小学儿童戴近视镜的人数不断增加，这既与眼睛的生理机能变化有关，又与人们的用眼习惯有关。有的儿童不注意用眼卫生，如经常在暗淡的光线下长时间地注视，造成眼睛过度疲劳；眼睛离书本的距离太近，迫使眼睛只习惯近物，写字时执笔的姿势不正确。有学者曾对 500 多名中小学生进行调查，发现执笔姿势不正确的达 65%。这样的用眼习惯不仅直接影响了学生视力，还会影响学生的骨骼、体形的健康发育。为此，教师应特别注意指导小学儿童正确用眼。此外，教室的光线要明亮，座位安排要高低适当，教室里坐靠边位置的学生每隔一定的时间要调换等，以保证学生视力正常的发展。

（2）听觉的发展。入学以后，小学儿童对声音的感知能力发展较为迅速、精细。小学儿童在学习语言的过程中，必须精确地分辨各种语音，如 zh 和 z、ch 和 c、sh 和 s 以及 t、n 和 l，以及汉语中的四个声调和语音相近的字等。在音乐学习的过程中，更需要精确地分辨各种音调、音强、音色、节奏等。这些都会促进儿童听觉的发展。据国外对 5～14 岁儿童的研究，无论何种性别、人种，儿童在 12 岁以前，听觉感受性一直在增强，但到了成年期，听觉能力便逐渐下降。

2. 小学生知觉发展

随年龄的增长和教育训练，小学儿童的知觉能力有了很大的提高。空间知觉、时间知觉、运动知觉的发展更为精确。

林崇德曾调查了初入学的儿童掌握方形、圆形、三角形、梯形四种几何图形的情况，结果表明：初入学儿童对几何图形及概念已有初步了解，对几何图形的辨认和与具体事物形状相联系的百分率大大高于对图形本身认识的百分率，即前科学概念多于科学概念。初入学儿童掌握几何图形和几何概念与儿童的"接近程度"有关。儿童对梯形图形的认识不如其他图形，是由于儿童平时不常接触梯形的缘故。在以后的数学教学中，小学儿童逐渐知道了一些几何图形的名称，也掌握了一些几何图形的概念，使小学儿童的形状知觉有了较快的发展。

一般而言，初入学儿童已能较好地辨别前后、上下、左右等方位，但对左右方位的辨别未达到完善程度。因为左右方位与其他方位比较而言，相对性更突出，常常要和具体事物相联系才能辨别。

众多研究表明儿童左右概念的发展经历了三个阶段：

第一阶段（5～7岁），儿童能够比较固定化地辨认自己的左右方位。5岁儿童大多数能正确地把自己的左右方位和词联系起来，产生最初的左右概念。

第二阶段（7～9岁），儿童初步掌握左右方位的相对性，不仅能以自己的身体为基准辨别左右方位，而且能以别人的身体为基准辨别左右方位，也能辨别两个物体间的左右方位关系。

第三阶段（9～11岁），儿童能在抽象概括水平上掌握左右概念的相对性。

儿童正确认识时间长度、单位、顺序、关系等需要一定的生活经验、认识能力和言语水平，因此儿童的时间知觉发展迟钝。小学儿童最先掌握的时间单位是与他们关系密切的"1节课""日""周"。三四年级后，小学儿童能理解"月"的实际意义，进而认识日与月的关系等。

3. 中学生感知觉发展

经过教育教学的训练，中学生的感觉能力与知觉能力较学生而言，发生了显著的变化。

中学生感觉能力的提高主要表现在以下几方面：对颜色辨别精确度有明显的提高。对于听觉的发展，音乐和语音课起着重要的作用。初中生对各种音调的区别能力比小学一年级学生提高3倍以上。初中生听觉的灵敏度甚至超过成人。随着骨骼和小肌肉群的发展与逐渐成熟，初中生的运动觉也有明显的发展。据研究，初中生运动觉的精巧性要比小学生提高50%以上。这对他们学习书法、绘画、制图及体育技巧等非常有利。但是，初中生的骨骼尚未完全骨化，教师要防止他们在激烈的运动中损伤身体。

中学生知觉的发展表现在知觉的目的性、有意性和精确性方面都比小学生有了很大的提高。在空间知觉方面，他们已经能很好地形成有关地球、世界、宇宙等的空间表象，能很好地理解三维空间的相互关系以及图形的透视原理。初中生能正确估计1千米距离的占68%，而小学生只占25%。在时间知觉方面，初中生已经能够精确地掌握秒、分、时、日、周、月等时间单位，也开始对公元、世纪、年代、时期等较长的时间单位有所理解。初中生正确理解1小时时长的真实意义的是 100%，而小学生只有 80%。由于空间知觉和时间知觉能力的发展与知识经验的关系密切，因此对缺乏有关知识经验的初中生来说，他们常常会缩短遥远的空间距离以及缩短过去与现在之间的时距。

(二)感觉和知觉规律的运用

1. 感知觉规律在教学中的运用

(1)感觉适应与刺激强度规律的运用。教学环境的变化很大，如果没有感觉适应的机制，学生就不容易在变化莫测的教育教学环境中对各种知识进行精确的分析，对学校各种复杂的生活条件和人际关系的适应也就会发生困难。因此，学校应当在校舍设计、校风、教风、班风、学风建设等方面，努力排除影响心理健康的不良因素的长期存在，创造符合心理要求的良好环境和人际关系，使师生的心理适应产生积极的作用。

在学校的环境中，要避免对视、听等感觉器官过强的刺激因素。教师讲课的音量不能过强或过弱，板书的大小要适宜，演示教具或实验时，要使现象清晰、明显。教师还要学会应用刺激因素的绝对强度与相对强度的积极成分来提高教学质量与组织教学过程。

(2)感官协同活动规律的运用。在教学中，要让学生有尽可能多的感官参加感觉活动。心理实验表明，用视觉识记 10 张画片，平均可以正确再现 70%；用听觉识记同样的材料，平均只能正确再现 60%；而利用视、听觉并允许学生大声说出画上物品的名称，则平均能正确再现 86.3%。可见多种感官协同活动是提高识记效果的重要条件。

2. 学生观察力的培养

观察是有目的、有计划的知觉过程。它是知觉的高级形态。观察力就是观察的能力，是在感知觉综合发展的基础上发展起来的。观察力的培养对学生的学习和将来的发展提高都有着重要的意义。

学前儿童，特别是幼儿园大班的儿童，观察力已经初步发展起来，小朋友能在教师的指导下持续观察 15 分钟，但他们不能独立地给自己提出观察任务。入学以后，教师不断向学生提出有目的、有系统的观察任务。在观察过程中，学生的观察力得到了不断发展。教师要从以下几方面进行指导，从而培养学生的观察能力。

(1)观察事物时，要使学生明确观察的目的和任务，要引导学生明确观察什么，观察的重点在哪儿，应当收集什么材料，让学生明确观察的任务。

(2)要教给学生观察的方法，观察前要让学生制订出计划，做好必要的知识准备，安排好观察的顺序和步骤，避免学生在观察时顾此失彼。

(3)要启发学生积极思维，鼓励学生对观察到的每一个细节都从不同的角度、不同的侧面加以分析，提出自己的见解，不要满足于现成的答案。

(4)要重视对观察结果的处理，指导学生做好观察总结，提倡学生之间相互交流观察的心得，相互学习，便于学生在对观察结果的反复思考中不断发现问题，促进观察力的发展。

第二节 注意与教学

一、注意的概述

(一)注意的概念

注意是心理活动或意识对一定对象的指向与集中，是伴随着感知觉、记忆、思维、想象等心理过程的一种共同的心理特征。

(二)注意的基本特征

注意具有两个基本特征：指向性和集中性。

1. 注意的指向性

注意的指向性是指心理活动选择并朝向特定的对象和范围。这些特定的对象和范围可以是外部的事物或现象，也可以是人自身的行为、观念或者某种思想。把注意指向人自身的内部世界，是人独有的心理特性，所以人能进行自我意识、自我评价和自我监督。注意的指向性有两种情况，一是某一心理活动指向一定的对象，去感知它、回忆它或思考它等；二是几种心理活动同时指向一定的对象，例如，学生上课时，要同时注意看、注意听、注意思考等。

2. 注意的集中性

注意的集中性是指心理活动开始之后，注意就伴随着它深入到被选择出来的事物或活动中去，与此同时离开一切无关的事物或活动。注意的集中性也有两种情况：一种是某一心理活动持续地深入到一定的对象，诸如注意力高度集中时的"视而不见""听而不闻"的现象。人在同一时间内，不能鲜明而清晰地注意到所有的事物，只有我们集中注意的事物对象，才能置于心理活动的中心，被我们明显地意识到，而其余的事物则处于注意的边缘或注意的范围之外，只能被模糊地意识到。也就是说当人全神贯注地注意某一事物时，人的意识指向范围也大大缩小。

注意的指向性与集中性是彼此紧密联系的统一体，没有指向就不会有集中，集中是指向的体现和发展。注意是一切心理活动的开端，它始终伴随着一切心理活动的进程，并保证心理活动的顺利进行。

（三）注意的外部表现

人在注意时，往往伴有某些特定的生理变化，这些特定的生理变化又会引起人的一些特有的外部表现。

1. 产生适应性运动

人为了更好地去感知某种事物，回忆某种往事，想象或思考某个问题，会习惯性地产生一系列积极的适应性运动，即把感官朝向所注意的对象，侧耳倾听、举目凝视、俯首沉思等。适应性运动的产生是为了有效地选择来自主客观世界的信息所表现出来的一种心理活动的动态特征，它随着注意对象的变化而变化。

适应性运动产生的动作或表情是可以观察到的。但是，人的注意的外部表现与其内心状态有时也存在不一致的情况。教师要根据学生其他方面的表现综合地进行分析，才能做出更符合实际的判断。

2. 无关动作被抑制

人在集中注意时，心理活动表现为相对安静的状态。这时，只有有助于完成任务的相关动作才会表现出来，一切无关的动作都会被抑制。所以，如果上课时学生东张西望，那就是"不注意"的表现。

3. 呼吸动作的变化

人在集中注意时，呼吸会变得特别轻微和缓慢。呼与吸的时间与节奏比例也会发生变化，一般是呼气的时间长，吸气的时间短。在注意高度紧张的时候，甚至会出现"屏息"的现象。

（四）注意的功能

注意具有组织心理活动的作用，使心理活动获得必要的驱动力，并发挥着三种主要的功能。

1. 选择功能

注意使心理活动有选择地指向有意义的、符合自己需要的、有利于当前活动顺利完成的事物，同时避开、抑制或排除无关的事物及其影响，从而保证心理活动具有一定的目的性和方向性。正因为如此，当注意的对象选定之后，心理活动就会把有关的信息检索出来，并把它与各种无关的信息加以区分，使人的行为可以按照一定的需要和愿望去组织与展现。

2. 保持功能

注意的保持功能对人的心理活动有两种主要的作用：一是当大量的信息进入大脑后，它可以把选定的信息单元转换成一种更持久的形式，便于更好地保持；二是当某种事物成为注意的对象时，它可以使对象的印象在意识中保留到完成行为目标为止。所以，当被注意的对象转换为持久的形式或在意识中存留以后，其内容就不容易丢失。

3. 调节和监督功能

注意的调节和监督功能主要表现在三个方面：一是注意始终伴随着心理活动，使之保持有效的机能状态；二是对来自内外部信息的数量、强度、属性等进行筛选、过滤与调控，避免信息超载或不足而影响心理活动对信息加工的质量；三是使期待的信息进入人的意识，必要时让它成为注意的对象。

注意的三种功能是相互制约的，它们也是决定注意品质的重要条件。注意功能的作用越强，越有助于形成良好的注意品质。

二、注意的分类

根据注意的目的性和意志努力的程度的不同，可以把注意分为无意注意、有意注意和有意后注意三种。

(一)无意注意

事先没有预定的目的，而且也不需要任何意志努力的注意就是无意注意。无意注意往往是在某些客观环境的刺激影响或人的主观心理状态发生变化时，不由自主地把自己的感觉器官朝向刺激发生的注意现象。它是人和动物都具有的一种初级注意形态。

引起无意注意的因素主要有两个方面：一是刺激物的特点，包括刺激物的强度、对比关系、活动变化以及刺激物的新异性等，这些都是引起无意注意的客观原因。二是主观因素，即个体本身的状态，包括人的需要和兴趣、情绪状态、知识经验等。例如，当口渴时，容易引起对饮料的注意等。

(二)有意注意

有预定目的、必要时还需要作一定意志努力的注意就是有意注意。

有意注意是在人类社会实践过程中发展起来的，它是人类所特有的一种心理现象，是注意的一种积极主动的过程。

引起和保持有意注意的主要条件和方法有：

(1)加强对活动目的和任务的理解。有意注意是一种有预定目的的注意。目的任务越明确、越具体，越易引起和维持有意注意。

(2)培养间接兴趣。与活动结果相联系的兴趣即间接兴趣，间接兴趣是推动一个人自觉地做出努力，主动地克服困难的一种不可缺少的动力因素，间接兴趣越稳定，越能对活动保持长久的有意注意。

(3)意志的努力。有意注意常常需要意志的努力，也就体现了人的性格、意志特点。一个具有顽强、坚毅性格特点的人，易于使自己的注意服从于当前的目的任务；相反，意志薄弱、害怕困难的人，很难控制和调节自己的有意注意。因此，在有意注意的培养中，要充分考虑其对性格、意志品质的依赖性，不能忽视性格、意志的因素。

(三)有意后注意

有意后注意是从有意注意转化而来的，既具有预定目的，又不需要太大意志努力的注意。它是心理活动对于个人认为有意义、有价值的事物的注意，是人的一种更为高级的注意形态，具有高度的稳定性，也是人类进行创造性活动的必要条件。

有意后注意的发展要靠有目的、有组织、有系统的学习和训练，才能收到良好的效果。

三、注意的品质

注意的品质包括注意的广度、注意的稳定性、注意的分配和注意的转移。

(一)注意的广度

注意的广度也称注意的范围，是指在单位时间内所注意到对象的数量。在0.1秒的时间内，人眼只能知觉对象一次。这段时间内人能够知觉到的刺激物数量，就是这个人的注意广度。研究者用速示器测量注意广度，成人在0.1秒内能注意4～6个孤立的对象，而幼儿只能注意到2～3个。这说明人的注意广度是有限的。此外，无论是成人还是幼儿，他们的注意广度都存在明显的个体差异。

材料的性质和组织方式是影响注意广度的重要因素。一般来说，注意对象的组合越集中，排列越有规律，相互之间能成为有机联系的整体，注意的范围就越大。个体的知识经验也会影响注意广度，经验越丰富，整体知觉能力越强，注意的范围就越大。专业素养深厚的人在阅读专业资料时可以做到"一目十行"，非专业人士即使逐字逐句阅读也不见得能正确理解。我们知道，围棋高手扫视一下棋盘，就能把握双方的形势和局面变化，这就借助了良好的注意广度。一个初学者由于经验欠缺，就只能一部分一部分地来关注棋势。

(二)注意的分配

注意的分配指在同时进行两种或几种活动时，把注意指向不同的对象或活动。如教师需要一边讲课，一边注意学生的课堂反应；驾驶员需要一边驾车，一边观察路况。事实证明，注意的分配是可行的，人们在生活中可以做到"一心二用"甚至"一心多用"。但注意分配有并非什么时候都可以达到，它是有条件的。注意分配有一个基本要求，即同时进行的两种或几种活动中，只有一种是不熟悉的，需要集中注意；而其余的对象或活动都很熟悉，或达到"自动化"的程度，无需更多的注意。例如，一般刚刚入学的儿童，写字时往往注意写字的笔画而忽略了字的结构，注意了写字就不能保持正确的握笔方法和坐的姿势。

(三)注意的稳定性

注意的稳定性指把注意集中保持在某一对象(事物或操作活动)上时间的长短。时间越长，稳定性越高。

应当指出，人的注意在保持一定时间之后，由于人的生理和心理原因，会不随意地离开该事物，产生一种短时周期性的起伏变化，称为注意的动摇性(注意的起伏)。注意在1～5秒内产生起伏，但不会破坏注意的稳定性，也不会影响对复杂活动的完成，因为这是有机体神经机能活动的节奏性引起的。所以，注意的稳定性并不是指心理活动要始终指向同一对象，而是就注意的总方向而言的。

注意的稳定性不仅与学生的年龄有关，还与学生的知识经验、个性特点及刺激的性质、呈现方式有很大关系。一般情况下 7～10 岁的学生可以集中注意 20 分钟左右，12 岁以上的学生可以集中注意 25 分钟左右。因此，教师在教学中能够给学生提供稳定而有规律的刺激，对维持学生注意的稳定性有很大帮助。但是，稳定而有规律不等于单调乏味。教学内容的新颖性、形象性，活动方式的多样性，寓教于乐，引发探索心理，激发学生求知欲望等，都有利于学生注意稳定性的提高。

(四)注意的转移

注意的转移指根据需要和当前任务要求，主动而及时地把注意从一个对象或活动转移到另一个对象或活动上。例如，上课了，学生把注意从课间游戏活动主动转移到课堂教学活动中，这就是注意的转移。

为提高活动效率，保证活动的顺利完成，可以根据任务需要，有目的地、主动地转换注意对象，如看完一段教学视频，要求学生转移到互相讨论等。注意的转移不同于注意的分散，注意的分散是由与任务无关的外部刺激或主体内部因素的干扰作用引起的，是消极被动的。注意的分散违背了活动任务的要求，偏离了正确的注意对象，降低了活动效率。教师在制作演示文稿 PPT 时，如果加入很多无关的动态图或装饰，容易导致学生关注与教学活动无关的内容，这就是注意分散的表现。

注意转移的快慢、难易与原来注意的紧张度和引起注意转移的新事物或新活动的性质有关。原来注意的紧张度越高，注意转移就越困难；新事物越直观、越形象，学生越感兴趣，注意转移就越容易。所以影响注意转移的因素有：对原活动的注意集中程度，新注意对象的吸引力，明确的信号提示，个体的神经类型和自控能力等。

四、中小学生的注意特点与教学

(一)中小学生注意的发展

1. 注意的发展特点

从个体注意发展的过程看，儿童最初发展起来的是无意注意，之后，又从无意注意占优势逐渐向有意注意占优势过渡，最后才形成有意后注意。

在无意注意的基础上，儿童有意注意的发展是通过与成人交往，在生活实践中形成的，一般要经历三个阶段。第一阶段，儿童服从成人的指示，学会在周围环境中分出一定的对象，从而使注意产生了选择性的指向。第二阶段，儿童开始把自己的行为逐渐建立在自我命令的基础上，于是初步形成了注意的自我组织能力。在这一水平上，支持儿童有意注意的条件是外部动作或外显的言语。第三阶段，随着有意注意的发展，支持有意注意的外部条件逐渐消失，变为内部的言语指令或内部的智力动作在起作用。在这个阶段，儿童有意后注意也获得了有效的发展。当然，由于生活实践及其他因素的不同，儿童各种注意发展的水平是有差异的。

2. 注意的个别差异明显

初中学生注意的一个重要特点是个别差异明显。尽管他们注意的有意性有所增强，但是无意注意的作用在他们的学习与活动中仍然占有一定的地位。不少学生依然习惯于通过无意注意的方式去获得知识，稍做有意注意的努力或有意注意持续的时间长些，便会感到疲劳。教学环境或者教学内容、方法稍有变化，也会影响他们注意的稳定与集中。他们可以专心致志地听一堂课，也可以心不在焉地听另一堂课。这些情况说明，初中生的注意发展存在着矛盾性，标志着他们正处于从无意注意占优势向有意注意和有意后注意过渡的时期。

调查表明，初中生在学习或活动中，支配自己的心理活动，使之及时定向与集中的能力是很不相同的，存在着有明显差异的三种注意类型：①以无意注意占优势为特征的情绪型；②以有意注意占优势为特征的意志型；③以有意后注意占优势为特征的自觉意志型（智力型）。

初中生注意的个别差异只是说明这个时期学生注意的某种倾向性和最一般的表现特征而已，它不是固定不变的。教师的任务是采取必要的手段，引导学生向良好的注意方向发展。

3. 直接兴趣在注意中起着巨大的作用

与小学生相比，初中学生更具有积极的求知欲和好奇心，他们渴望知道更多未知的东西。但是，由于他们的注意还具有明显的情绪色彩，因此直接兴趣在注意中起着巨大的作用。凡是他们感到有兴趣的东西，就能长时间地保持稳定的注意，通常每次可持续 40 分钟之久。研究表明，由于强烈的直接兴趣因素的影响，约有 90％的初中学生明显地表现出对某些学科特别爱学和特别不爱学的偏科现象。直接兴趣的作用还表现在阅读方面。对初中学生课外阅读兴趣的研究发现，62％的人阅读时只是满足于书中故事的有趣情节，而对人物的刻画及作品的社会意义则毫不介意。因此他们常常会由于缺乏兴趣而放下正在上课的课本，去阅读更有趣味的另一本书。

教师很容易发现，初中学生往往是多种兴趣并存的。因此，教师一方面要特别重视帮助他们培养中心兴趣，另一方面要指导他们克服肤浅的好奇心和对学习抱有轻率的态度，加强对他们注意目的的方向性和自我组织能力的教育。

4. 探究新奇事物的主动性增强

小学生探究新事物的能力已有所发展。到了初中阶段，学生对一切新奇的、不了解或意外东西的探究，能表现出更明显的主动性和自觉性。例如，学习了植物生长过程与环境相互关系的知识后，有的学生就主动地设法改变植物生长发育的环境条件，从而探究能使它们更好地开花、结果的方法。当然，初中学生主动探究新事物的热情中还带有强烈的冲动性。在他们对某种新奇事物的注意达到入迷的程度时，会把纪律置之脑后。

初中学生探究新奇事物的主动性增强是符合这个阶段儿童心理发展的年龄特征的。教师应当采取积极引导的态度，让他们理解获取知识的正确途径和方法，千万不能采取讽刺挖苦的态度，这样往往容易扼杀他们的想象力。

5. 开始发展对抽象材料的稳定注意

心理学的有关研究表明，小学高年级学生更多的是对具体、生动的材料保持较好的注意稳定性，而对抽象的、与自己的实际生活缺少联系的材料，则注意的稳定性会大大削弱。初中学生则不同，由于教学的需要，他们开始接触更多的抽象材料，如定理、公式、概念等，面对这些抽象的材料，他们开始能够比较长时间地稳定自己的注意。不过，由于他们的思维还不成熟，对于特别抽象深奥或缺乏具体经验支持的材料，他们也会因不理解而感到乏味，进而分心。

对于抽象材料的注意稳定水平的提高，不是自发实现的，初中生比小学生有了很大的发展，但还是处于比较初级的阶段，要加强培养。

(二)注意规律在教学中的运用

1. 根据注意的外部表现了解学生的听课状态

人们在注意状态下有明显的外部表现。因此，在课堂教学中，学生如果认真听讲，注意教师的教学活动，也会有相应的外部表现。教师通过观察学生的外部表现，既能够判断学生是否在专心听讲，又能够了解自己的教学效果，从而保证课堂教学的最优化。课堂上，学生表现出积极的神情和适应性的动作，说明他在全身心地关注教学，教师可以利用这种积极的学习状态深化知识教学，启发思考，培养创造性。相反，学生若是做小动作，或漫不经心，或心浮气躁，就说明注意力有所分散，教师应该及时提醒，同时也要灵活地组织教学，帮助学生把注意力集中到课堂教学中来。

2. 运用无意注意的规律组织教学

无意注意可以由刺激物本身的特点引起，刺激物本身的特点既可以成为顺利完成教学任务的因素，又可能成为造成学生学习注意分散的因素。因此，在教学过程中，教师要善于利用有关刺激物的特点组织学生的注意。

(1)创造良好的教学环境。为了使学生在学习过程中不受外部无关刺激的干扰，应该创造一个安静、整洁的教学环境。教师应该注意教室外的环境对课堂的干扰。

(2)精心组织教学内容。精心组织教学内容是引起学生注意的重要条件。因此，教师在组织教学内容时，必须注意几个问题：①教材要有科学性。这对培养学生的辩证唯物主义观点和热爱科学、坚持真理的精神具有重要的作用。②教材要具有实践性。学生学习知识的目的是为了应用，为了解释或解决实际问题。如果学了语文，而不会写请假条；学了物理而不懂得用杠杆去移动大石头，那么对这样的教材，学生是不会感兴趣的。③教材的深度、广度要适当。教材有适当的深度和广度，才有利于开发学生的潜能和智力。喜欢涉猎比较深奥的或广博的知识是少年期学生突出的心态；这个阶段的学生渴望好奇、好强、好胜心理有得到表现的机会。调查发现，他们的这种心理尤其喜欢在学习上表现出来。所以，通过教材深度、广度的合理组织，最有利于无意注意发挥它应有的积极作用。④教材的难度要合理搭配。心理实验表明，最能引起学生直接注意的知识，既不是他们完全不懂的，也不是他们完全懂了的知识，而是与他们过去的知识有联系的难度适中的知识，因为这种知识有助于激发他们期待的心理悬念。学生认为难度大的教材，通常是指那些抽象而枯燥的知识。所以，必要时教师除应当补充某些与原教材有关、内容健康、注解性的知识外，还要具有把教材化抽象为具体、变枯燥为生动、化难为易的教学艺术。

(3)采用启发式的教与学的方法。教与学的方法富有启发性，不仅是保证教学质量的重要手段，它所引起的无意注意也最具有积极性。从教的方面分析，教法要灵活多样，教师要避免教法的单调与呆板，因为这是导致学生神经兴奋性低落的刺激因素。但是频繁地改变教法也是不恰当的，学生容易被教师游戏般的新异教法所吸引而忘记了学习的主要任务。所以，教师应当改变那种备课时不备教法与学法的陋习。教师备课时，应当认真考虑用什么方法最能启发学生思维，启发想象，启发记忆，启发感知，启发学生动脑、动手，让学生的智慧主动发挥出来。

3. 有意注意规律在教学中的运用

对于学生的学习来说，有意注意是非常重要的。学生只有能够主动地控制和集中自己的注意到必要的对象上，他才能很好地完成学习任务。教师在教学中可以采取以下的措施对学生进行教育。

(1)加强对学生的组织性与纪律性教育。这是维持有意注意的心理基础。心理学的研究表明，人的外部的庄重和严肃能够促进其内心世界的协调性和组织性。加强对学生组织性与纪律性教育的目的，是使学生能够自觉地依靠有意注意去协调内心世界与外部行为，使其言行举止有意化、自动化。与此同时，教育者也必须自我教育，养成更高水平的组织性和纪律性，遵守教学过程的各项规章制度，为学生提供保持有意注意状态的榜样。

(2)加强对学生学习目的性的教育。对于学生来说，只有求知的心理愿望是不够的，应当在这个基础上发展求成的远大理想，因此，教师要帮助学生把模糊的抽象的学习目的化为清晰的具体的学习目标，把单纯得到考试成绩的暂时兴趣化为追求运用知识的永久兴趣，把学习的每一个课题都与实际生活联系起来，学习目的明确了，对维持有意注意就具有长效性的作用。

(3)培养学生抗干扰的习惯。养成抗干扰习惯的学生，在遇到干扰时，懂得用语言提醒自己注意，能习惯性地运用实际动作来支持有意注意。同时，为了保持长久的有意注意，他们也会用不断地给自己提出新问题的方法，为自己设定实现学习目标的一个又一个的任务，以增强抗干扰的有意注意成分。

(4)把学生看成学习活动的主体。教师要尊重学生的情感、需要和价值观，并建立融洽的师生关系，相信学生自己能教育自己，发挥他们的潜在智能。教师把学生看成学习的主体，学生也就会成为有意注意的主人。

第三节　记忆与教学

一、记忆的概念

记忆是人脑对经历过的事物的反映。人们感知过的事情，思考过的问题，体验过的情感或从事过的活动，都会在头脑中留下不同程度的印象，其中有一部分作为经验能保留相当长的时间，在一定条件下还能回想得起，或把它们再认出来，这就是记忆。从信息加工的角度看，记忆就是对信息的输入、编码、储存和提取的过程。

二、记忆的种类

(一)形象记忆、语词－逻辑记忆、情绪记忆和动作记忆

根据记忆的具体内容来分，可以把记忆分为形象记忆、语词－逻辑记忆、情绪记忆和动作记忆。

1. 形象记忆

形象记忆是以感知过的事物的具体形象为内容的记忆。这种形象也是视觉的、听觉的、触觉的、嗅觉的、运动觉的、平衡觉的等。形象记忆具有显著的直观性。例如，关于自然景观、音乐旋律的记忆就属于形象记忆。

2. 语词－逻辑记忆

语词－逻辑记忆是以词语、概念、原理为内容的记忆。这种记忆所存储的不是事物的具体形象，而是被研究过的概念、定理、公式和规律等内容。它以严格的逻辑思维过程为基础，并具高度的概括性、理解性和逻辑性。例如，对我国的历史朝代"夏、商、周、秦、汉……"的记忆就是语词－逻辑记忆。语词－逻辑记忆是人类储存知识最主要的形式，也是个体保存经验的最简便、最经济的形式。学生学习科学知识，主要依靠语词－逻辑记忆。

3. 情绪记忆

情绪记忆是以体验过的情绪、情感为内容的记忆。例如，对过去曾受到的一次惊吓的记忆，对过去美好事物所带来的喜悦心情的记忆都属于情绪记忆。情绪

记忆往往是一次形成的，但其映象有时比其他记忆的映象表现得更为深刻、持久，甚至终身不忘。

4. 动作记忆

动作记忆是以过去经历过的运动或做过的动作为内容的记忆。例如，对以前学过的游泳、舞蹈、计算机操作等动作的记忆都属于动作记忆。它是人们获得语言和各种技能的基础。动作记忆在获得时较难，但一旦形成，则容易保持、恢复而不易忘记。

在实际生活中，各种记忆都是掺杂在一起的。例如，在体育教学中，学生头脑中既有动作概念和语词—逻辑记忆，又有教师优美示范的形象记忆，还有通过练习而形成的动作记忆，并常常伴随有一定的情绪记忆。

(二)内隐记忆和外显记忆

按记忆的意识参与程度划分，可以分为内隐记忆和外显记忆。

1. 内隐记忆

内隐记忆是指在不需要意识或有意回忆的情况下，个体的经验自动对当前任务产生影响而表现出来的记忆。它是你可能意识不到的、却影响你所说和所为的一种体验。个体在内隐记忆时，没有意识到信息提取这个环节，也没有意识到所提取的内容是什么，而只是通过完成某项活动才能证实他保持有某种信息。例如，人们能熟练地打字，但要求他们立刻正确地说出键盘上字母的位置时，很多人往往做不到，这说明他们有字母位置的内隐记忆。

2. 外显记忆

外显记忆是指当个体需要有意识地或主动地收集某些经验用以完成当前任务时所表现出来的记忆，也叫直接记忆。外显记忆能随意提取记忆信息，能对记忆的信息做出较准确的语言描述。在需要时，能通过自由回忆、线索回忆及再认将记忆中的经验表述出来。如记得儿时背过的唐诗等。

(三)瞬时(感觉)记忆、短时记忆和长时记忆

按记忆材料在头脑中保持时间的长短划分，可把记忆分为：瞬时(感觉)记忆、短时记忆和长时记忆。

1. 瞬时记忆

当客观刺激停止作用后，感觉信息并不立即消失，它还能以感觉痕迹的形式在一个极短的时间内保存下来，这种记忆叫感觉记忆或瞬时记忆。瞬时记忆是极为短暂的记忆，一般保持时间为 $0.25\sim1$ 秒，若不加以注意，很快就会消失，若受到主体的注意或加工就进入短时记忆。

2. 短时记忆

短时记忆是信息在头脑中储存的时间比瞬时记忆长一些，但一般不超过 1 分钟的记忆。短时记忆的特点是：时间有限，保持时间不超过 1 分钟；容量有限，短时记忆只能临时容纳少量的信息，一般容量为 7 ± 2 个组块；意识清晰，它服从于当前任务需要，是主体正在使用、操作的记忆，主体有清晰的意识。所以，短时记忆为我们的思维提供了一个"工作台"，有时也被称为工作记忆。我们在打电话、口算或记忆购物单时，都在依赖短时记忆对信息进行短期保存。

3. 长时记忆

长时记忆是指记忆信息的保持从 1 分钟以上直到许多年甚至保持终身的记忆。长时记忆中存贮着我们过去的所有经验和知识。与短时记忆相比，长时记忆是一个真正的信息库，记忆容量极大，信息在头脑中存储的时间长。长时记忆中的信息是有组织的知识系统，对人的学习和行为的决策有着重要的意义。

以上三种记忆就是记忆的三级信息加工系统，或称之为记忆过程的三个阶段。其关系可用下列模式表示（见图 2-5）。

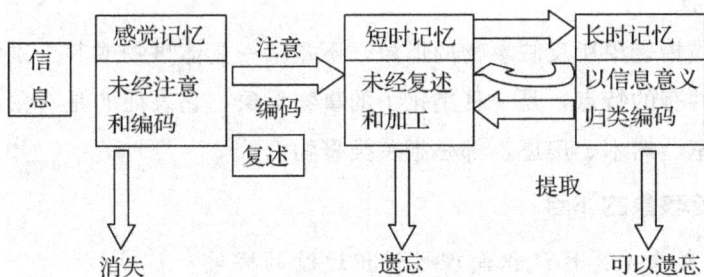

图 2-5　三个记忆系统及其相互关系

模式显示：当外界刺激引起感觉后，它所留下的痕迹便是感觉记忆，如不注意，便很快消失，如果给予注意，进行初步处理，便转入短时记忆。对短时记忆的信息，如不及时加工和复述，其信息也会很快遗忘或被新信息所替代。如果经过复述，就转入长时记忆。在长时记忆中，其信息被继续编码、储存起来。当需要时，这些信息又从长时记忆中提取或检索到短时记忆中来供人们使用。

三、记忆表象

(一)记忆表象的定义

记忆表象也称为表象，是头脑里所保存的过去感知过的事物再现出来的形象。由于表象是在感知的基础上形成的，根据其起主要作用的感觉器官的不同，可以把表象分为视觉表象、听觉表象、运动表象、味觉表象和触觉表象。记忆表象是学生学习的基础。

(二)记忆表象的特点

表象虽然是在感知的基础上形成的，但又摆脱了感知的局限，具有以下特点。

1. 直观性

直观性是指头脑里保持的表象是以生动及形象的形式出现的，并和过去感知时有一定的相似之处的特性。如在唤起视觉表象时，就仿佛在脑中看到这件事一样，"如见其形"。但表象和感知不同，它所反映的客观事物不在眼前而是保存在记忆中的，它反映的是事物的大体轮廓和一些主要特征，所以表象的形象性不如感知的鲜明、完整、稳定。

2. 概括性

概括性是指表象所反映事物的形象，不是某一具体事物或其个别特点，而是一类事物所共有的特点，是一种类化了的事物形象，它表征的是对象的轮廓而不是细节。如笔、树木、房屋，都是指一类事物。

(三)记忆表象的作用

1. 记忆表象是感性认识向理性认识过渡的桥梁

表象从其直观性看，它与感知相似，但又具有概括性，所以表象是由感知向思维过渡的中间环节。

2. 表象性知识是学生知识结构的重要内容

知识主要有感性知识与理性知识两类。感性知识的主要内容是表象，理性知识的主要内容是概念和命题。储存在大脑中的知识大多数是以表象的形式出现的。研究表明，在人的记忆中表象的信息量与词语的信息量的比例为1000∶1。知识内容的重现多以表象的形式出现。

3. 记忆表象是想象的基础

想象是在表象的基础上加工改造的过程，没有表象就无法进行想象活动。所以表象是想象的基础。

四、记忆的过程

记忆有三个基本的环节：识记、保持、回忆或再认。

(一)识记

1. 识记的概念

识记是记忆过程的第一个基本环节，是指个体获得知识和经验的过程，它具有选择性的特点。

2. 识记的种类

(1)无意识记和有意识记。根据识记过程是否有目的，可以把识记分为无意识记和有意识记。

①无意识记。无意识记(也称不随意识记)是指没有预定目的，在识记过程中也不需要做一定意志努力、自然而然发生的识记。它最典型的表现就是人们在日常生活中不知不觉记住了某些东西，即所谓"耳濡目染""潜移默化"。

②有意识记。有意识记(也称随意识记)是指有预定目的，在识记过程中要做一定的意志努力的识记。人们掌握系统经验、完成特定记忆任务最主要靠的就是有意识记。学生的学习多用这种记忆掌握系统的科学知识。

(2)机械识记和意义识记。根据识记时对材料是否理解，可以把识记分为机械识记和意义识记。

①机械识记。机械识记是指识记者在材料本身无内在联系或不理解其意义的情况下，按照材料的外部联系，通过简单重复的方式而进行的识记。由于识记者只根据材料的表面形式去识记，不了解材料的意义及其关系，因而识记效率较低，但准确性高、使用面广，是识记活动中不可缺少的种类。

②意义识记。意义识记(也称理解识记)是在对材料内容理解的基础上，通过材料的内在联系而进行的识记。这种识记与积极的思维活动密切联系，又往往运用已有的知识经验，因而记忆的效率高、巩固性强。

3. 影响识记的因素

(1)识记的目的和任务影响识记的效果。有无明确的识记目的和任务对识记效果有很大的影响。识记的目的任务越明确,识记的效果就越好。

(2)识记的方法影响识记的效果。要在理解的基础上进行识记,避免不求甚解,生吞活剥地强记;要根据材料的多少和难易,适当采用整体识记和部分识记;并把机械识记和意义识记结合起来,注意调节情绪,保持愉快的心境,从而提高整个记忆的效果。

(3)识记材料的性质和数量影响识记的效果。材料性质不仅影响识记效果,而且也影响识记进程。实验证明:在识记较容易的材料时,开头识记得多而快,后来则逐渐缓慢下来;与此相反,识记困难的材料,开头识记的速度比较缓慢,到后来则逐步加快。

从材料的数量来看,识记的效率将随着识记材料的增加而降低。要达到同样的识记水平,材料越多,平均用的时间或诵读次数就越多,材料数量与识记效率呈负相关趋势。但这并不等于说识记材料的数量越少越好。一次识记的材料太少,就失去了学习的意义。至于以多大量为宜,要根据具体情况确定。

(二)保持

1. 保持的概念

保持是指已获得的知识经验在人脑中的储存与巩固的过程,它是记忆过程的第二个基本环节。保持是识记的延续,是把感知过的事物、体验过的情感、做过的动作、思考过的问题等,以一定的形式存储在头脑中的过程。保持的最大变化就是遗忘。

2. 遗忘及遗忘规律

遗忘是指识记过的材料不能再认和回忆,或是错误地再认和回忆。艾宾浩斯遗忘曲线是表明遗忘发展的重要规律,是由心理学家艾宾浩斯首先发现的。他使用无意义音节作为记忆材料,自己做被试,采用节省法研究遗忘的规律。在识记材料后,每隔一段时间重新学习,以重学时所节省的时间和次数为指标,测量遗忘的进程。他将实验结果绘制成一条曲线,这就是心理学上著名的艾宾浩斯遗忘曲线(图 2-6)。这条曲线表明,遗忘在学习之后立即开始,最初的遗忘速度很快,随着时间的推移,遗忘的速度逐渐下降。由此得出遗忘的规律是:遗忘的进程是不均衡的,呈先快后慢的趋势,以后基本稳定在一个水平上。

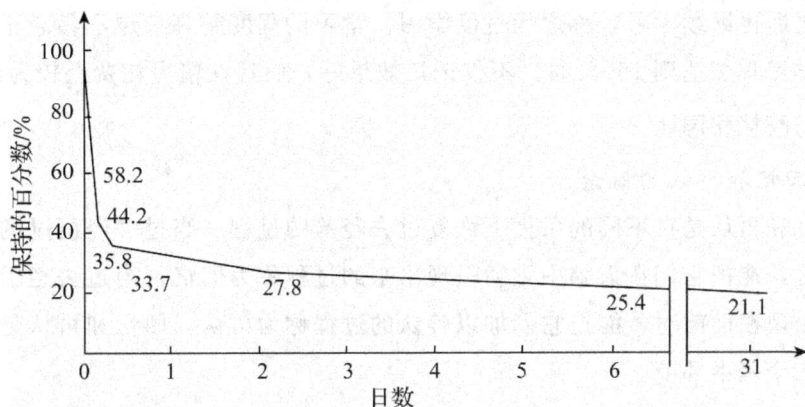

图 2-6　艾宾浩斯遗忘曲线

3. 遗忘理论

关于遗忘的机制，有"衰退说""干扰说""提取失败说""压抑说""同化说"等多种观点，我们称之为遗忘理论。而针对学生学习中产生的遗忘主要有以下两种不同的理论。

一种理论认为，遗忘是由于识记后的痕迹得不到强化（缺乏复习）而逐渐减弱、衰退，以致最后消失。这就是所谓的记忆痕迹"衰退说"。即遗忘是由于记忆痕迹衰退引起的，衰退随时间的推移自动发生。

另一种理论认为，个体在学习和回忆之间受到其他刺激的干扰，使记忆痕迹受到了抑制。一旦排除干扰，解除抑制，记忆就能恢复，这就是"干扰抑制说"或"干扰说"。记忆痕迹的相互干扰或抑制有两种情况：前摄抑制和倒摄抑制。先学习的材料对当前识记和回忆的干扰作用，称之为前摄抑制；后来学习的材料对保持和回忆先前学习材料的干扰作用就是倒摄抑制。

影响遗忘的因素主要有：（1）记忆材料的意义、性质和数量。有意义的材料比无意义的材料保持得好。有人做过实验，经过 400 天后被试对有意义的材料仍能保持 60% 的记忆，而对无意义的材料仅能保持 30% 的记忆。材料的性质对识记效果也有很大的影响。（2）识记材料的序列位置。识记材料的序列位置不同，遗忘的情况也不一样。一般是排列在序列两端部位的材料容易被记忆，不易被遗忘，而排列在中间部位的材料则容易被遗忘。所以，教师要指导学生加强对学习材料序列的中间部分的识记。（3）学习程度。对学习材料如果没有达到一次完全能够成诵的标准，这是低度学习；在记忆某种材料时，当第一次能完全准确无误地背诵之后再继续学习，称之为过度学习。学习的程度越高，越不易忘记。研究证明，学习程度达到 150％时，不仅记忆效果好，而且在精力耗费上较为经济。

(三)回忆和再认

1. 回忆和再认的概念

回忆和再认是在不同的条件下恢复过去经验的过程。当过去经历过的事物不在面前时，能把它们在人脑中重新呈现出来的过程称为回忆；当过去经历过的事物再次出现在面前时，能把它们加以确认的过程称为再认。回忆和再认是记忆过程的第三个基本环节。

2. 影响回忆和再认的因素

对事物的回忆和再认主要受以下三个因素的影响。

(1)对事物识记的精确程度和巩固程度。识记和保持是回忆和再认的前提条件，识记和保持得好，才能回忆和再认得好。对事物识记越清楚，保持越牢固，回忆和再认就会越全面、越准确；相反，对事物识记得很模糊，保持也不牢固，回忆和再认就会发生困难，不仅速度慢，而且也不那么准确。

(2)当前的事物和经验过的事物的相似程度。如果当前呈现的事物或材料与过去识记过的事物或材料相比变化不大，就容易回忆和再认；如果发生了很大的变化，就难以再认。

(3)当前呈现事物的环境与过去被识记时环境的相似程度。一般来说，当前出现的事物与过去感知它时的环境差别越小，越容易再认，否则，就会给再认带来一定的困难。时过境迁，对往事难于识别就是这个道理。

五、记忆的品质

记忆的品质是鉴别一个人记忆力好坏的指标，主要包括敏捷性、准确性、持久性和准备性。

1. 记忆的敏捷性

记忆的敏捷性是指在单位时间内，个体所能记住的事物数量和速度方面的品质。一般以速度快、数量大为好品质。提高敏捷性要求在识记时必须抓紧时间、专心致志、聚精会神地学习。

2. 记忆的持久性

记忆的持久性是指记忆内容在记忆系统中保持时间长短方面的品质。一般而言，保持时间越长，品质越好。加深理解和进行合理复习，是提高记忆持久性的重要措施。

3. 记忆的准确性

记忆的准确性是指对记忆内容的识记、保持和提取时是否精确的品质。准确无误，则准确性品质较好；张冠李戴，则准确性品质不良。记忆的准确性依赖于对事物前因后果的把握，识记时要准确识别事物的本质属性。

4. 记忆的准备性

记忆的准备性是指能否及时提取应用记忆信息的特征。需要时能及时提取，说明此方面品质较好；否则，关键时候不能应用记忆信息，则此方面品质不良。"读书破万卷，下笔煞费神"就是记忆准备性差的表现。

记忆的这一品质是上述三种品质的综合体现，上述三种品质只有与记忆的准备性结合起来评价，才有价值。

六、记忆的规律在教学中的运用

(一)中小学生记忆的发展

1. 小学生记忆发展的特点

(1)有意识记逐渐明显。从记忆的目的性来看，小学生从无意识记占主导地位发展到有意识记逐渐占主导地位，是他们识记发展的一个质的变化。这个变化是在整个小学阶段逐步实现的。小学生的无意识记和有意识记的效果会随年龄的增长而递增，有意识记的增长速度更为明显。

(2)意义识记在逐步发展。从记忆方法上说，小学生意义识记正在逐步发展乃至占主导地位。一般来说，学前儿童和低年级小学生主要采取机械识记的方法，中高年级小学生较多地采用意义识记的方法。

(3)在形象记忆的基础上，抽象记忆迅速发展。从识记的内容上说，小学生在形象记忆的基础上，对词的抽象记忆也在迅速发展。小学低年级学生，由于第一信号系统活动占优势，在头脑中与第一信号系统相联系的事物的具体形象容易记住。到了中高年级，学生掌握的词语量不断增加，第二信号系统的活动逐渐占优势，所学课本的内容大多是些抽象的词、数字或符号，所以他们的抽象记忆也渐渐地占主导地位。但对小学生来说，在记忆抽象的材料时，主要还是以事物的具体形象为基础，即形象记忆仍起着重要作用。

2. 中学生记忆发展的特点

(1)有意识记逐渐占据主导地位。初中阶段学生的有意识记在记忆中开始占主导地位，学生的学习目的逐渐明确，学生开始根据学习内容，自己提出记忆的任务，并且是适当长远的记忆任务。

(2)意义识记在学习中逐渐成为主要的记忆形式。中学阶段，学科内容日益抽象，要求学生在理解的基础上进行记忆，再加上他们的知识经验日益丰富，语言、思维进一步发展，意义识记逐渐成为主要的记忆形式。在整个中学阶段，意义识记能力随年龄提高，机械识记能力随年龄下降。

(3)抽象记忆的能力日臻完善。学生进入初中后，需要学习记忆大量的概念、定理，进行逻辑判断和证明，在这样一个学习过程中，随着语词和思维的发展，学生的抽象记忆的能力日臻完善。

(4)对有情绪体验的事物的记忆水平提高。初中生对情绪和情感的理解更加深刻，更易于激发对有情绪体验的事物的学习兴趣，因而在中学阶段学生记忆有情绪体验的事物的水平有很大的提高。

(二)记忆规律在教学中的运用

1. 合理安排教学活动

(1)在课堂教学中要提出明确而具体的教学任务。识记的目的越明确，识记的效果就越好。在教学中，教师要明确记忆的目的，在教学的各个环节都要把对学习目的的教育放在首位，让学生明确学习目的，自觉学习，主动记忆，积极思考。要向学生阐述该知识点的意义和重要性，提出长久的识记要求，让学生明确长时记忆的任务，激励学生为了真正掌握知识而学，而不是把识记的目标仅局限于考试。

(2)避免把性质相同的课程安排在一起。当先后学习的两种材料不同但又彼此类似时容易发生前摄抑制和倒摄抑制，所以在教学过程中，要尽量避免将两种内容相似的课程安排在相近的时间段内，最好实现文理科课程交叉安排，其间若再插入音、体、美等课程则更好。

(3)保证学生课间休息时间。教师不应延长教学时间，占用学生的休息时间，以免前后两节课的教学内容彼此发生前摄抑制和倒摄抑制的干扰。研究证明，学生如果在课间有 10 分钟的积极休息，便可以使脑力活动的效率提高 30%。

(4)适当过度学习。所谓过度学习指在学习达到刚好成诵以后的附加学习。如学习一首诗，有人读了 10 遍就刚好能背诵，在能够背诵之后增加的学习（如再读 5 遍)便是过度学习。

在日常教学中，一般教师都知道，对于本门学科的一些基本概念、基本原理的学习，仅仅达到刚能回忆的程度是不够的，必须在全面理解的基础上达到牢固熟记的程度。研究表明，刚刚记住的学习程度为 100%，要记得该内容，也就是记忆效果要达到最好，学习的熟练程度要达到 150%。例如，有人背一首诗，读了 10 遍就刚好能背诵，能够背诵之后再读 5 遍，这时的背诵效果是最好的。学习程度超过 150%时，记忆效果并不会因此递增，反而还可能引起厌倦、疲劳，成为无效劳动。

2. 教给学生科学的记忆方法

(1)在理解的基础上记忆，对记忆材料进行深度加工。在教学过程中，教师要找出新材料与已有知识之间的关系和联系，以利于学生在理解的基础上记忆。还要在学习新材料时通过增加相关的信息来达到对新材料的理解和记忆(即深度加工)，以提高保持效果。

(2)把记忆材料简化、概括化、特征化、规律化。教学时要让学生对记忆材料进行加工、简化使之易记，还要对记忆材料进行提炼、抓住关键、抓住特征、抓住规律进行记忆。

(3)把知识系统化，善用联想。在教学中，要指导学生把学过的知识进行归类、整理，使之系统化，必须找出事物间的联系和关系，尽量让学生形成多种联想，并且教会他们正确运用各种联想的方法。常用的联想有：接近联想、因果联想、对比联想、类似联想。

3. 正确组织复习

(1)及时复习与经常复习相结合。复习要赶在遗忘大量发生之前(最好是在学习后的 24 小时之内)进行及时复习。及时复习后并不能万事大吉，还应有计划地经常复习，这样才能使暂时神经联系易于复活，更好地巩固知识。

(2)集中复习与分散复习相结合。研究表明，在时间和条件大致相同的情况下，分散复习的效果优于集中复习，所以教师要鼓励学生进行分散复习，不要等到期末才突击复习。当然合理分配复习时间要视复习材料的特点而定。数量少、难度小的材料应当集中复习；数量多，难度大的材料可以分散复习；属于思考式的材料，宜集中复习。

(3)反复阅读与尝试回忆相结合。指导学生在对复习材料没有完全熟记之前要积极地试图回忆，遇到回忆不起来的部分再阅读，通过反复阅读与尝试回忆相结合提高复习效果。

(4)引导学生用多样化的方式复习。多样化的复习方式可以使学生感到新颖，激发学生积极地从事智力活动，从而提高复习的效果。在复习时也要尽可能通过眼、耳、口、手、脑等多种感官协同活动，改善复习的效果。

(5)教会学生科学用脑。科学用脑主要应做到：要保持稳定而愉快的情绪；参加文体活动，做到劳逸结合；遵守作息制度，保证适当的睡眠；利用最佳的记忆时间；科学地使用大脑，适当休息；有适当的营养、清新的空气等。只有教会学生科学用脑，才能有助于学生记忆效果的提升。

第四节　思维、想象与教学

一、思维的概念与种类

(一)思维的概念

思维是人脑对客观事物概括的和间接的反映，它反映的往往是事物的本质属性和事物间的内在规律。爱因斯坦有句名言：你能不能观察到眼前的现象，不仅仅取决于你的肉眼，还取决于你用什么样的思维，思维决定你到底能观察到什么。认知心理学认为，思维是在感知觉、记忆的基础上，对输入信息进行深层次的加工，揭示事物与事物之间关系并形成概念，利用概念进行推理和判断，并运用已有的知识经验，解决人们面临的各种问题。

心理学家研究认为概括性和间接性是思维最基本的、也是最重要的特征。

1. 概括性

概括性是思维过程最显著的特性，它是指在大量感性材料的基础上，把一类事物的共同的本质特征和规律抽取出来加以概括。因此，思维的概括性强调人们在思维的过程中能够找出一类事物的共同本质属性，同时能够反映事物运动的内在规律。例如，在日常生活中，我们看到水开时就会冒出蒸汽，冬天许多地方屋外的水会结成冰。通过思维，我们就可以了解，液态的水、蒸汽和冰都是水的形态，这是由水的温度决定的。

2. 间接性

间接性是指人们借助已有的知识经验为一定的媒介，理解或把握那些没有直接感知过的、或根本不可感知到的事物，以推测事物过去的进程，认识事物现实的本质，推知事物未来的发展。也就是说，思维的间接性强调通过已有的知识经验或其他事物的媒介（主要是语言符号）来认识事物。例如，医生可以根据病人表现出来的症状、主诉等，来推断病人身体内部器官的病因。

(二)思维的分类

1. 动作思维、形象思维和抽象思维

根据思维的内容不同，可将思维分为动作思维、形象思维和抽象思维。

(1)动作思维。动作思维是依据实际行动来解决具体问题的思维过程，也叫直观动作思维。这种思维具有明显的外部特征，通常以直观的具体的实际动作表现出来。3岁前幼儿的思维就属于动作思维。他们不能在动作之前思考，也不会计划行动、预见后果，只是结合游戏或动作而思维，动作停止，思维即停止。成人有时也会出现动作思维，往往是伴随动作操作进行的。但是，成人的动作思维比幼儿的动作思维更复杂，往往是与其他形式的思维结合进行的。

(2)形象思维。形象思维是依据头脑中的直观的具体的形象或表象来解决问题的思维活动。学龄前儿童的思维主要是形象思维，他们可以脱离直接刺激物或实际动作，借助具体实物或表象进行思考。例如，他们在计算 $1+2=3$ 时，可以想象1个橘子和2个橘子相加的表象，而不是一定要看见具体直观的实物再计算出结果。同样，形象思维在某些成人身上可能获得高度的发展。例如，艺术家、文学家、设计师更多地运用形象思维进行创作和解决问题。

(3)抽象思维。抽象思维是以概念、判断、推理等形式进行的思维，也叫逻辑思维。这种思维是运用概念，以判断、推理的方式来反映事物的规律，它是人类思维活动的核心形态，是人类特有的复杂而高级的思维形式。例如，科学家利用实验材料进行科学推理和论证，数学家运用数学符号和概念进行数学运算和推导，学生学习科学文化知识，都需要抽象思维。

2. 聚合思维和发散思维

根据思维探索目标的方向不同,可将思维分为聚合思维和发散思维。

(1)聚合思维。聚合思维是指思考者把问题所提供的信息聚合起来,思路朝着同一方向聚敛前进,得出一个正确的或最佳的答案的思维,也叫集中思维或求同思维。它的突出特点是求同与求优。这种思维是利用已有的知识经验和现成的方法来解决问题的一种有方向、有范围、有组织、有条理的思维形式。例如,小李比小王高,小李比小张矮,小张比小王高,小张比小刘矮,其结果必然是小王比小刘矮。

(2)发散思维。发散思维是指从一个目标出发,沿着各种不同途径去思考,探求多种合乎条件的答案的思维,也叫分散思维或求异思维。它的突出特点是求异与创新。这种思维无一定的方向和范围,不墨守成规,由已知探索未知的开放式的思维形式。发散思维因其具有求异与创新的特点,使其成为创造性思维中的主要心理成分。因此,思维的流畅性(思维敏捷、反应迅速)、变通性(思维灵活、随机应变)、独特性(对问题能提出独特的、新颖的看法与建议)是发散思维的三个主要特点。

3. 常规思维和创造性思维

根据思维的创新程度及其结果的新颖性,可将思维分为常规思维和创造性思维。

(1)常规思维。常规思维是指人们运用已有的知识经验,按照现成的方案和程序,用固定的模式来直接解决问题的思维,也叫再造性思维或再现性思维。这种思维的创造性水平很低,对原有的知识不需要进行明显的加工,也不需要有创新性的思维成果,往往缺乏创造性。例如,学生学习了阿基米德定律,就可以运用这一原理来直接解决现实中有关浮力的问题。

(2)创造性思维。创造性思维是指以新颖、独特的方式来解决问题,并产生新的成果的思维。例如,小说家创造小说,剧作家创造一个新的剧目,发明家发明一个新的产品等,都属于创造性思维的范畴。其根本特点是新颖性和独创性。它是人类思维的高级过程,是一切创造性活动的必要心理条件。创造性思维是多种思维的综合表现,包括聚合思维、发散思维和直觉思维三种形式。

二、想象的概念与种类

（一）想象的概念

想象是人脑对已有表象进行加工改造形成新形象的心理过程。例如，作家创造人物形象，工程师根据建筑方面的知识经验设计出建筑物的形象，都是运用已有表象建立新形象的过程，都是通过想象来实现的。

任何想象都不是凭空产生的，无论想象多么新颖、奇特，其内容都是来源于客观现实，都是人脑对已储存的表象进行加工改造的结果。例如，当我们在读毛泽东的《沁园春·长沙》时，就会在头脑中出现一幅岳麓山、湘江、橘子洲的秋天景色的图景。同样，人脑所形成的新形象也可能是现实生活中根本不存在的形象。例如，人们头脑中所产生的"猪八戒""狐狸精""美人鱼""千手观音"等形象，但这些形象也都来源于客观现实。总之，形象性是想象最核心的特征。

想象是一种高级的认知活动。想象对已储存的表象进行认知加工，是一种复杂的分析与综合活动。那么，我们的大脑是如何对已有表象进行认知加工的呢？这主要借助于黏合、夸张、人格化、典型化等方式来实现。

1. 黏合

黏合就是把从没有结合的事物或对象的属性或部分巧妙地结合在一起，在头脑中产生新的形象。例如，前面所讲的"猪八戒""美人鱼"等形象就是通过黏合的方式而形成的。

2. 夸张

夸张就是通过改变事物或对象的正常特点或突出某些特点，在头脑中创造出新的形象。例如，李白的诗句"蜀道之难，难于上青天"，以及千手观音、九头鸟等形象，都是运用夸张的方式而形成的。

3. 人格化

人格化就是对客观事物赋予人的形象和特征，从而产生新的形象。人们在现实生活中经常运用这种人格化的方式形成新的形象。例如，玉帝、龙王、雷公以及《聊斋》《西游记》中的许多形象，都是运用人格化的方式创造出来的。

4. 典型化

典型化就是根据一类事物的共同特征来创造新形象的过程。典型化在文艺作品、雕塑、绘画中被广泛运用。例如，鲁迅笔下的典型人物阿 Q，就是通过这种方式创造出来的。正如鲁迅所说，人物模特儿也没有专门用过一个人，往往嘴在浙江、脸在北京、衣服在山西，是一个拼凑起来的角色。

(二)想象的种类

根据产生想象时有无目的，可以把想象划分为无意想象和有意想象两大类。

1. 无意想象

无意想象是没有预定的目的、不由自主的无意识想象。它是最简单、最初级形式的想象。例如，当人们仰看天空的白云时，头脑中就会不由自主想到棉花、羊群、各种飞禽走兽等。

梦是人们在睡眠状态下无意识进行的想象活动，是无意想象的极端形式。梦的内容具有生动形象性，这些形象往往又不是感知过事物的再现，而是一种在头脑中对已有的表象进行加工而创造新形象的想象活动。

2. 有意想象

有意想象是有目的的、自觉产生的想象。例如，学生在学习过程中为完成某项学习任务，获得某些知识内容的想象，学生通过这种富于主动性、有一定程度自觉性和计划性的想象能更好地理解学习的内容。根据有意想象的新颖性和创造性不同，可以分为再造想象和创造想象。

(1)再造想象。再造想象是根据语言的表述或非语言的描绘在头脑中产生新形象的心理过程。根据白居易《忆江南》的描述，在头脑中就浮现出江南秀丽的景色；根据工程师设计的图纸在头脑中出现建筑物的形象等等，这些都属于再造想象。再造想象在人们的学习、工作、生活中具有重要作用，它使人们能够摆脱时空的限制，更广泛、更深入地认识世界。

(2)创造想象。创造想象是根据一定的目的和任务，在头脑中独立地产生新形象的心理过程。创造想象是一切创造性活动的重要组成部分。例如，文学创作、艺术创作、科学发明、技术革新等活动中的想象，大多是人类历史上前所未有的，这些都是创造想象。因此，创造想象具有独立性、新颖性和首创性的特点。创造想象在人类实践活动中具有重要作用，特别是在创造发明中更具有现实的意义。例如，发明家在新发现的事物未成模型之前，要事先在头脑中把所要发明的事物的形象创造出来；科学家在提出新的假说、猜想时，也要充分地运用创造想象。

幻想是创造想象的一种特殊形式，是与人们的生活愿望相联系并指向未来的想象。它具有两个明显的特点：①幻想总是指向未来的活动。例如，有的人幻想能当一名宇航员，乘宇宙飞船遨游太空。②幻想总是体现想象者的愿望。幻想是人们所追求、期望、向往的新东西的形象。人们对未来生活的期望，都体现出人们对美好事物的向往和追求，成为人们学习、工作、生活的推动力。

当然，幻想也有积极和消极之区别：凡是符合发展规律的积极的幻想，亦称为理想，能够激发人们向往未来，克服前进道路上的困难。例如，嫦娥奔月、龙宫探宝等，幻想通过人们的努力，今天已经变为现实。凡是脱离客观现实发展规律的消极幻想，亦称为空想。空想是消极的，如果完全的陷入空想的境地，只能使人脱离现实生活，导致挫折、失败，甚至误入歧途。

三、思维的过程

思维是一个复杂的心理过程。这个过程是通过分析、综合、比较、分类、抽象、概括、系统化、具体化等心智操作活动来实现的。其中，分析与综合是思维最基本的过程，贯穿于整个的思维活动，其他思维过程都是在此基础上衍生出来的。

(一)分析和综合

分析与综合是思维活动最基本的认知加工方式。分析是指在头脑中把对象的整体分解为各个部分的过程，或把复杂的事物分解为简单的要素的过程。例如，把几何图形分解为点、线、面、体，把植物分解为根、茎、叶，这都属于分析过程。一般来说，思维过程是从分析开始的，分析是解决问题的出发点。通过分析，我们可以了解事物的细节，掌握事物各部分的特点，有助于找到解决问题的方法。

综合是指在头脑中把事物或对象的各个部分、各个方面以及各种特征结合起来进行总体认识的过程。例如，把各个部件组成一个完整的仪器，把单个的字、词组成一个完整的句子，这都属于综合过程。通过综合，我们可以了解事物与事物之间的联系，有助于从整体上把握事物。

总之，分析与综合是方向相反而又密切联系的过程，是同一思维过程中不可分割的两个方面。分析总是对整体的组成部分的分析，综合总是对分析出来的各个部分的综合，是分析基础上的综合。在思考问题的过程中，这两个方面总是交错进行、相互补充的。

(二)比较和分类

比较是指在头脑中把事物或对象加以对比，来确定它们之间的异同点的过程。比较是以分析为前提的，只有把事物或对象分解成各个部分、属性及特征，才能对这些部分、属性及特征进行比较。比较的目的是要确定事物或对象的异同点，因此比较也离不开综合。而且，比较在本质上是一种更复杂的分析与综合。例如，我们要买手机，事先总要对手机的品牌、性能、外形、价格等进行了解，这就是分析，然后将不同手机的这些方面进行对比并综合考察，最后做出选择，这就是比较。

分类是指在头脑中根据事物或对象的共同点和不同点，把它们区分为不同种类的过程。也就是说，分类是以比较为基础的，通过比较，依据事物或对象的特点，把它们分门别类。因此，分类必须依据一定的标准，即根据事物或对象的某种属性和关系进行分类。例如，生物学的分类，由低到高的类别层次分别为种、属、科、目、纲、门。

(三)抽象和概括

抽象与概括是更高级的分析与综合活动。抽象是指在头脑中把各种事物或对象之间的共同的、本质的属性抽取出来的过程。因此，抽象强调抽取出事物与事物之间的本质属性，舍弃事物的非本质属性。例如，对"鸟"的抽象，"羽毛""动物"是共同的、本质的属性，而"飞"则是非本质的属性。

概括是指在头脑中把抽取出来的各种事物或对象之间的本质属性结合起来，推广到同一类事物或对象上去的过程。例如，"由三条线段组成的封闭图形"叫"三角形"，这就是概括的结果。因此，概括是一种特殊形式的综合，在概括的基础上形成各种概念、规则。

总之，概括是在抽象的基础上进行的，没有抽象就没有概括。如果我们不能从千差万别的事物中抽取事物的共同的、本质的属性，就无法对这类事物进行概括；如果没有概括性的思维，就不可能抽象出这类事物的本质属性。因此，它们之间是相互依存、相辅相成的关系。

(四)具体化和系统化

具体化是指在头脑中把抽象和概括出来的本质属性和规律运用到具体事物中去的过程。也就是说,具体化是与抽象、概括相反的思维过程,是抽象、概括的理性认识与具体的感性认识相结合的方法,是启发人们思考和发展认识的重要环节。例如,教师在讲授一个新概念或者理论时常常用例子、图解、具体事实来说明,这就是一种具体化的过程。

系统化是指在头脑中把知识分门别类地按照一定的顺序、层次整理成具有层次结构的整体系统的过程。系统化是在复杂的分析、综合、比较、分类、抽象、概括和具体化的基础上实现的,有助于我们自觉深入、牢固地掌握科学知识体系,有利于我们全方位把握事物的本质和规律。

四、思维的形式

任何内容的思维都要通过概念、判断、推理这三种形式表现出来。

(一)概念

概念是人脑反映事物本质的一种思维形式。在抽象和概括的基础上,人脑形成各种不同的概念。概念是思维的最基本的单位,是思维的出发点和归宿,而且人们利用概念进行判断和推理,因此它是思维的最基本形式。

概念与词紧密地联系着,词是概念的语言形式,概念是词的思想内容。因此,任何概念都是通过词来表达的。但是,概念与词也不是完全一一对应的关系。一个词可以代表不同的概念,相同的概念也可以用不同的词来表示。

(二)判断

判断是指人脑反映事物之间联系和关系的思维形式,是在概括的基础上形成的对事物有所判定的思维形式之一。任何判断都是由概念所组成,都是概念的展开。单一的概念无法进行思维活动和表达思维,必须把多个概念联系起来,对事物有所肯定或者否定,这就构成了判断。判断主要有直接判断与间接判断、肯定判断与否定判断等类型。

(三)推理

推理是人脑从已知的判断出发推出新判断的思维形式。人们在思维时常经历着"由此及彼"的过程，如"月晕而风""础润而雨"。人们看见"月晕"与"础润"等自然现象，就能得出"风""雨"将要来临的结论，这个过程就是推理。在推理的过程中，把出发进行推理的已知判断叫作前提，把由已知判断推出的新判断叫作结论。因此，要保证推理结论的正确性，推理必须具备两个条件：一是前提要真实；二是前提与结论之间的关系有一定的必然联系。

五、思维的发展与教育

(一)小学生思维的发展

儿童从 6、7 岁到 11、12 岁这一时期，就进入小学接受学校教育，这是他们思维发展上的一个重大转折时期，学习逐步成为他们的主要活动，正规的有系统的学习活动，促使小学儿童的抽象逻辑思维不断向前发展。儿童在这个时期将完成从具体形象思维到抽象逻辑思维的过渡。

1. 从具体形象思维逐步向抽象逻辑思维过渡

小学儿童思维的基本特点是：从以具体形象思维为主要形式逐步过渡到以抽象逻辑思维为主要形式。但这种抽象逻辑思维在很大程度上仍然是直接经验与感性经验相联系，仍然具有很大成分的具体形象性。

小学生在这个时期的思维发展任务是在小学教育过程中由教师不断提出新的要求下实现的。小学生从具体形象思维向抽象逻辑思维过渡，不是立刻实现的，也不是一个简单的过程。这是因为：

(1)低年级儿童的思维仍然带有很大的具体性。他们所掌握的概念大部分是具体的、可以直接感知的，要求低年级儿童指出概念中最主要的本质的东西，常常比较困难，只有在中、高年级，儿童才逐步学会分出概念中主要的和非主要的东西、本质和非本质的东西，学会掌握初步的科学定义，学会独立进行逻辑论证。

(2)在整个小学时期，儿童的抽象逻辑思维的自觉性开始发展，但仍然带有很大的不自觉性。例如，低年级儿童虽然已学会一些概念，并能进行判断推理，但是还不能自觉地来调节、检查或论证自己的思维过程。他们常常能够解决某种问题或任务，却不能说出自己是如何思考、如何解决的。这是由于对思维本身进行分析综合是和内部言语的发展分不开的，只有在正确的教育下，教师指导儿童逐步从出声思维(讨论)不断向无声思维过渡的时候,儿童自觉地调节、检查或讨论自己的思维过程的能力才逐步发展起来。

(3)在整个小学时期,儿童的抽象逻辑思维水平在不断提高,儿童思维中的具体形象成分和抽象逻辑成分的关系在不断发生变化,这是儿童思维发展的一般趋势。但是具体到不同学科、不同教材的时候,这一趋势又常常会表现出很大的不平衡性。例如,儿童已能掌握整数的概念和运算方法而不需要具体事物的支持,可是,当他们开始学习分数概念和分数运算时,如果没有具体事物的支持就会感到困难。

2. 思维能力的发展和完善

通过学习,小学生对事物的分析综合能力有了进一步的发展,即抽象概括性在不断增长,主要表现为:

(1)概括能力的发展。很多有关小学儿童语词概括和数概括的研究证明,小学儿童概括能力发展的一般趋势是:一年级儿童的概括能力还和幼儿差不多,基本上属于具体形象概括;二至三年级开始从具体形象概括向形象抽象概括过渡;四年级大多数儿童进入初步本质抽象的概括水平。

(2)比较能力的发展。一些研究者认为,小学低年级儿童在进行比较时,常常不善于分清本质和非本质的特征。在教育影响下,到中、高年级,比较能力逐步发展和完善起来。这时,儿童不但能对具体事物的异同进行比较,而且也能比较抽象事物的异同;不但能对事物的明显差别进行比较,也能对事物的细微差别进行比较。

(3)分类能力的发展。分类是人的思维操作的重要方式之一。一些有关字词分类的研究表明,小学儿童分类能力发展的一般趋势是:小学低年级儿童(特别是二年级)可以完成自己熟悉的具体事物的字词分类,但往往不能正确说明分类的标准;中年级儿童基本上能有根据地对理解的字词进行分类,是一个转折点;高年级儿童的分类能力则日趋完善,但还不具备组合分析、分类(二维或二维以上的组合分类)的能力。

3. 比较稳定的抽象思维能力的形成

小学生思维过程的不断发展和完善促使他们开始能比较稳定地进行抽象逻辑思维活动。这表现在:

(1)概念逐步精确化、丰富化和系统化。小学生在教育影响下,获得各种新概念，而且概念的数量在不断增加，概念的内容也在不断精确、丰富和系统化。关于儿童概念掌握的实验研究指出：从小学生概念掌握的水平看，"具体实例"和"直观特性"两种形式虽然仍然存在一定比例，但"正确定义"形式则在整个小学阶段迅速发展。而且，小学生所掌握的每一概念的内涵和外延也在不断丰富，从而使他们所掌握的知识不断扩大和深刻起来。与此同时，小学生概念的发展，不仅表现在概念本身的充实和改造上，而且表现在概念系统的掌握上。概念系统是客观事物的区别和联系的反映。

（2）推理能力的发展。小学生不但能掌握各种概念，而且能运用这些概念进行判断推理。国内外的有关研究都证明：小学阶段的儿童，已学会各种间接地比较复杂的推理，如类比推理、演绎推理和归纳推理等。关于儿童类比推理的研究指出：小学生类比推理有一个发展过程。以类比推理的正确率为例，低年级平均为 20%，中年级为 35%，高年级为 59%。

在教学影响下，随着儿童知识经验和智力技能的增长，中、高年级儿童就开始能在许多特殊现象中概括出本质的因果联系，并用归纳法得出结论，从而确定了一般的规则和规律。在儿童整个推理思维中，类比、演绎、归纳是密不可分的。儿童既要学会从许多个别的、特殊的事实中归纳出一般规律和结论，同时也要学会用所掌握的规律和结论去解释其他类似的情况。只有儿童的思维中类比、演绎和归纳处于有机的统一时，他们才真正掌握了抽象逻辑思维能力，而这种能力不是自发形成的，很大程度上是在教育的影响下，经过一定阶段的学习活动而形成的。

（二）中学生思维的发展

中学生的年龄一般在 11、12 岁到 17、18 岁。一般认为 11、12 岁到 14、15 岁是少年期，是在初中受教育的时期；14、15 岁到 17、18 岁是青年初期，是在高中受教育的时期。中学时期是儿童身心发展逐步趋于成熟的时期，到了高中，他们的思维能力基本上接近于成人的水平。

抽象逻辑思维在中学生的思维中逐步处于优势地位，但初中生和高中生的思维也有差异。一般说来，初中生抽象逻辑思维虽然开始占优势，但在很大程度上，还属于经验型的，他们的逻辑思维需要更多的感性经验的支持。而高中生的抽象逻辑思维则更多是属于理论型的，他们开始能以理论作为指导，来分析综合各种事实材料，从而不断扩大自己的知识领域。初中生已有可能初步理解矛盾对立统一辩证思维规律，而高中生则基本上能掌握辩证思维规律。

1. 抽象逻辑思维逐步占优势

这表现在：①能通过假设演绎进行思维，即能摆脱具体事物的限制，运用概念、提出假设、检验假设来进行抽象逻辑思维；②思维中有预计性，即能在复杂活动或问题解决之前有计划、有策略；③思维形式化，即无意或有意地运用逻辑规律来解决问题；④思维活动中自我意识或自我监控，即不但能考虑如何解决问题，还能考虑自己的思维方法、过程；⑤思维的独创性在增长。

2. 辩证逻辑思维的发展

辩证逻辑思维开始于初中时期，但这时的抽象逻辑思维主要是经验型的。因此，只能说其中有某些辩证思维因素，而高中生的思维则是理论型的。这种理论型的抽象逻辑思维的发展，必然导致辩证逻辑思维的发展。因为在理论型的抽象逻辑思维中就包括具体与抽象的统一、归纳（个别到一般）与演绎（一般到个别）的统一。从而能从全面的、运动变化的、统一的观点来分析问题、解决问题，为辩证逻辑思维的形成和发展创造良好的条件。

(三)学生良好思维品质的培养

思维品质是衡量一个人思维发展的重要指标，良好思维品质的形成对知识的理解、能力的培养都是至关重要的。而良好思维品质的培养关键在于学生思维品质的培养。良好的思维品质的特性主要包括深刻性、广阔性、独特性、批判性、灵活性、敏捷性和逻辑性七个方面。因而，在教学工作中，教师更应该利用各种有利条件和机会，加强对学生思维品质的培养。这就要求教师在教学中应做到以下几个方面。

1. 类比迁移——培养思维的深刻性和广阔性

教师在教学工作中要善于引导学生全面客观、实事求是地分析思考问题，抓住问题解决的本质，做出正确的判断和推理，最终达到问题的解决。

2. 合理想象——培养思维的敏捷性

通过想象学生可以由此及彼、举一反三、触类旁通，找到解决问题的方法。因此，教师要在教学过程中通过培养他们迅速地分析问题和解决问题的能力来提高学生思维的敏捷性。

3. 多方思考——培养思维的灵活性

这要求教师要有意识、有目的地加强学生的发散思维训练。例如，在教学中，通过"一题多解""一事多写"的练习，来培养学生思维的灵活性。

4. 言语调控——培养思维的逻辑性

思维的逻辑性是思维品质的中心环节，是所有思维品质的集中体现。思维的发展总是和言语发展分不开的。学生思维能力发展是在言语发展过程中逐步发展起来的。学生正确地掌握大量词汇和系统的语法规则，并能清晰、准确、灵活地使用口头与书面言语表达自己的思想感情，则可使学生的思维活动明确、系统、符合逻辑。因此，在教学中，教师要积极引导学生掌握词汇、丰富概念，训练言语表达的规范性，给学生提供充分的口头言语和书面言语表达与练习的机会。

5. 突破常规——培养思维的独特性和批判性

这要求教师在教学中要注意培养学生独立思考的能动性、摆脱思维定势的消极影响，或者利用解决问题的新颖性、创造性，来培养学生思维的独特性。例如，自编文艺节目、自我创作、发明创造等。同样，教师可以通过鼓励学生对解决问题所依据的条件进行分析后，大胆提出自己的假设、猜想和敢于对现成答案提出质疑，来培养学生思维的批判性。

第五节　问题解决与创造性思维

一、问题解决的概念

问题解决是指由一定的问题情境引起，按照一定的目标，经过一系列的认知操作而达到目的的心理过程。问题解决的过程可能不同，但问题解决具有一些共同的特点。问题解决的三个基本特点：①目的指向性。问题解决具有明确的目的，问题解决的活动必须是指向目的的活动，它总是要达到某个特定的终极状态。②操作序列性。问题解决必须包括心理活动过程的序列，而不是简单的心理操作。它需要运用高级规则，进行信息重组，而不是已有知识的简单再现。③认知操作性。问题解决的活动必须有认知成分的参与，依赖于一系列的认知操作来进行。小学生解决一道算术应用题，大学生找工作，教师转变一个学生的学习态度，当他们缺少现成的方法的条件时，就需要问题解决，但有些活动（如喝水）虽也含有目的和一系列的操作，但基本上没有重要的认知操作的参与，因此这些活动也不属于问题解决。

总之，一种活动必须满足上述三个条件(或特点)才能称为问题解决活动。也就是说，它必须具有目的指向性，并包含一系列的操作，而且这些操作具有重要的认知成分。

二、问题解决的过程

问题解决的过程是一个非常复杂的心理过程，它需要许多连续的步骤。因此，在划分问题解决的阶段时存在许多不同意见。我国心理学界一般把问题解决分为发现问题、分析问题、提出假设和检验假设四个阶段。

1. 发现问题

发现问题是问题解决的首要环节，问题只有在被发现的时候，才能引起人们解决问题的思维活动。正如爱因斯坦所说，发现一个问题比解决一个问题更重要，因为后者仅仅是方法和实验的过程，而发现问题则要找到问题的要害、关键。一个人能否敏锐地发现问题，往往决定着个体活动的效率与水平。心理学的研究表明，善于发现问题是人类思维发展水平的重要标志，但能否有效地发现问题主要取决于三个因素：一是主体活动的积极性、主动性；二是主体的兴趣和求知欲望；三是主体的知识经验。

2. 分析问题

分析问题是认识问题的关键环节，只有认清问题的关键，才能找到解决问题的方向。任何问题都包含要求与约束条件两个方面，因此，分析问题归根到底就是要分析问题的要求和约束条件，找出它们之间的联系和关系，把握问题的本质，确定解决问题的方向。如果问题本身不明确，或者对要求和约束条件缺乏正确的理解分析，就有可能把问题解决的思维活动引向错误的方向。当然，分析问题的方式是多种多样的，其基本方式有符号、表格、图形、意象四种，这些方式有助于人们发现各种要求与约束条件之间的关系、问题时空的大小，进而促进问题的解决。

3. 提出假设

问题解决的关键就是要找到解决问题的方案，而问题解决的方案则常常是先以假设的方式出现，经过实践验证逐步完善的。提出假设是具有创造性的阶段，也是解决问题的关键步骤。没有假设，问题就无法解决。要有效地提出问题解决的假设，就必须利用人们自己的思维、想象以及知识经验等进行反复的斟酌、酝酿，并且最终找到比较合乎问题实质的有效可行的解决方案。因此，思路开阔、经验丰富、能提出多种假设的人，一般都是善于解决问题的。

4. 检验假设

检验假设，这是问题解决的最后一步思维过程。所谓检验假设就是通过一定的实践性方法来确定假设是否符合实际和科学规律。检验假设主要有两种方式：一是直接检验，即通过实践活动来检验。实践是检验真理的唯一标准，这也是检验假设正确与否的最有效的方式。二是间接检验，即通过推论来检验。通过推论，保留正确、合理的假设，选择最佳的假设，这是人们在解决问题过程中最常用的检验方式。例如，桥梁设计、医生拔牙等问题都只能靠间接思维检验。当然，间接检验的结果正确与否，最终还是要出直接检验的结果来证明。

问题解决的上述四个阶段，不是简单地、直线式地进行的，而是反复地、交错地并可能会出现多次循环，最后才能找到解决问题的正确方法。

三、影响问题解决的因素

问题解决的思维过程受多种因素的影响，既有主观因素，又有客观因素。当然，有些因素能促进思维活动对问题的解决，有些因素则会阻碍思维活动对问题的解决。

(一)问题情境

问题情境是指人们所要解决的问题的客观情境或刺激模式，又称问题条件。一般来说，如果呈现的客观情境或刺激模式的方式直接提供适合于解决问题的线索，那就有助于找到解决问题的途径和方法；反之，如果呈现的方式干扰或遮掩了解决问题的线索，那么就会增加解决问题的难度，不利于问题的解决。

当然，这种客观情境或刺激模式与个体的认知结构越接近，就越有助于问题的解决。例如，已知一个圆的半径是 2 厘米，求圆的外切正方形的面积，用 A、B 两种方式呈现图形(见图 2-7)，A 图中不容易看出圆的半径与正方形的关系，问题解决就要困难些，而 B 图中，人们很容易看出圆的半径与正方形的关系，问题较易解决。因此，在日常的生活中，经常出现本来是比较简单的问题，由于问题情境呈现的方式发生改变，而干扰了问题的解决。

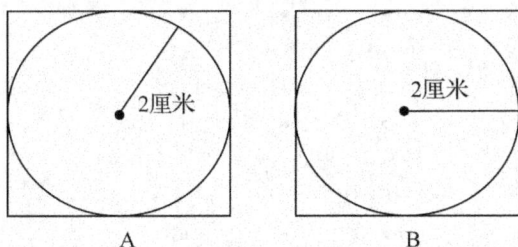

图 2-7　问题情境对问题解决的影响

(二)定势与功能固着

定势又称心向，是指由于受到过去知识经验的影响而使心理活动处于一种准备状态，从而使心理活动带有一定的倾向性。定势对问题的解决既有积极的作用，也有消极的影响。

同样，功能固着是一种特殊类型的定势。它是指人们在解决问题时只看到某种事物的惯常功能，而看不到其他方面的功能。例如，衣架是用来晾衣服的，盒子是用来装东西的等。实质上，所谓的功能固着就是一种心理上的阻塞，它可以通过抑制以前同其他一些用途相联系的物体的新功能的知觉，对问题解决产生不良影响。

在解决问题的过程中，人们能否改变事物固有的功能以适应新问题情境的需要，常常成为解决问题的关键，直接影响人们是否能够快速有效地解决问题。定势和功能固着都是思维的刻板现象，表现了过去经验在问题解决中的作用。一般而言，丰富的经验有助于发现问题和解决问题，但是如果一个人沉溺于固有经验，那么经验就可能对解决问题产生不利的影响。例如，著名的"九点"问题，用一笔画 4 条连续的直线将图中 9 个点连在一起(见图 2-8)。

因此，在破除定势和功能固着的消极影响时要具体情况具体分析，一旦发现用习惯的方法解决问题发生困难时，不要钻"牛角尖"，而应该换一种思路，寻求新的策略。

(三)知识经验

任何问题的解决都离不开一定的知识、技能。知识经验的积累越丰富，储存在大脑中的信息越多，就越有助于问题的有效解决。例如，有这样一个问题：一

图 2-8 "九点"问题

只熊从 A 点出发，向南跑 1 千米，然后转向东跑 1 千米，再转向北跑 1 千米便回到了出发地 A 点。请问这只熊是什么颜色？如果人们没有这些知识(例如，地球是圆的，在北极的顶点上向南、再向东、再向北各跑 1 千米便可以回到出发地；北极熊是白色的)，那么这个问题将很难解决。

当然，有些问题的解决更需要专业的知识经验，这对于解决问题至关重要。这方面的研究主要体现在专家与新手的差异上，而这种差异又主要体现在他们的知识结构、解题方式、解题策略等方面的不同。由于专家储存了大量的知识经验，因此，他们在解决问题时只需要在头脑中检索相关的知识，而不需要逐步地搜索、推理就能迅速、有效地解决问题。

(四)情绪与动机状态

情绪对问题解决具有一定的影响。一般来说，积极、乐观、兴奋的情绪状态可以使人的思维活跃、思路开阔，有助于问题的解决；但是紧张、恐惧、悲哀、抑郁等消极的情绪，也会抑制人的思维活动，使人的思路狭窄，就会阻碍问题解决的速度。例如，学生考试时，由于情绪过分紧张，会使其注意的范围缩小，使其思路阻塞甚至出现"记忆空白"，不利于水平的正常发挥；如果学生能够以轻松、愉快等积极的心情迎接考试，就有利于思考，打开思路，正常地发挥水平或超水平发挥。

动机对问题解决的作用也特别明显。心理学的研究表明：适度的动机有助于问题的解决，过分强烈或微弱的动机都不利于问题的解决，甚至降低解决问题的效率。因为动机过强会造成很大的心理压力，易出现情绪紧张，思维紊乱，反而抑制思维活动，降低问题解决的效率。适中的动机强度会随解决的问题的难度而发生变化。但是,动机强度与问题解决的思维活动效率之间并不总是呈直线关系。心理学家的研究表明,动机强弱与问题解决的关系,可以描绘成一条倒转的"U"形曲线。也就是说,在一定范围内问题解决的效率会随动机的增强而提高,但是如果动机过强,问题解决的效率反而降低。

(五)个性差异

人的个性差异对问题解决有着直接的影响。一个有远大理想、意志坚强、有创造精神、勤奋、乐观、勇敢、果断、自信、勇于进取和探索的人,能克服困难去解决许多疑难问题;而一个目光短浅、畏缩、懒惰、自负、自卑、遇事动摇不定的人,往往会使问题解决半途而废。研究表明,绝大多数有重大贡献的发明家、科学家和艺术家,都有强烈的事业心、责任心和积极的进取心。他们善于独立思考,勤于钻研,勇于创新,有胆有识,敢于坚持真理和捍卫真理等。此外,人的能力、气质类型也会影响人们对问题的解决。

总之,影响问题解决的因素是多方面的,除了上述的几个方面以外,还受到问题解决的策略、原型启发、酝酿效应等因素的影响。这些因素并不是孤立地起作用,而是相互联系、相互影响,综合地影响着人们解决问题的效能。

四、创造性思维的概念与过程

(一)创造性思维的概念

1. 创造性思维的概念

创造性思维是相对于常规思维而言的,它是一种具有新颖性和独创性的思维方式。创造性思维是指以新颖的、独特的方式来解决问题的高级的思维过程。它不仅能够揭示客观事物的本质及其内在联系,而且能够在此基础上产生新颖的、前所未有的思维成果,即创造出新事物、新产品、新规律、新理论等。

2. 创造性思维的特点

创造性思维是创造活动中的一种思维过程,它的特点主要是指个体在创造性思维活动中智力特征上的差异,是衡量一个人创造性思维发展水平的重要标准。创造性思维的特点主要包括以下三个方面。

(1)思维的流畅性。思维的流畅性是指在限定时间内产生观念数量的多少。在短时间内产生的观念越多,思维流畅性就越大;反之,思维就缺乏流畅性。

1954 年,吉尔福特(J. P. Guilford)研究认为思维流畅性可以分为四种形式:①用词的流畅性;②联想的流畅性;③表达的流畅性;④观念的流畅性。前三种流畅必须依靠语言,后一种既可借助语言也可借助动作来实现。

(2)思维的灵活性。思维的灵活性是指摒弃以往的习惯思维方法,开创不同方向的能力。1965 年,美国心理学家瓦拉克(M. A. Wallach)和科根(N. Kogan)用这样的例子来检测人的思维的灵活性:①命名你所能想到的正方形的物体;②在 3 分钟之内说出尽可能多的白色、可食用的物体;③列举你所想到的砖的用途。心理学的研究表明,富有创造力的人的思维比一般人的思维出现的想法散布的方面广、范围大,而缺乏创造力的人的思维通常只想到一个方面而缺乏灵活性。

(3)思维的独特性。思维的独特性是指能形成与众不同的见解,能以前所未有的角度、观点、策略去解决问题。思维的独特性是"创新"能力的重要标志。美国哈佛大学物理学教授、诺贝尔奖获得者温伯格(S. Weinberg)说:"不要安于书本上给你的答案,而要去尝试一下,尝试发现有什么与书本不同的东西,这种素质可能比智力更重要,往往是区别最好的学生和次好的学生的标准。"可见,思维的独特性是创造思维的本质特征,也是创造活动的重要前提。

(二)创造性思维的过程

创造性思维的过程是指在问题情境中,新的思维成果(新理论、新产品等)从萌芽到形成的整个思维过程。对创造思维过程的研究分析,最具有代表性的是英国心理学家华莱士(G. Wallas,1926)提出的四阶段理论,他认为创造性思维的过程大体上经历了准备、酝酿、豁朗和验证四个基本阶段。

1. 准备阶段

准备阶段是指在进行创造活动之前积累知识经验、收集相关材料和信息、掌握有关技能等准备工作。在这一阶段,最重要的是要明确创造的目的,掌握大量的知识经验、广泛搜集信息和掌握必要的技能。当然,在准备阶段,绝大多数新观念和创新性的问题解决的方法并非自然出现的。因此,为了发展创造性思维,不能仅仅将准备工作只局限于单一的专业领域,而应当有相当广博的文化知识和技术准备。而这一阶段往往是长期的过程。

2. 酝酿阶段

酝酿阶段是指准备期所收集到的资料经过深入的探索和思考难以产生有价值

的想法之后，不是靠自己的努力，而是等待有价值的想法、心象的自然酝酿成熟并产生出来。在这一阶段，人们常常会把问题搁置在一边，而陷入一种沉思状态，似乎没有明显的有意识地去解决问题。例如，把对问题的思考从头脑中抛开，转而思考其他的事情(散步、读书、上网等)。实际上，在这一阶段人们是在无意识地沉思有关的信息，而这种无意识的心理活动会有助于下一阶段的顿悟。例如，平时苦思冥想也解决不了的问题，最后放弃思考，夜间忽然在梦中出现。

3. 豁朗阶段

豁朗阶段是指新观念、新理论、新方法、新形象产生的阶段。在这一阶段，由于某种机遇突然使新思想、新形象浮现了出来，使百思不得其解的问题一下子便迎刃而解。因此，这一阶段也叫产生灵感阶段。灵感的产生具有突发式、飞跃式的特点，常常是在出其不意的瞬间，如散步、听音乐、洗澡、上网，甚至出现在梦中，使人难以预料。

4. 验证阶段

验证阶段就是对提出的新观念、新理论、新方法、新形象给以评价、检验和修正，使其趋于完善的阶段。豁朗阶段产生的新观念、新理论、新方法、新形象并不一定都是正确有效的，需要经过逻辑推理和实践(或实验)活动来验证，经过验证的东西才是正确的。只有对豁朗阶段提出的新的思维成果加以验证，才能使创造活动达到理想的地步。

五、问题解决与创造性思维规律在教学中的应用

(一)提高学生解决问题的能力

人类解决问题的思维过程，主要包括发现问题、分析问题、提出假设和验证问题。通过对问题解决过程的理论与实践分析，心理学家认为在教学活动中教师应该帮助学生掌握问题解决的基本步骤和方法，提高学生解决问题的能力。

(1)鼓励学生仔细地界定问题。这是问题解决的关键步骤。教师应该鼓励学生对提出的问题进行简要的陈述和明确的界定，并让学生进行练习，以培养学生仔细地界定问题的良好习惯。

(2)教给学生分析问题的策略。教师应该通过具体的实例向学生示范如何分析问题，掌握有关信息，使学生学会对问题做出规划和建议。

（3）鼓励学生多角度提出假设。在明确问题的前提下，教师应鼓励学生从不同方面尽可能多地提出各种假设，而不是对其假设进行评价和判断，以免阻碍学生发散思维的发展，从而影响问题的解决。

（4）提供问题解决的机会。在教学过程中，教师应该提供各种各样的机会和条件，让学生实际地解决现实生活中的各种问题，使学生在解决问题的过程中得到成功与失败的体验，以提高学生问题解决的能力。

（5）调控问题解决的心态，提高学生解决问题的效能。在解决问题过程中，学生的动机和情绪状态是制约思维活动和解决问题效率的一个不可忽视的心理因素。耶基斯一多德森定律告诉我们：①在动机方面，强度适中的学习动机有助于学习效率的提高；过分强烈或微弱的动机则不利于学习效率的提高。实践证明，学生在学习和解决问题的过程中，易出现两种情况：一是在平时作业解题时，易出现动机强度偏低造成思维积极性不足的情况；二是在测验或考试解题时，易出现因动机强度过高而造成思维功能削弱的情况。②在情绪方面，积极、乐观、兴奋的情绪状态可以使人的思维活跃、思路开阔，有助于问题的解决；焦虑、紧张、恐惧、忧郁、自卑等消极情绪则不利于学生解决问题。例如，学生在考试时，容易受到来自焦虑、紧张、恐惧等消极情绪状态的干扰，从而影响考试的结果。

为了提高学生学习的效率和解决问题的效能，教师应该做到：一是建立民主的师生关系，激发学习动机；二是营造宽松的学习氛围，激发学生的学习热情；三是完善激励评价机制，使学生获得积极体验。总之，在教学过程中，教师要让学生学会调控自己的心理状态，在学习和解决问题时使自己尽量处在动机强度适中以及情绪积极、乐观、愉悦的心境之中。

（二）创造思维的培养

1. 创设有利于创造思维发挥的环境

每个人都具有先天性的创造潜能，但这种潜能的实现依赖于个体所处的环境。民主、和谐、宽松的环境，能激发个体的创造思维，促进创造潜能转化为现实的创造才能。心理学的研究表明，许多新颖的、富有创造性的思想，往往不在紧张思索的时候产生，而是经过一段放松的时刻得到的。创造思维的培养有赖于长期的综合性的陶冶与渲染，民主、自由、和谐、安全的家庭、学校、社会环境，是创造思维发展不可缺少的养料与气候。只有在民主、和谐的氛围中，才能更好地促进创造思维的活跃与激荡，迸发出创新的火花。例如，在教学工作中，教师应该善于提出问题并启发学生去独立思考，要鼓励学生质疑争辩和自由讨论，要指导学生掌握发现问题、分析问题和解决问题的科学思维方法。

2. 激发人的好奇心和求知欲

好奇心是指激发人探究世界奥妙的一种内部动力；求知欲是指人不满足现成结论，积极地去思考探索，试图发现新思想、新观念、新问题的一种表现。因而，激发人的好奇心和求知欲就是培养人的创造意识，提高人的创造愿望和动机，为创造思维的启动和维持提供内在的推动力。这也是培养人的创造思维的主要环节。心理学的研究表明，一个好奇心强、求知欲旺盛的人，往往勤奋自信、善于钻研、勤于思考、勇于创新。托兰斯(E. P. Torrance)曾就如何尊重学生意见，培养学生的创造性思维向教师提出五点建议：

(1)尊重学生提出的任何幼稚甚至荒唐的问题。

(2)欣赏学生表示出的具有想象与创造性的观念。

(3)多夸奖学生提出的意见。

(4)避免对学生所做的事情给予肯定的价值判断。

(5)对学生的意见有所批评时应解释理由。

3. 发展发散思维，训练思维的流畅性和灵活性

发散思维是创造思维的主要成分，因此发展发散思维对培养创造思维具有重要的作用。社会实践和心理学的研究表明，通过对人进行有意识的训练，可以发展人的思维的流畅性、敏感性、灵活性和独特性。例如，在数学教学中，通过"一题多解"的练习，可以使学生摆脱思维的定势，可以发展学生思维的灵活性。

4. 引导学生积极参加创造性活动，辅之以有效的创造思维训练策略

引导学生参加创造性的学习活动，如组织学生参加研究性学习、科技兴趣小组、文学艺术小组等，是启发学生创造性思维、培养创造力的重要途径。在创造思维的训练方面，心理学家提出了许多具体的训练方法，其中最具有代表性的是脑力激荡法、团体讨论法和吉尔福特的策略。

(1)脑力激荡法。脑力激荡法是奥斯本(A. F. Osborn)首先提出来的培养人的创造思维的方法。其基本思想是在集体解决问题的情境中，通过暂缓做出评价，以便大家踊跃思考，从而引出多种多样的解决方案。为此这种方法应该遵守以下原则：①禁止评论他人构想的好坏（暂缓评价）；②重量不重质，即为了探求最大量的灵感，任何一种构想都可被接纳；③鼓励利用他人的灵感加以想象、变化、组合等以激发更多更新的灵感；④追求与众不同的、关系不密切的、甚至离题的想法。心理学的研究表明，通过脑力激荡法的训练，人在创造思维测验中，其创造性分数的确有所提高。

(2)团体讨论法。团体讨论法是由戈尔登(T. J. Gordon)在 1961 年提出的一种激发创造性的方法。它要求选择一些性格、专长各异的人在一起自由交流思想，提出问题并解决问题，发展新的思想、新的观念。这种方法特别重视类比方法的运用，主要包括：①个人类比，即要求把自己置身于问题情境中；②直接类比，即通过相似的事实、知识与技术等比较来解决问题；③符号类比，即要求使用客观的、非人的、诗的形象来描述问题；④幻想类比，即利用幻想来解决问题。

(3)吉尔福特的策略。吉尔福特在总结了大量的有关培养创造思维的文献和实验的基础上，提出了一整套有序的培养创造性思维的策略。他的基本策略主要有以下几个方面：①拓宽问题训练；②分析问题，即强调问题越明确、越具体就越有可能提供解决问题的线索；③常打问号，即通过发问训练可以形成提问的习惯；④快速联想和中止评判；⑤延长努力，即强调产生观念不应该过快地终止；⑥列举属性，即对事物进行重新分类以便于使用；⑦形成联系，即迫使自己把完全不同的事物联系起来；⑧尝试灵感，即对某一问题的实际工作停顿一会儿，但是仍然保持解决问题的愿望和动机。

总之，作为教育者，应该树立正确的理念，创设适宜的条件，营造一种非评价的、安全的气氛，采用发散式的提问方式，给学生提供展示其创造性思维能力的机会，鼓励学生在解决问题中运用想象力，这些都对学生的创造思维的培养起着至关重要的作用。

【练习题】

一、单项选择题

1. 个体觉察出最小刺激量的能力称为（　　）。

A. 绝对感觉阈限　　　　　　　　B. 绝对感受性

C. 差别感觉阈限　　　　　　　　D. 差别感受性

2. 大合唱中，如果增加 1～2 人，小红感觉不到音量的变化；如果增加 10 人左右，小红能感觉到音量的变化，这种刚刚能使小红感觉到音量变化的最小差异为（　　）。

　　A. 绝对感觉阈限　　　　　　　　B. 绝对感受性

　　C. 差别感觉阈限　　　　　　　　D. 差别感受性

　　3. 小明说当他听到小刀刮竹子的声音时，就会觉得很冷，浑身不舒服，这种感觉现象是（　　）。

　　A. 感觉的相互作用　　　　　　　B. 感觉后像

　　C. 感觉补偿　　　　　　　　　　D. 联觉

　　4. 看到一株玫瑰花并认识它，这时的心理活动是（　　）。

　　A. 感觉　　　　　B. 记忆　　　　　C. 知觉　　　　　D. 色觉

　　5. "入芝兰之室，久而不闻其香；入鲍鱼之肆，久而不闻其臭"，这是（　　）的结果。

　　A. 感觉适应　　　B. 感觉对比　　　C. 感觉后像　　　D. 联觉

　　6. 在各种感觉中，大约有85％的信息是从（　　）器官输入的。

　　A．视觉　　　　　B. 听觉　　　　　C. 嗅觉　　　　　D. 肤觉

　　7. 在热闹的聚会上或逛自由市场时，如果你与朋友聊天，朋友说话时的某个字可能会被周围的噪声覆盖，但你还是能知道朋友说的一句话的内容，这是知觉的（　　）。

　　A. 选择性　　　　B. 整体性　　　　C. 恒常性　　　　D. 理解性

　　8. 当人从亮处走入黑暗后，视网膜的光感受性会迅速提高，这个过程是（　　）。

　　A. 感觉适应　　　B. 感觉对比　　　C. 明适应　　　　D. 暗适应

　　9. 学生阅读时常使用画重点线的策略，这是利用了知觉的（　　）。

　　A. 选择性　　　　B. 整体性　　　　C. 恒常性　　　　D. 理解性

　　10. 在黑板写字时，教师常把形近字的相异部分用不同颜色的粉笔写出来，以引起学生的注意，所运用的感觉规律是（　　）。

　　A. 感觉适应　　　B. 感觉对比　　　C. 感觉后像　　　D. 联觉

　　11. 上课时，学生被突然飞进来的小鸟吸引，这种心理现象是（　　）。

　　A. 有意注意　　　B. 无意注意　　　C. 有意前注意　　D. 有意后注意

　　12. 观察事物时中学生能说出的事物的细节比小学生多，这表明中学生注意的（　　）较小学生有所发展。

　　A. 范围　　　　　B. 分配　　　　　C. 稳定性　　　　D. 转移

13. 教师上课边讲边板书，边观察学生的反应。这种现象符合注意的（　　　）。

A. 范围　　　　B. 稳定性　　　　C. 分配　　　　D. 转移

14. "一目十行"反映的是注意的哪个品质？（　　　）

A. 注意的范围　　B. 注意的稳定性　C. 注意的分配　　D. 注意的转移

15. 注意转移比较困难的情况是（　　　）。

A. 事先有注意转移的信号　　　　B. 先前的活动吸引力大

C. 后继的活动吸引力大　　　　　D. 后继活动有趣

16. 马丽曾经发生过一次比较严重的车祸。每当坐车出现急刹车的情况或听到比较急促的刹车声时，她都会感到十分紧张与害怕，仿佛再次经历了当年的恐怖车祸。这种记忆属于（　　　）。

A. 形象记忆　　B. 逻辑记忆　　C. 情绪记忆　　D. 动作记忆

17. "一朝被蛇咬，十年怕井绳"是（　　　）。

A. 逻辑记忆　　B. 言语记忆　　C. 情绪记忆　　D. 动作记忆

18. 下列哪种记忆具有容量大、形象鲜明、易衰退的特点？（　　　）

A. 感觉记忆　　B. 短时记忆　　C. 长时记忆　　D. 操作记忆

19. 对牛弹琴、骑车等活动进行操作的记忆是（　　　）。

A. 长久性记忆　B. 陈述性记忆　C. 程序性记忆　D. 语词性记忆

20. 下面不属于记忆过程的是（　　　）。

A. 识记　　　　B. 保持和遗忘　C. 再认和再现　D. 复述

21. 最早采用无意义音节作为实验材料，对记忆进行系统研究并提出著名的"遗忘曲线"的心理学家是（　　　）。

A. 奥苏贝尔　　B. 阿特金森　　C. 艾宾浩斯　　D. 班杜拉

22. 某同学读书10遍刚刚好能背诵下来，他需要再读（　　　）遍才能达到最好的效果。

A. 5　　　　　B. 10　　　　　C. 20　　　　　D. 15

23. 许多人利用早晨和晚上的时间学习、记忆，其效果优于白天这是因为早晨和晚上所受的是（　　　）的干扰。

A. 前摄抑制　　B. 双重抑制　　C. 单一抑制　　D. 倒摄抑制

24. 根据艾宾浩斯的遗忘曲线，防止遗忘最重要的措施是(   )。

A. 过度复习   B. 及时复习   C. 分散复习   D. 复习方式多样化

25. "由三条线段组成的封闭图形"叫"三角形"，这就是(   )的结果。

A. 比较   B. 分类   C. 概括   D. 抽象

26. 一个小学生在做难题时做不出来，休息时突然有了思路，最终利用他的猜测解答了问题，这种思维是(   )。

A. 形象思维   B. 动作思维   C. 创造性思维   D. 抽象思维

27. 教师讲课时，采用"一题多解"的方法向学生讲授，教师这种思维方式是(   )。

A. 动作思维   B. 聚合思维   C. 常规思维   D. 发散思维

28. 人的思维是以感觉和知觉为基础的一种更复杂、更高级的认识过程，主要是借助于(   )来进行的。

A. 记忆   B. 注意   C. 语言   D. 想象

29. 从一个目标出发，沿着各种不同途径去思考，探求多种合乎条件的答案的思维，叫作(   )。

A. 发散思维   B. 聚合思维   C. 集中思维   D. 求同思维

30. 学生能按照老师的要求进行高矮排序，说明这些学生已经处在哪一思维阶段了？(   )

A. 感知运算阶段   B. 前运算阶段

C. 具体运算阶段   D. 形式运算阶段

31. 学生上体育课时在进行实际操作之前，先要想一下动作步骤，这种心理过程是(   )。

A. 形象思维   B. 动作思维   C. 创造性思维   D. 抽象思维

32. 医生根据病人的体温、血压、心电图等检查资料确诊病患，这属于下列哪种思维特性？(   )

A. 间接性   B. 概括性   C. 预见性   D. 抽象性

33. 由于受到过去知识经验的影响而使心理活动处于一种准备状态，从而使心理活动带有一定的倾向性，这指的是(   )。

A. 问题   B. 概念   C. 定势   D. 功能固着

34. 创造性思维是人类思维的高级过程，是一切创造性活动的必要心理条件。下列不属于其主要形式的是（　　）。

    A. 灵感   B. 发散思维   C. 聚合思维   D. 直觉思维

35. 从其他类似的事物中引起联想，从而解决问题的心理过程称之为（　　）。

    A. 概念图式   B. 原型启发   C. 问题解决   D. 启发定型

二、判断题

1. "一好百好""一白遮百丑"是人的刻板印象。（　　）

2. 当人的某种感觉缺失后，可以用其他的感觉来补偿。（　　）

3. 人的感受性是由感觉阈限来衡量的，它们之间成正比关系，感受性好，感觉阈限就大。（　　）

4. 人对物体的空间关系和对自己在空间所处位置的知觉是方位知觉。（　　）

5. 注意的对象主要是外部世界的对象和现象。（　　）

6. 直接兴趣是由活动结果引起来的兴趣。（　　）

7. 注意稳定性的标志是活动在某一段时间内的高效率。（　　）

8. 艾宾浩斯提出的遗忘曲线表明，遗忘量与时间存在倒"U"形曲线关系。（　　）

9. 在对学习材料进行记忆加工时，信息的位置会对记忆效果产生影响。（　　）

10. 反复阅读结合尝试背诵的效果优于简单的重复阅读。（　　）

11. 信息进入工作记忆就会持久保存。（　　）

12. 干扰理论认为遗忘是因为经验的消失。（　　）

三、辨析题

1. 知觉是在感觉的基础上产生的，也可以说知觉是感觉的相加。

2. 鲁迅先生创作《阿Q正传》时，头脑中出现阿Q的形象；读者在阅读《阿Q正传》时，头脑中也会浮现阿Q的形象。这两种心理过程是一致的。

3. 解决问题的动机强度与解决问题的效率之间成正比关系。

四、简答题

1. 简述知觉的规律。

2. 如何培养学生的观察力？

3. 简述影响问题解决的主要因素。

五、材料分析题

1. 在实际的教学中，王老师给学生布置了大量的课外作业，还做出了"漏一补十""错一罚十"的决定。问题：你怎样看待这一现象？请运用记忆的有关规律加以分析。

2. 心理学家梅尔(Mayer)设计了一个"两绳问题"的实验。一个房间的天花板上吊着两根绳子。两根绳子相隔很远，被试无法同时抓住。房间里只有一把椅子、一盒火柴和一把钳子，要求被试把两根绳子系住。问题解决的方法是：把钳子作为重物系在一根绳子上，使绳子形成单摆运动，当两根绳子靠得很近时，抓住另外一根绳子，从而把两根绳子系起来。结果发现只有 39% 的被试能在 10 分钟内解决该问题，大多数被试认为钳子只有剪断铁丝之类的功能，并没有意识到它还可以当作重物来使用。

问题：该实验体现了哪种心理现象？简要分析该现象及其对问题解决的影响。

3. 成人常问的问题："树上有 10 只鸟，被猎人打死一只，还有几只？"公认的答案是都吓跑了，一只也没有了。但有一个儿童回答："还有 3 只。"他的解释是：树上本来住了一个鸟家庭，有鸟爸爸、鸟妈妈和 3 只不会飞的小鸟，猎人打死了鸟爸爸，鸟妈妈吓跑了，剩下 3 只不会飞的小鸟躲在窝里。

请结合所学心理学知识分析上述案例中该儿童的思维特点。

六、论述题

结合所学专业，谈谈在未来的教学实践中如何培养学生的创造性思维。

第三章　情绪、情感和意志的发展与教育

【学习目标】

1. 识记情绪、情感和意志的基本概念。
2. 掌握情绪的理论。
3. 掌握中小学生的情绪、情感和意志的发展特点。
4. 了解中小学生的情绪、情感和意志的培养方法。

人非草木，孰能无情，人的心理行为过程总是伴有情绪、情感和意志的参与。教学不仅是一个认识过程，而且是一个情绪、情感和意志的活动过程。情绪、情感和意志作为人的重要的精神力量，对人的认识活动有着很重要的影响。人生的每个阶段的情绪、情感和意志有着不同的特点，了解情绪、情感和意志的发展特点，对我们的生活和工作将产生积极的作用。

第一节　情绪和情感的发展与教育

一、情绪和情感概述

(一)情绪和情感的概念

1. 情绪与情感的定义

情绪和情感都是人对客观事物产生的态度体验及相应的行为倾向。它是人脑对客观世界与主体需要之间关系的反映。

人的情绪和情感是在认识的基础上产生和发展的。首先，情绪和情感是由认识而产生的。例如，中学生听见优美的音乐而感到愉快，这快乐的情绪就是由知

觉而产生的；回想起亲人去世的场面而感到悲伤，这种情绪就是由记忆而产生的；想到生日时可以得到爸爸的礼物而感到兴奋，这种情绪就是由想象而产生的；解答不出数学难题而感到懊恼，这种情绪就是伴随着思维产生的。其次，认识的发展也会导致情绪产生变化和发展。例如，学龄前儿童对祖国的意识较为淡薄，爱国情感不强；入学后随着历史、地理和人文知识的丰富，对祖国的认识也随之加深，爱国情绪也从无到有，由弱变强。

2.情绪和情感的结构

情绪和情感是由独特的主观体验、外部表现和生理唤醒三种成分组成的。

主观体验是个体对不同情绪和情绪状态的自我感受，是主体的一种主观感受，或者说是一种内心的体验。它不同于认识过程，因为认识过程是以形象或概念的形式来反映外界事物的。

情绪和情感的外部表现，通常称之为表情。表情包括面部表情、身段（姿态）表情和言语（语调）表情。面部表情是面部肌肉活动所组成的模式，如高兴时额眉平展、面颊上提、嘴角上翘。面部表情能比较精细地表现出人的不同的情绪和情感，是鉴别人的情绪和情感的主要标志；身段表情是指身体动作上的变化，包括手势、身体的姿势等。如人在痛苦时捶胸顿足，高兴时手舞足蹈等；言语表情是通过言语的声调、节奏和速度等方面的变化来表达的，如高兴时语调激昂、语速快；痛苦时语调低沉、语速慢。表情既有先天的、不学而会的性质，又有后天模仿学习获得的性质。

生理唤醒是指情绪和情感产生的生理反应。情绪和情感的体验是由大脑皮层下的中枢神经的兴奋和植物性神经系统的活动所决定的。情绪和情感发生时，会引起有机体内部器官发生一系列的变化，包括心率、血压、呼吸和血管容积上的变化。例如，发怒时，肾上腺素的分泌增加，血液中含糖量升高，就会产生心跳加速和呼吸加快等外部表现；愉快时面部微血管舒张，害怕时脸变白、血压升高、心跳加快、呼吸减慢等。

3.情绪和情感的区别与联系

情绪和情感是两个既有区别又有密切关系的概念，通常日常生活中二者很难区分开来。情绪是指个体在需要得到满足的情境中直接产生的心理体验和相应的反应。情感是指个体意识到自己与客观事物关系后而产生的稳定、深刻的心理体验和相应的反应。从一定意义上可以认为，情绪是情感的外部表现，情感是情绪的本质内容。在一般情况下，情感的产生会伴随情绪反应，情绪的变化又常常受情感的支配。情绪、情感是不可分割的心理过程，都反映人脑对客观事物是否符合人的需要的主观体验，所以一些心理学家对情绪情感不加区分，统称为情感。

情绪和情感的区别在于：①情绪通常与生理需要相联系，而情感则与人的社会性需要相联系。情绪通常是有机体在生理需要是否获得满足的情况下产生的体验。情感是在人类社会历史发展进程中产生的，是与社会性需要是否得到满足相联系的体验。②情绪具有情境性和短暂性，情感则具有稳定性和持久性。情绪具有明显的外部表现，情感则比较内隐和深沉。③情绪带有较多的冲动性和外部表现，如欣喜若狂、手舞足蹈、怒不可遏、暴跳如雷等；情感则比较深沉，而且常常以内隐的形式存在，以微妙的方式流露出来。④情绪发生较早，情感则发生较晚。情绪是一种原始的、低级的态度体验，是人和动物共有的，只是人的情绪受社会性制约。

(二)情绪和情感的功能

1. 适应功能

情绪和情感是有机体生存、发展和适应环境的重要手段。有机体通过情绪和情感所引起的生理反应能够发动其身体的能量，使机体处于适宜的活动状态，便于机体适应环境的变化。同时，情绪和情感还可以通过表情表现出来，以便得到别人的同情和帮助。例如，在危险的情况下，人的情绪反应使机体处于高度紧张的状态，身体能量的调动可以让人进行搏斗，也可以呼救，进而求得别人的帮助。情绪和情感的适应功能从根本上来说，就是服务于改善人的生存和生活的条件。婴儿通过情绪反应与成人交流，以便得到成人的抚爱；成人也要通过情绪表现来反映他的处境是好还是坏。在社会生活中，人们用微笑表示友好，用示威表示反对；人们还可以通过察言观色了解对方的情绪状态，以利于决定自己的对策，维护正常的人际关系。这些都是为了更好地适应社会需要，求得更好的生存和发展的条件。

2. 动机功能

情绪和情感构成一个基本的动机系统，它可以驱动有机体从事活动，提高人的活动的效率。一般来说，内驱力是激活有机体行动的动力，但是，情绪和情感可以对内驱力提供的信号产生放大和增强的作用，从而能更有力地激发有机体的行动。例如，缺水使血液变浓，引起了有机体对水的生理需要。但是只是这种生理需要还不足以驱动人的行为活动，如果意识到缺水会给身体带来危害，因而产生了紧迫感和心理上的恐惧，这时，情绪和情感就放大和增强了内驱力提供的信号，从而驱动了人的取水行为，成为人的行为活动的动机。

情绪和情感的动机作用还表现在对认识活动的驱动上。认识的对象并不具有驱动活动的性质，但是，兴趣却可以作为认识活动的动机，起着驱动人的认识和探究活动的作用。

3. 组织功能

情绪和情感对其他心理活动也具有组织的作用，它表现在积极的情绪和情感对活动起着协调和促进的作用，消极的情绪和情感对活动起着瓦解和破坏的作用。这种作用的大小还和情绪情感的强度有关，一般来说，中等强度的愉快情绪有利于人的认识活动和操作的效果；痛苦、恐惧这样的负性情绪则降低操作的效果，而且强度越大，效果越差。情绪和情感对记忆的影响表现在愉快的情绪状态下，容易记住带有愉快色彩的材料；在某种情绪状态下记住的材料，在同样的情绪状态下也容易回忆得起来。情绪和情感对行为的影响表现在，当人处于积极的情绪状态时，他容易注意事物美好的一面，态度变得和善，也乐于助人，勇于承担重任；在消极情绪状态下，人看问题容易悲观，懒于追求，但更容易产生攻击性行为。

4. 信号功能

情绪和情感具有传递信息、沟通思想的功能。情绪和情感都有外部的表现，这就是表情。人的表情主要有三种方式：面部表情、语言声调表情和身体姿态表情。情绪和情感的信号功能是通过表情来实现的，微笑表示友好，点头表示同意，等等。表情还和身体的健康状况有关，医生常把表情作为诊断的指标之一，中医的望闻问切的望包括对表情的观察。此外，表情既是思想的信号，又是言语交流的重要补充手段，在信息的交流中起着重要的作用。如人们常通过表情来判断"弦外之音""言外之意"。从发生时间上来说，表情的交流比言语的交流出现得要早。

（三）情绪的维度与两极性

情绪、情感变化的维度是指对情绪、情感所固有的特征的度量，这种度量可以从情绪、情感的动力性、激动度、强度和紧张度这几方面来进行。而每一种特征的变化都具有两极对立的特性，也就是说，每一种特征都存在着两种对立的状态，这就是情绪和情感的两极。

1. 动力性有增力和减力的两极

一般来讲，满足需要的肯定的情绪、情感都是积极的、增力的，能提高人的活动能力；不能满足需要的否定的情绪、情感都是消极的、减力的，能降低人的活动能力。

2. 激动度有激动和平静的两极

由重要的、突如其来的事件引起的强烈的、有明显外部表现的情绪状态是激动的；在正常生活工作条件下的安静的情绪状态是平静的。

3. 强度有强和弱的两极

从愠怒到狂怒、从惬意到狂喜都是弱和强的两极。在强和弱的两极之间，还可以区分出各种不同的强度，如从愠怒到狂怒之间还可以区分出愤怒、大怒和暴怒等几种强度。

4. 紧张度有紧张和轻松的两极

情绪的紧张程度依赖于情景的紧迫程度和个体的心理准备和应变能力。在情景紧迫、个体心理准备不足又缺乏应变能力的情况下，往往会感到紧张，不知所措，甚至身体发抖；相反的情况下人会觉得轻松自如。

(四)情绪和情感的分类

1. 情绪的分类

我国古代典籍《礼记》中提出"七情"训，即喜、怒、哀、惧、爱、恶和欲。荀子的"六情说"把情感分为好、恶、喜、怒、哀、乐六大类。从生物进化的角度可把情绪分为基本情绪和复合情绪。

基本情绪是人和动物共有的，不学就会的。每一种基本情绪都有其独立的神经生理机制、内部体验、外部表现和不同的适应功能。基本情绪的种类各家有不同的分法，近代研究中常把快乐、愤怒、悲哀和恐惧列为情绪的基本形式。

复合情绪是由基本情绪的不同组合派生出来的。例如，由愤怒、厌恶和轻蔑组合起来的复合情绪可叫作敌意；由恐惧、内疚、痛苦和愤怒组合起来的复合情绪可叫作焦虑等。

2. 情绪状态的分类

情绪状态是指在某种事件或情境的影响下，在一定时间内所产生的某种情绪，根据情绪发生的强度、速度、紧张度、持续性等，可将情绪分为心境、激情、应激三种。

(1)心境。心境是一种微弱、持久而又具有弥漫性的情绪体验状态，也就是平时说的心情。如心情舒畅、郁郁不欢、恬静、郁闷等。心境的特点是，从其发生的强度来看，是微弱而平稳的；从其延续的时间看，持续时间是较长的，少则几天数日，多则数年之久；从其影响范围看，它具有弥散性，并不指向特定对象，而是使人的整个心理活动都染上某种情绪色彩。所谓"感时花溅泪，恨别鸟惊心""寻寻觅觅，冷冷清清"就是心境的一种写照。

心境产生的原因是多方面的。生活中的顺境和逆境，工作中的成功与失败，人际关系的融洽与否，个人的健康状况，自然环境的变化等，都可能成为引起某种心境的原因。心境对人的生活、工作、学习、健康有很大的影响。心境有积极、消极之分。积极向上、乐观的心境，可以提高人的活动效率，对未来充满希望；消极悲观的心境，会降低认知活动效率，使人丧失信心和希望。因此，教师要克服自身的消极心境影响，保持积极心境，从而顺利地完成自己的教学任务。

(2)激情。激情是指一种强烈的、爆发性的、为时短促的情绪状态。如狂喜、暴怒、恐怖、绝望都是激情的表现。激情有以下的特点：从其发生的强度来看，具有强烈爆发性，发生过程十分迅猛，大量心理能量在极短时间内爆发；从其延续的时间来看，持续的时间比较短暂；从其影响范围来看，多带有特定的指向性；从其意识性来看，具有冲动性，意识对行为的控制作用明显降低。

激情这种情绪状态通常是由对个人有重大意义的事件引起的。惨遭失败后的绝望、遭遇危险时的异常恐惧等，都是激情状态。激情状态往往伴随着生理变化和明显的外部行为表现，例如，盛怒时全身肌肉紧张，咬牙切齿等；狂喜时眉开眼笑，手舞足蹈。激情状态下人往往出现"意识狭窄"现象，理智分析能力降低，自我控制能力减弱，行为失控。激情有积极与消极之分，积极的激情能调动人的巨大潜力，高效率地完成工作和学习任务。而消极的激情使人惊慌失措或盲目冲动。人能够意识到自己的激情状态，也能够有意识地调节和控制它。因此，任何人对在激情状态下的失控行为所造成的不良后果都是要负责任的。教师要帮助学生认识自己的激情状态，使学生学会有意识地控制自己，转移注意力，做自己情绪的主人。

（3）应激。应激是出乎意料的紧张状况所引起的情绪状态。也指人对某种意外的环境刺激所做出的适应性反应，是在突然出现的紧急情况下所产生的。人们在工作和学习中，往往会遇到突然发生的事件或危险，要求迅速地集中自己的智慧和经验，动员整个机体的力量，迅速判断并及时做出决定，以应付紧急情况，这时候产生的特殊体验就是应激。例如，飞机在飞行中，发动机突然发生故障，驾驶员紧急与地面联系着陆；正常行驶的汽车发生意外故障时，司机紧急刹车等。在应激状态下，表现为两种情况：一是消极的状态，手足无措、意识狭窄、陷入困境；二是积极的状态，急中生智、行动果断、化险为夷。当机体处于应激状态时，会引起机体的一系列生物性反应，如肌肉紧张、心率、呼吸以及腺体活动都会出现明显变化。这些变化有助于适应急剧变化的环境刺激，维护机体功能的完整性。应激对健康有双重作用。有利方面：动员机体紧急适应系统，产生对疾病的抵抗，增强体质和适应能力；不利方面：适应机制失效会导致不同程度的心理、行为及身体障碍，产生焦虑、恐惧、抑郁等情绪。但如果人长期处于高度紧张状态，会很消耗人的体力和心理能量，破坏个体的生物化学保护机制，降低人体的免疫能力，有损人的身体健康。

应激状态的产生与人面临的情景及人对自己能力的估计有关。当情景对一个人提出了要求，而他意识到自己无力应付当前情境的过高要求时，就会体验到紧张而处于应激状态。情绪有积极情绪与消极情绪两类。两者情绪是对立的吗？答案是否定的，由于积极情绪与消极情绪在大脑的不同部位加工，所以，同一种活动可以同时唤起积极情绪和消极情绪。

笑一笑，十年少，积极情绪对身体有良好的作用。愉快、兴奋、喜悦、大笑、微笑等都有一种感染力，引发积极向上的愉快的情绪体验。例如，笑能使我们肺的呼吸功能增强，使肌腱放松，驱除心中愁闷，消除人际交往中自己与他人的陌生感与距离感，驱除心中愁闷，帮助我们乐观地面对现实。媒体报道过的许多抗癌明星多年来与癌症作斗争，乐观坚强，幽默开朗，他们的共同特征是具有积极情绪的人。

消极情绪会影响身心健康。过度的消极情绪，长期不愉快、恐惧、失望，会抑制胃肠运动，从而影响消化机能。情绪低落或过于紧张的人，往往容易患各种疾病。精神压力导致的身体疼痛有多种表现，主要有头痛、背痛、肠胃疼痛或眩晕等症状，严重时甚至出现身体局部麻痹，但医疗检查通常查不出具体的病因。

3. **情感的分类**

情感是同人的社会性需要相联系的主观体验，是人类特有的心理现象。根据情感的内容、性质和表现方式的不同，人类的高级社会情感主要有道德感、理智感和美感。

(1)道德感。道德感是指人的思想意识和行为举止是否符合社会道德规范而产生的内心体验。这种体验总是和人依据一定道德观念对各种事物道德评价相关联。当自己或他人的言行符合道德规范时，就会产生肯定的情感，如愉快感、荣誉感、敬佩感、赞赏感等；反之就会产生否定的情感，如厌恶、憎恨、鄙视、羞耻等。

在不同的历史时代、不同的社会制度、不同的阶级中，道德标准是不同的，所以道德感总是受社会生活条件的制约，有鲜明的历史性和阶级性。不过，全人类共同的道德感也是存在的，如荣誉感、责任感等。

道德感对人们的实践活动有着重要的作用。教师的一项重要使命就是帮助学生按照道德的要求，正确地去衡量周围人们的各种思想行为；同时，帮助学生在行为方面符合社会道德规范的要求，做一个有道德的人。

(2)理智感。理智感是人的认识需要是否得到满足而产生的内心体验。理智感是在智力活动中产生的，它总是与人的好奇心、求知欲、认识兴趣、解决问题的需要等相联系。如发现问题时的惊奇感，分析问题时的怀疑感，解决问题后的愉快感等都是理智感的不同表现形式。

理智感是在认识过程中产生和发展起来的，反过来又推动人的认识活动不断深化，成为人们认识世界和改造世界的强大动力。激励人积极地去从事各种智力活动，并从中体会到真正的愉悦。

(3)美感。美感是根据个人的审美标准评价事物时所产生的内心体验。它是人对自然和社会生活的一种美的体验。如对自然景观的赞美，对名胜古迹、历史文物、文艺作品的欣赏，对一切丑恶现象的厌恶、鄙视等都是美的体验和表现。

美感受多种因素的影响。首先，美感与人的鉴赏能力和必要的知识经验有关。其次，引起美感的感受不仅有赖于事物的外部特点，同时还有赖于事物内在的特征及其意义。最后，受人们不同美的需要所制约。同一事物，由于不同的人有不同的审美标准，就会产生不同的美感。

美感受社会历史条件的制约。不同的历史阶段，不同的社会制度，不同的民族影响着对客观事物的评价标准，因而有不同的美感。但人类共同的美感也是有的，如全世界对婴儿的喜爱都是一致的，都欣赏优美的湖光山色，这都是人类共同的美感写照。

(五)情绪理论

1. 情绪的外周理论

美国心理学家詹姆斯和丹麦生理学家兰格(C. Lange)分别于 1884 年和 1885 年提出了观点相同的情绪理论，后人称为詹姆斯—兰格情绪理论。詹姆斯认为，情绪是对身体变化的知觉，即当外界刺激引起身体上的变化时，我们对这些变化的知觉便是情绪。照他的说法，人并不是因为愁了才哭、生气了才打、怕了才发抖，而是相反，人是因为哭了才愁、因为动手打了才生气、因为发抖才害怕。兰格强调血液系统的变化和情绪发生的关系，他说植物性神经系统的支配作用加强，血管扩张，结果便产生愉快的情绪；植物性神经系统活动减弱，血管收缩，器官痉挛，结果便产生恐怖的情绪。詹姆斯和兰格都强调情绪与机体变化的关系，强调植物性神经系统在情绪发生中的作用，所以被称作情绪的外周理论。这种理论虽然荒谬，也遭到了很多人的反对，但它强调了情绪和植物性神经系统活动的关系，引起了人们对情绪机制研究的广泛兴趣，对推动情绪机制的研究起到了重要的作用，所以在情绪心理学的发展中还是有一定地位的。

2. 情绪的丘脑理论

美国心理学家坎农(W. B. Cannon)反对詹姆斯、兰格的情绪理论，提出了很多质疑，如坎农认为情绪变化快而生理上的变化慢；同样的内脏器官活动的变化可以引起极不相同的情绪体验；切断动物内脏器官和中枢神经系统的联系，情绪反应并不完全消失；用药物可以引起和某种情绪相同的身体的变化，但却并不产生相应的情绪变化。坎农认为，情绪的生理机制不在外周，而在中枢神经系统的丘脑。激发情绪的刺激由丘脑进行加工，丘脑所产生的神经冲动向上传至大脑皮层，引起情绪的主观体验；向下传至交感神经系统，引起机体的生理变化，所以，身体变化和情绪体验是同时发生的。

3. 情绪的认知理论

(1)阿诺德的"评定—兴奋"说。美国心理学家阿诺德(M. Arnold)于 20 世纪

50 年代提出了情绪的评定—兴奋学说，该学说强调情绪的来源是对情境的评估，而这种评估是在大脑皮层产生的。阿诺德举例说：在森林里看到熊会产生恐惧，而在动物园里看到关在笼子里的熊却不产生恐惧。情绪产生取决于人对情境的认知和估价，通过评价来确定刺激情景对人的意义。因此，阿诺德给情绪下定义为：情绪是对趋向知觉为有益的，离开知觉为有害的东西的一种体验倾向，这种体验倾向被一种相应的接近或退避的生理变化模式所伴随。

依照阿诺德的学说，情绪是这样产生的：情绪刺激作用于感官器产生的神经冲动上传至丘脑，在丘脑更换神经元后再传到大脑皮层。在皮层上产生对情境的评估。这时只要情境被评估为对有机体有足够重要的意义，皮层兴奋即下行激活丘脑系统，并影响自主神经系统而发生器官的变化。这时外周变化的反馈信息又通过丘脑传到大脑皮层，并与皮层最初的估价相结合，纯粹的认识经验即转化为情绪体验。

由此可见，阿诺德的学说接受了詹姆士—兰格学说的外周反馈观点，而不同意坎农关于丘脑抑制的观点。她认为整个情绪过程均为大脑皮层兴奋的结果。她与詹姆士的不同可从如下模式中表明：

詹姆士理论：情境刺激 ⟶ 机体反应 ⟶ 情绪

阿诺德理论：情境刺激 ⟶ 评价 ⟵ 情绪
　　　　　　　　　　 ⟶ 机体反应 ⟶

(2)沙赫特与辛格的情绪认知理论。美国心理学家沙赫特(S. Schachter)和辛格(J. Singer)提出，任何一种情绪的产生，都是由外界环境刺激、机体的生理变化和对外界环境刺激的认识过程三者相互作用的结果，而认知过程又起着决定的作用。1962 年他又和辛格共同设计了一个实验来证明他的理论。他让不同组的被试者产生相同的生理变化，又接受相同的环境刺激，但由于各组被试者对生理变化的认识不同，他们所产生的情绪体验就不相同。

二、中小学生情绪和情感的发展

(一)小学生情绪和情感的发展特点

小学生正处于从一个无忧无虑的幼儿转变为一个初探人生规则、初识人生百味的少年郎的过渡时期，所以相较于其他年龄阶段，小学生的情绪、情感所呈现的特点是别具一格的，有其明显的年龄特征。

1. 情绪的稳定性逐步增强

进入学校以后，在集体生活和独自学习活动的锻炼和影响下，小学生控制、调节自己情绪的能力开始发展起来。虽然小学生的情绪仍然具有很大的冲动性，还不善于掩饰、控制自己的情绪，但他们的情绪已开始逐渐内化，小学高年级学生已逐渐能意识到自己的情绪表现以及随之可能产生的后果，情绪的稳定性和平衡性日益增强，冲动性和易变性逐渐消失。而且小学生尚未面临繁重的学习压力，因而其基本情绪状态是平静而愉快的。

2. 小学生情绪的丰富性不断扩展

对于小学生来讲，学习是他们的主导活动，因而大量与学习活动和学校生活有关的事物构成小学生情绪的主要内容。完成各项学习任务，如写作业、背诵课文等成为小学生最主要的需要。学习任务完成得顺利，满足了需要，小学生就会迅速产生愉快的情绪情感体验，反之则会产生消极的情绪体验。而且，小学生是在学校、班级这样的集体中学习和生活的，所以他们在集体中的地位以及与同伴、老师之间的关系，学校、班集体对他们的要求和评价等，都会引起小学生的复杂多样的情绪体验。同时，小学生的各种高级情感也在不断地发展中，高级情感的加入及不断丰富更加充实了小学生的情感世界。小学生在加入少先队前后，逐步接受一些共产主义道德观念的教育，加上学习了思想品德、社会和自然等学科，他们的情感体验就和国家、民族、社会等大集体联系起来。他们也会被历史上民族英雄的舍己为人、模范人物的坚毅顽强、科学家的刻苦钻研等崇高精神所感染，产生热爱祖国、热爱人民的情感。

3. 情绪的深刻性不断增加

小学生的情绪与学前儿童相比，不但在内容上丰富多彩了，而且其情绪体验也更加深刻了。例如，有关的研究证实，同是惧怕的情绪体验，学前儿童主要是怕人、怕物、怕黑、怕吃药打针等具体的事物，小学生虽然也同样怕这些具体的事物，但更多时候是怕学习不好，考试成绩太差，怕受家长、老师的批评，怕受同学的讥笑、歧视，等等。研究还发现，同样一种消极的情绪，如愤怒，小学生对其的体验比学前儿童要现实得多。

小学生的各种高级情感也在不断地深化。例如在评价他人时，已不再像学前儿童那样仅仅根据表面来把人界定为"好人"或"坏人"，而是能够初步运用一定的道德标准来评价他人，评价事物的好坏；也不再似学前儿童那样只看事物对自己是否有益，而是能够把事物同他人、同集体的利益结合起来进行评价。到了小学高年级后，在独立学习和集体生活的锻炼下，小学生在一定程度上已经能克制自己的一些欲望，努力克服困难去完成自己的任务，形成一定的理智感；也已逐步开始理解自己对他人、集体、社会负有一定的责任。这些都表明小学生情绪的深刻性正在不断地增加。

(二)中学生情绪和情感的发展特点

美国著名心理学家霍尔(Hall)在其《青春期》一书中指出，青春期是"疾风怒涛"时期，是人生的"第二次断乳期"。这一时期的中学生情绪体验跌宕起伏、剧烈波动，情感活动广泛且丰富多彩，表现出很明显的心理年龄特征，具体表现为以下特点。

1. 情绪和情感丰富而热烈

中学生精力充沛、生机勃勃，日渐成熟和强壮的身体，使他们体验到了自己的力量，经常为自己青春的力量所鼓舞。同时，他们也对未来充满了美好的憧憬和幻想。因此，昂扬向上是中学生情绪体验的主旋律。他们需要表达和宣泄，情绪活动强烈，一点小事情就可以唤起他们的热情，也可能因为一点小小的挫折就备受打击。既有为正义和真理献身的热情和壮举，也会由于狂热冲动而干蠢事。实践调查显示，他们常常通过唱歌、吟诗、跳舞、写作等方式表达自己强烈的情感。

2. 情绪和情感易起伏波动，心境转换明显

中学生情绪和情感的一个显著特征就是起伏波动较大，他们会因为一件事情的成功而欣喜若狂、激动不已，也会因为一点挫折而沮丧懊恼、垂头丧气，情绪在两端间有明显的跌宕。而中学生由于出现表面上看起来是莫名其妙的情绪波动，心境也常常出现明显的变化。

3. 情绪和情感的心境化和文饰现象

中学生的情绪和情感一方面起伏多变、变化莫测，而另一方面，中学生的心理毕竟是在向成年人过渡，因此，也有其相对稳定和表面相对平和的一面，这就表现为中学生情绪和情感的心境化和文饰现象。所谓心境化，就是情绪和情感的反应相对持久稳定，反应的时间明显延长，但这种延长表现在两个方面，即延续

做出反应和延长反应过程，从而出现情绪反应的心境化趋势。情绪的文饰现象也是中学生情绪和情感的一大特点，表现为情绪的表里不一，明明是心里难过，在众人面前，还要装作若无其事。这种现象出现的主要原因是中学生社会意识的觉醒和自我意识的发展，使他们注意到自己的情绪和情感在特定的社会情境中表达的适当性。

4. 情绪和情感体验的深刻性和稳定性不断发展

在中学时期，情绪和情感内容的社会性不断地深刻化。随着他们智力和意识能力的不断发展，渐渐形成许多新观念和新观点，这与不断增长的高级社会的需要相联系，形成了许多具有明确道德意识的社会性情感，如集体荣誉感、社会责任感等。情感的稳定性发展，是说中学生的情绪尽管具有两极性，易冲动和爆发，但还是逐渐趋于稳定和成熟。中学低年级的学生对自己情绪的控制和自我调节还相对较差，波动较为明显，而到了高年级，这种自控能力则有了较好的发展，显得比较稳定。在情绪反应的方式上也比较迂回、隐晦。

三、中小学生情绪和情感的培养

中小学生的情绪和情感别具特色，而且往往是他们行动的动力，所以我们应当摸清他们情绪和情感的规律，并有意识地培养、调节和发挥其积极作用，使他们更加朝气蓬勃、奋发有为，形成健全的人格。为了培养中小学生健康而高尚的情操，可以从以下几个方面进行考虑。

1. 帮助中小学生学会合情合理地提出自己的需要和愿望

教师和父母要帮助中小学生提高需要的社会性，使他们懂得自己的需要和愿望要符合社会的政治经济、物质文化发展的要求以及文明和道德的准则，才有权利、有希望得到满足，反之，就是不合理、不被允许或可耻的要求。

2. 充实和丰富中小学生的精神世界，培养健康的情趣

中小学生正处在长知识、长身体、风华正茂的时期，要引导他们把精力用在学习上，积累丰富的精神财富，鼓励他们从事科技活动和有益的文体活动等，为健康情趣的产生创造丰富的内容，避免不健康或消极的情绪和情感乘虚而入。

3. 培养中小学生爱生活、爱祖国、爱人民的思想情感

要培养中小学生的爱，应该从正反两个方面入手，既要使他们在认识上明确建立高尚的爱的必要性，又要培养他们对卑鄙可耻行为的厌恶感和羞耻感，因为

这种道德情感是不道德行为的抗毒剂，同时又是义务感和责任感的支柱，它会使中小学生积极要求美好的、高尚的东西。

4. 培养中小学生增强对挫折的耐力，学会调节情绪和情感。

情绪和情感是受思想意识调节的，当人遇到挫折的时候，最容易产生消极的情绪，做出不该做的事情。为了避免这种状况，应引导中小学生加强自我修养，增强对挫折的耐力。另外，要帮助中小学生学会分析激情时轻举妄动的不良后果，善于处理突然袭来的各种刺激，学会在愤怒、苦闷的情况下进行自我调节。

第二节　意志的发展与教育

一、意志的概述

(一)意志的概念

意志是人自觉地确定目的，并根据目的调节和支配自己的行动，克服困难去实现预定目的的心理过程。意志总是与人的行动联系在一起的，但不是所有的行动都是意志行动，无意识的本能活动、盲目的冲动或一些习惯动作都不含有或很少有意志的成分。意志是人类独有的心理现象，是人意识的能动性、积极性的集中体现。

意志是内部意识向外部动作的转化，这个转化是意志对人的行动的支配和调节作用，这种支配与调节是根据自觉的目的来进行的，也是实现目的的手段。意志调节支配行动，并通过行动表现出来，如学生为争取优异成绩而刻苦学习；体育健将为了祖国的荣誉而顽强拼搏；科学工作者为科学研究而夜以继日地工作等，都是人的意志的表现。

意志对行动的调节表现为发动和制止两个方面。发动表现为激励和推动人们去从事达到预定目的所必需的活动；制止表现为抑制和阻止不符合预定目的活动。意志的调节作用的两方面在实际活动中是统一的，如学习中要聚精会神，还要抑制无关干扰。意志不仅调节外部动作，也调节人的内心状态，当人处于危境时，用意志力来强迫自己保持镇静，稳定情绪，集中注意力来摆脱困境。这都是意志对行动的调节作用。

(二)意志行动的基本特征

意志和行动密不可分。通常把在意志支配下的行动叫意志行动。人的意志行动具有以下三个特征。

1. 目的性

人的意志由于具有明确的目的性，才能既发动符合于目的的某些行动，又能制止不符合目的某些行动。意志行动效应的大小，是以人的目的水平的高低和社会价值为转移的。目的越高尚、越远大、越有社会价值，意志表现水平就越高。

2. 与克服困难相联系

克服困难的过程也就是意志行动的过程。困难有外部困难和内部困难两种。人的意志坚强与否、坚强程度如何，是以困难的性质和克服困难的难易程度来衡量的。

3. 以随意动作为基础

不随意动作是指无预定目的的动作，随意动作则是指有预定目的、受意识指引的动作。有了随意动作，人们就可以根据目的组织、支配和调节一系列的动作，实现预定的目的。随意动作是意志行动的必要组成部分，是意志行动的基础。

以上三个基本特征相互联系共存于人的意志行动之中。明确的目的是意志行动的前提，克服困难是意志行动的核心，随意运动是意志行动的基础和手段。

(三)意志、认识、情感的关系

1. 意志和认识的关系

意志的产生是以认识过程为基础的。首先，意志的一个特征就是具有自觉的目的性。人的任何目的，都是在认识的基础上产生的。其次，目的的确定取决于人的需要，人的需要是人对客观现实的反映，是通过人对自身需求的认识而形成的，确定目的还要分析客观条件，回顾过去的经验，设想将来的结果，要拟订方案、编制计划，所有这些都必须通过感觉、知觉、记忆、思维和想象等认识过程才能实现。最后，意志是与克服困难相联系的，任何困难的克服都离不开知识经验的指导，只有把一致行动建立在深刻的认识基础上，才能克服困难。因此，离开了认识过程，就不可能有意志活动。

意志也对认识过程产生很大的影响。因为有了意志行动才能使人的认识过程不断深入和持久，如观察活动的组织、有意注意的维持、解决问题的思维活动的开展等，都离不开意志的努力。同时，意志是认识过程顺利进行的保证，积极的意志品质对人的认识能力的发展有促进作用，人在认识过程中确定目的，克服困难都离不开意志的努力。

2. 意志和情感的关系

情感既可以成为意志活动的动力，也可以成为意志活动的阻力。积极的情感对人的意志活动起推动作用，会增强人的意志；消极的情感对人的意志活动起阻碍作用，会削弱和瓦解人的意志。如人们在从事自己喜欢的活动时，积极的情感就成为鼓励行动的强大推动力。如果从事自己不乐意去干的活动时，"不乐意"的情感对于这项活动而言是一种消极的体验，它妨碍着意志行动的进行。

意志可以控制情感，使情感服从于理智。积极的情感由于意志的支持才能巩固和发展，消极的情感需要意志才能克服和控制。人们常说"理智战胜情感"就是指人们根据理智的认识，凭借意志的力量对妨碍行动的消极情感的抑制或控制。生活经验和科学实验都告诉我们，意志坚强的人能够控制消极情感，克服消极情感的干扰，把意志行动贯彻到底；意志薄弱的人往往容易被困难吓倒，使行动半途而废。

3. 情感和认识的关系

认识过程是产生情感的基础和前提。人只有在认识事物的过程中，才能了解主客体之间的需求关系，从而产生情感。没有对事物的认识，不能判断它是否符合人的需要，就不能产生情感。"有所知，才有所感"。例如，聋者没有听觉，对噪音就不会产生厌恶；盲者没有视觉，对美丽的颜色就不会产生喜悦。人对客观事物的认识越全面、越深入，产生的情感也就越丰富、越深厚，这就是"知之深，爱之切"的道理。

情感既可以成为认识的动力，也可以成为认识的阻力。一般说来，积极的情感是认识活动的动力，它能够促进人们以顽强的毅力去认识事物，提高活动效率。消极的情感是认识活动的阻力，它会阻碍人们认识活动的积极性的发挥，降低认识活动的效率和水平。例如，只有对科学寄予极大热情的人，才会不辞劳苦，不畏艰难，努力攀登科学高峰。学生学习落后，原因固然很多，但消极情感的减力作用却是其中重要的原因之一。

(四)意志行动的阶段分析

意志总是通过一系列具体行动表现出来的，受意志组织和控制的行动就是意志行动。意志行动有其发生、发展和完成的过程。简单的意志行动不需要多大的意志努力就可以达到目的，复杂的意志行动需要付出巨大的意志努力才能实现。通常把这种复杂的意志行动划分为采取决定(准备阶段)和执行决定(执行阶段)两个阶段。前者是意志行动的开始阶段，它决定意志行动的方向，是意志行动的动因；后者是意志行动的完成阶段，它使内心世界的期望、计划付诸实施，以达到某种目的。

1. 采取决定阶段(准备阶段)

采取决定指人在行动之前，预先决定意志行动的方向和结果，规定行动的轨迹。采取决定阶段是意志行动的开始阶段，它决定了意志行动的方向和轨道，决定的采取是一个过程，不是刹那间完成的。考虑为什么做，做什么，怎样做，这是意志行动的准备。这一阶段包括在思想上权衡行动的动机、确定行动的目标、选择行动的方法并做出行动的决定。确立目的是意志行动的前提，但在确立目的的过程中，往往会遇到动机的冲突。动机的冲突一般有如下四种形式。

(1)双趋式冲突：指个体在活动中，同时并存的两个动机追求同样并存的两个目的，无法兼得时产生的难以取舍的动机斗争，这种二者选其一的状态，称为双趋式冲突。孟子曰："鱼，我所欲也；熊掌，亦我所欲也；二者不可得兼，舍鱼而取熊掌者也。生，亦我所欲也；义，亦我所欲也。二者不可得兼，舍生而取义也。"这是双趋冲突的一种解决办法，就是放弃其中一个目标，也可以同时放弃这两个目标而追求另一个折中目标。

(2)双避式冲突：指个体在活动中，同时有并存的两个目的引起具有同样威胁性程度的动机，不能同时避开而产生的难以抉择的动机斗争，这种困扰的心理状态，称为双避式冲突。例如，品学均差的学生既怕做作业又怕受处分，这两者对他都是一种威胁，但他必须选择其一。实际上这是一种"左右为难""进退维谷"式的冲突。

(3)趋避式冲突：指个体在活动中，对一个目的同时具有趋近与躲避两种动机。像这种对一个目的兼具好恶的矛盾心理状态，称为趋避式冲突。例如，病人既想消除疾病，又怕打针吃药；出外旅游让人向往，可又耗费时间和钱财；毕业生找工作既想待遇高，又怕太苦太累。是趋是避，有三种选择：趋强于避，不惜一切而趋之；避强于趋，不求趋，而力避不利；趋避折中，使不利降到最小限度而避之。

（4）多重趋避式冲突：指个体在活动中，面对两个或两个以上的目的，而每一个目的又分别具有趋避两方面的作用。像这种对几个目的兼具好恶的复杂矛盾的心理状态，称为多重趋避式冲突。例如，学生想参加学科竞赛，但又怕失败跌面子；想参加校足球队为学校争光，但又害怕耽误时间太多；想找社会兼职锻炼自己各方面的能力，积累社会经验，但又怕影响学习。这种复杂的矛盾心理，就是多重趋避式冲突。

从内容上看，心理冲突可分为原则性的动机冲突和非原则性的动机冲突。凡是涉及个人期望与社会道德标准、法律相矛盾的动机冲突，属于原则性的动机冲突。例如，在公共场所遇到违法犯罪行为，是见义勇为还是明哲保身；国家干部在执行公务时面对私利的诱惑，是坚持原则还是违背原则。这类原则性的动机冲突，往往会引起激烈的思想斗争。凡是不与社会道德标准相矛盾、仅属于个人兴趣爱好方面的动机冲突，属于非原则性的动机冲突。例如，周末是看电影还是看画展或是在家看小说。这类动机冲突属于个人一般性的兴趣爱好，通常不会引起激烈的思想斗争。

2. 执行决定阶段（执行阶段）

在做出决定之后，决定的执行便是意志行动实现的关键。执行决定阶段是意志行动的完成阶段，即把头脑里的意图、愿望、计划和措施付诸实践达到预定目的，实现对客观现实改造的阶段。这是意志行动最重要的环节，因为即使行动的动机再高尚，行动的目的再美好，行动的方法再完善，行动的计划再周密，如果不付诸实际行动，一切都是空谈，意志行动也就不能完成。

执行决定要求更大的意志努力。因为，第一，执行决定的行动要求巨大的智力和坚韧力，要忍受由行动或行动环境带来的不愉快体验；第二，积极有效的行动要求克服人的个性中原有的消极品质与不良习惯；第三，执行决定时遇到的困难，要付出大的努力而与个体已形成的消极的个性品质（如懒惰、骄傲、保守等）或兴趣爱好发生矛盾，从而使决心和信心发生动摇；第四，在执行决定的过程中，还可能产生新的期望、新的意图和方法，它们也会同预定目的发生矛盾，令人踌躇，干扰行动的进程。

在执行决定时经常会遇到新情况，出现新问题，有时还缺乏应付新情况、解决新问题的知识和技能，可能使人犹豫不决。这些矛盾都会妨碍意志行动贯彻到底。只有解决了这些矛盾才能将意志行动贯彻到底，达到预定的目的。当意志行动达到预定目的时，又会增强克服困难的毅力，提高克服困难的勇气。优良的意志品质，正是在克服困难的实际斗争中锻炼和培养起来的。

(五)意志的品质

构成意志力的稳定因素称为意志品质。人们的意志品质存在着巨大的个别差异。主要的意志品质有：自觉性、果断性、自制性和坚持性。

1. 自觉性

意志的自觉性是人对自己行动目的的正确性和重要性有明确而深刻的认识，并根据客观规律规划自己的行为，以实现预期的目的。具有独立性的个体不易受外界环境偶然因素的影响，反映了一个人立场的坚定和信仰。具有高度自觉性的人，能够按照客观规律确定自己的目的，并能经常主动地使自己的行动符合目的。

与自觉性相反的是盲目性(易受暗示性)和独断性。盲目性是指人无主见、无批判地接受别人的暗示和影响，人云亦云，缺乏原则性。独断性是指独断专行、刚愎自用，盲目拒绝他人合理的建议和劝告。盲目性和独断性都是消极的意志品质。

2. 果断性

果断性是指一个人在复杂的情境中迅速而又有效地采取决定和执行决定的意志品质，即当机立断的能力。具有果断性品质的人，对自己的行动目的、方法及后果都有深刻的认识，在紧要关头能以高度的机智判断是非，当机立断地做出决定并及时行动。果断性是意志坚定的表现。

与果断性相反的是优柔寡断和草率。优柔寡断的特征是遇到选择犹豫不决，动机斗争没完没了，难以最终选择，执行决定时不能坚持，或迟迟不付诸行动。最著名的优柔寡断的人便是莎士比亚笔下的哈姆莱特。草率就是缺乏思考、轻举妄动、不考虑主客观条件和计划实施的可能性。这些都是消极的意志品质，是意志薄弱的表现。

3. 自制性

自制性是指人善于控制和支配自己行动的意志品质。自制性表现在两方面：

一是善于促使自己去执行已经采取的决定，并能战胜与克服在执行决定中的干扰；二是善于在意志行动时抑制消极情绪和冲动行为。

与自制性相对立的是任性（不能约束自己的行动）和怯懦（畏首畏尾、惊慌失措），它们都是意志薄弱的表现。

4. 坚持性

坚持性是指人为了实现目的任务，坚定不懈地克服各种困难的心理品质。它包括行为的精力和毅力，精力是人从事活动的紧张度，毅力是人进行活动的持续度。一个人能够精力充沛、锲而不舍地持久工作，是意志坚持性的表现。

与坚持性相反的是动摇性和顽固性。见异思迁，虎头蛇尾，一意孤行，只承认自己的意见和论据，甚至坚持错误的论据，它们是消极的意志品质。

二、中小学生意志的发展

（一）小学生意志的发展特点

儿童的意志特点是在其克服困难的活动中表现出来的。随着学习活动逐渐成为小学生的主导活动，儿童的意志品质也迅速发展起来。首先，学习是有一定目的和要求的复杂活动，学生必须为了达到既定目的而自觉行动，如遵守纪律，完成作业，参加考试等；其次，学习任务是有一定困难的，学生不仅要学一些自己感兴趣的东西，还要学一些自己不感兴趣但必须学的东西，这就要求学生必须付出意志努力，坚持学习；再次，班级、少先队和学校等要求小学生的行为必须符合集体的利益，从而使小学生开始有意识地控制和调节自己的行为；最后，小学生开始参加一些社会活动、义务活动、体育锻炼等，各种活动的任务都有一定的严格要求，小学生必须约束自己遵守活动的要求，完成活动任务。此外，在小学时期，儿童的情感与意志有密切地联系，儿童的情感常成为行为的动机，并在意志行为中起很大的作用。小学生在这些新的活动过程中，使自己的意志特点日趋明显。

1. 小学生意志的自觉性

小学生的自觉性品质发展比较缓慢。在整个小学时期，这种自觉性品质基本上处于低水平，而受暗示性和独断性却十分明显。这说明小学生对行动还缺乏充分的认识，还不能在调节、支配自己的行为以实现某种目的的行动中充分表露、显示和坚持自己的独立意识。

2. 小学生意志的果断性

意志的果断性是一种明辨是非、迅速而合理地做出决定并立即采取相应行动的良好品质,与之相反的则是优柔寡断和草率决定等不良品质。小学生还不善于仔细、全面地考虑问题,他们在做决定时往往具有冲动性和情绪性的特点,还不善于按照一定的原则经过深思熟虑做出决定。

3. 小学生意志的自制性

意志的自制性是一种能够自觉、灵活地控制自己的情绪,以约束自己产生或完成与任务相反行动的良好品质。自制力强的人善于控制自己的思想,调节自己的行为,能克制自己不应有的情绪冲动,抗拒来自外部和内部的诱因干扰,自觉遵守纪律,执行决定。尽管小学生的自我约束、遵守规章制度等方面的能力发展较晚,但在教学活动和学校纪律的要求下,小学生的自制力也逐渐发展起来。

4. 小学生意志的坚持性

意志的坚持性品质是一种在行动中能以坚韧不拔的毅力克服种种困难而坚持到底的良好品质。具有良好的坚持性品质的人能够在活动中持之以恒,在困难、艰苦的条件面前不犹豫,不动摇,一鼓作气,善始善终。尽管小学生还比较依赖于教师和成人的帮助,意志的自制力比较薄弱,但在教育的要求和影响下,小学生意志的坚持性正在逐步发展。

小学生的坚持性品质较好,一年级儿童就已具有一定的坚持性。但由于低年级儿童的有意注意比较弱,情绪稳定性较差,意志自制力较弱,他们在遇到困难时比较容易放弃已开始的活动。中高年级儿童已开始有意识地抵抗不符合行动目的的主客观诱因的干扰,能够较长时间维持活动,一般都能做到有始有终。

(二)中学生意志的发展特点

中学生意志发展的特点具体表现在以下几方面。

1. 意志行动的动机和目的由动摇性逐渐趋向稳定性

年龄小的学生的行动动机和目的容易受到外因的影响而产生动摇,初中生的行动动机和目的的稳定性明显增强,在学习中遇到自己没有直接兴趣的学科,但考虑到自己的使命时也能保持较好的稳定性;但与高中生相比还是容易动摇。

2. 意志行动从盲目性向自觉性发展

初中生开始能够提出自己行动的动机、目的,更富有自觉性,但大多数学生自觉性的程度还不够，还需要教师和成人的不断提醒，高中生自觉性程度远远高于小学生和初中生的水平，自我管理能力大大提高。

3.意志行动中克服困难的毅力逐渐增强

初中生由于知识经验和技能逐步增多，在对待困难与完成任务时，有克服困难的勇气和信心，能专心致志地进行学习，但初中生排除困难的灵活性不足，遇到困难时会改换自己的动机以解决困难。高中生在克服困难方面趋向于成人，在毅力、方法和手段方面都比初中生更有成效。

4.意志行动的模仿性由无意向有意发展

初中生的模仿性质逐渐从无意、受暗示变为有意模仿，而且更多地模仿良好的品质，"追星"便是这一阶段最典型的表现。高中生的模仿更加深思熟虑，更加考虑社会性因素以及个人未来发展。

三、中小学生意志的培养

意志是人完成任何活动所必须具备的主观条件，但是人的意志品质不是生来就有的，而是在后天的学习与实践过程中逐渐形成的，所以意志的培养非常重要。

(一)小学生意志品质培养

1.培养小学生行为的目的性，减少其行动的盲目性

只有认识、明确行动目的，才能自觉、独立地调节自己的行为，摆脱对外力监督和管理的依赖性。小学低年级学生尚缺乏对行为目的的认识，其行为要依靠外力的监督，如班主任在场时能遵守纪律，而班主任不在时，则常常违反纪律。他们很容易受外界的暗示，不加选择地模仿他人的行为，不考虑这种行为是否正确、适当。只有在良好的教育下，小学中高年级儿童才逐渐能自觉遵守纪律，独立完成任务。但在整个小学时期，小学生按照一定原则、观点来调节自己行为的能力还是很差的，还要依赖于教师的指导和监督。根据小学生的这一特点，教师要逐渐提高小学生的自觉性，培养小学生按照行为目的来自觉调节行动的能力。在教学过程中的每一项任务、每一个要求都要对学生讲清目的和重要性，帮助学生制订切实可行的行动计划，指导学生按照预定的目的和计划，采取适当的措施以完成任务。对完成任务的儿童要给以一定的鼓励，以强化、促进他们的积极性。

2. 培养儿童良好的行为习惯，从生活入手培养意志品质

良好的行为习惯可使儿童不必付出太大的意志努力就能很好地完成任务。实际上，形成良好的行为习惯就是将行动规则加以内化并自觉执行。

行为习惯应从小事上开始培养，如遵守作息时间，做完功课后收拾书包等。在生活中要对儿童严格要求，如要求儿童应该完成的任务一定要完成，决不能半途而废；要求儿童改正的缺点就要教育儿童一定要努力克服。儿童在形成良好行为习惯的同时，也锻炼了意志品质。

3. 培养小学生自我控制、自我调节的能力

小学生按照预定目的，在克服困难、完成任务过程中可能会受到种种诱惑和影响，只有坚定信心，抗拒诱惑，坚定地进行自我控制和自我调节，才能最后实现目标。如前所述，小学生的自我控制、自我调节的能力还比较差，其行动往往需要他人的监督，因此，教师要注意帮助小学生逐渐摆脱对外部控制的依赖，形成内在控制的力量。心理学家的研究发现，帮助儿童以言语调节控制自己的行动是培养儿童的自制力的一个有效措施。

4. 有意识地为学生创设克服困难的情境，使学生在克服困难的过程中，锻炼各种意志品质

意志品质主要在困难的实际行动中予以培养。因此，应结合教学、劳动等实际活动内容，采用多种形式向学生讲述意志锻炼的意义和方法，并组织各种活动，让学生有意识地进行意志锻炼。在组织活动时，要注意以下几点：首先，困难的程度一定要符合小学生实际，不能太难，但一定要经过努力才可以达到。其次，当小学生在活动中遇到困难时，要给予鼓励和指导，培养其独自克服困难的信心和习惯，不应包办代替或一味迁就。再次，要根据儿童意志品质上的差异采取不同的锻炼措施。例如，对于怯懦自卑的儿童，应多鼓励他们增强克服困难的信心和勇气；对于骄傲自满的儿童则应提醒他们注意克服主观武断和盲目自信。最后，给予儿童的有困难性活动，必须是对儿童有益的，必须使儿童明辨是非，认识到锻炼意志不等于去冒险或盲动。

5. 从小培养正确的观点

意志行动是根据一定的目的行动的。学生只有明确自己行为的目的，才有可能坚持一定的行动以实现自己的目的。不同的目标，其制约行为的力量是不同的，远大的理想可以激起儿童的向往之情，并具有持久的力量。通过各种教育活

动，使学生理解各种活动的目的，树立远大的理想和信念，这是培养小学生形成良好意志品质的首要条件。但是，对道德信念和远大理想的培养，必须从小开始。切不可认为小学生年龄尚小，还不能确立生活的正确目的而忽略对其正确信念、理想的培养。教师可以通过组织学生参观访问、听战斗英雄故事，特别是听一些和他们年龄相仿的儿童顽强斗争的英雄事迹，还可以将儿童的学习、活动的具体目的与国家的长远目的结合起来进行教育。在目的性的教育中，对任务完成较好的学生可以给予适当的奖励。但也应注意，不能只使用外在激励，内在激励更为重要，对行为的影响更具持久性。在教育过程中，还应注意不要空洞说教，要根据学生的心理特点，生动形象地进行教育。

(二)中学生意志的培养

1. 提高学生对学习目标、意义和结果的认识，激发学习动机

在教学过程中，以对学习的认识来促进学生的意志努力，最终完成学习任务的做法，是认知和意志关系的规律在教学中的具体运用。首先，在教学中让学生明确学习的目标能激发学习的动机，能唤起积极行动去实现这一目标。教师在教学过程中应多采用目标定向或目标导向的方法，让学生明确学习目标，以引导学生的学习，并随时以目标的实现与否督促学生的意志行动，促进其学习任务的完成。其次，对学习的意义和结果的认识也能激发学生的意志努力。人的意志力量的强弱在很大程度上是由动机的强弱决定的。在学习过程中，了解学习的意义、认清学习的结果便是激发动机，进而激励意志的一种手段。所以，教师应利用一切机会积极引导学生认清学习的重要意义，引导学生展望在学习中战胜自我、获得成功后的令人向往的情境，并示以适当的奖惩措施，以激发学生通过意志努力去获得学习上的成功的动力。

2. 激发学生积极的情感体验，增强学生的意志力量

积极的情感能激发人的行动动机，使人表现出巨大的意志力量，从而以极大的热情去战胜困难，完成任务。这正是发挥了情感的动力功能的作用。首先，教师应与学生建立起真挚、亲密的师生关系，将学生对教师的情感迁移到学习中去。在学校学习中，学生因喜爱某一位教师而克服困难努力学好这位教师所教学科的例子是屡见不鲜的。其次，在具体的教学活动中，教师在对学生的学习进行评价时，要以正向的、鼓励性的评价为主，不仅对成功的行为结果要及时进行表

扬、鼓励，在对待失败的行动结果的评价中也应尽量让学生看到自己的成绩和进步。这样能使学生产生愉悦感，增强自信心，以促使他们敢于接受更高目标的挑战。

3. 进行挫折教育，锻炼学生的意志

教师可在教学活动中有意设置一些困难情境，让学生经受适度的挫折，使他们在面对挫折、战胜挫折的过程中磨砺意志。但在实际操作中要注意：一要把握时机，一般来说，最好在学生的意志水平达到一定程度，对具体学习活动的意义、目的有一定认识，并有相应的情感激励的条件下实施，才能取得好的效果，否则易产生"拔苗助长"的负面影响；二要注意个别差异，应根据学生的个性特点，尤其是心理承受能力的不同而区别对待。如对心理承受能力较强而又骄傲自满的学生，可较多使用这类方法以锻炼其意志，而对自卑感强、心理承受能力较弱的学生，则应慎用这类方法。在培养学生良好意志品质的过程中，除了外部条件的教育和帮助外，学生意志的自我锻炼还十分重要。意志培养效果的好坏主要取决于学生本人自我锻炼意志的愿望和努力。教师应在教学中采取要求学生写学习日记、自己批改作业、制订学习计划等措施启发学生培养自我检查、自我评价、自我监督、自我鼓励等良好的行为习惯。既要善于看到和发扬自己意志品质中的优点，也要勇于发现和克服自己意志品质中的缺点，从而促使自己的意志力逐渐增强。

4. 针对意志的个别差异，培养良好的意志品质

用科学的世界观和价值观武装学生是培养他们良好的意志品质的基本条件。培养意志品质时，教师应当十分注意让学生把自己的理想同现实的学习和生活联系起来，用理想来指导自己的学习和生活，自觉要求自己完成学习任务。意志行为是与克服困难相联系的，离开困难，磨砺意志就会成为一句空话。鼓励学生勇敢地克服困难，培养学生的坚定性。教师应鼓励学生克服畏惧心理，积极启发诱导，及时指出思考的方向，帮助学生掌握解决问题的思路，帮助学生排除犹豫的心理，培养学生的果断性。在教学中，教师应根据不同学生不同的意志表现，提出不同的要求，采取不同的措施。在讲、练、查等环节中引导学生自我锻炼，全面认识自己，养成良好的学习习惯，逐步发展他们的自制力。总之，要针对学生意志品质的差异，进行不同的教育。对于行动盲目和易受暗示的学生，应加强目的性教育，培养学生的目的性、自觉性和责任心。对于优柔寡断、冒险轻率的学

生，应培养其大胆、果断、沉着耐心的品质；对缺乏自信心、萎靡不振的学生应进行正面引导，充分调动其积极性，提高自我控制和自我调节的能力。对于软弱和胆怯的学生，应着重于胆量、勇气的培养。对缺乏毅力和恒心的学生，应激发他们奋发有为和坚韧不拔的精神。

【练习题】

一、单项选择题

1. 情绪和情感所反映的是（　　）。

A. 客观事物的本质属性　　　　　B. 客观事物的外部现象

C. 客观事物之间的关系　　　　　D. 客观事物与人的需要之间的关系

2. 人对客观事物是否符合个人的需要而产生的态度体验称为（　　）。

A. 气质　　　　B. 性格　　　　C. 意志　　　　D. 情绪

3. 情绪与情感是以（　　）为中介的反映形式。

A. 需要　　　　B. 动机　　　　C. 态度　　　　D. 认识

4. 与社会性需要是否满足相联系的心理活动是（　　）。

A. 情绪　　　　B. 情感　　　　C. 心境　　　　D. 应激

5. 人们喜欢记住自己感兴趣的事物，对不喜欢的事物记忆起来十分吃力，这表明情绪具有（　　）。

A. 适应功能　　　B. 组织功能　　　C. 动机功能　　　D. 信号功能

6. 乐极生悲、破涕为笑，表明情绪和情感的特征具有（　　）。

A. 感染性　　　B. 情境性　　　C. 两极性　　　D. 移情性

7. 杜甫的诗"感时花溅泪，恨别鸟惊心"，表明了情绪和情感的特征具有（　　）。

A. 感染性　　　B. 情境性　　　C. 两极性　　　D. 移情性

8. 人在快乐或悲哀气氛的情景中，会产生快乐或悲哀感，这表明情绪和情感的特征具有（　　）。

A. 感染性　　　B. 情境性　　　C. 两极性　　　D. 移情性

9. 中国的古语"忧者见之则忧，喜者见之而喜"说明情绪状态是（　　）。

A. 心境　　　　B. 激情　　　　C. 应激　　　　D. 焦虑

10. 当同学们获悉本班取得学校合唱比赛第一名的成绩时欣喜若狂，他们的情绪状态属于(   )。

A. 心境　　　　B. 激情　　　　C. 应激　　　　D. 热情

11. 个体在意外事件或危机事件出现时表现出高度紧张的情绪状态，被称为(   )。

A. 愤怒　　　　B. 心境　　　　C. 应激　　　　D. 激情

12. 欣欣解决了一个困惑已久的数学难题，心里很高兴，美滋滋地给自己点了个赞。这种情感属于(   )。

A. 美感　　　　B. 道德感　　　　C. 理智感　　　　D. 责任感

13. 个体被善或恶的社会现象所激起的情感状态，称之为(   )。

A. 美感　　　　B. 理智感　　　　C. 道德感　　　　D. 成就感

14. 根据一定的审美标准评价事物时产生的主观体验是(   )。

A. 理智感　　　　B. 美感　　　　C. 激情　　　　D. 道德感

15. 美国心理学家沙赫特认为，情绪的产生是外界环境刺激、机体的生理变化和认知过程三者相互作用的结果，而(   )又起着决定的作用。

A. 外界环境刺激　　　　　　　　B. 机体的生理变化

C. 认知过程　　　　　　　　　　D. 丘脑

16. 强调情绪的发生与机体内部生理变化的关系的情绪理论被称为(   )。

A. 坎农—巴德学说　　　　　　　B. 伊扎德的情绪理论

C. 詹姆斯—兰格情绪理论　　　　D. 沙赫特—辛格的情绪理论

17. 强调情绪的产生是由外界环境刺激、机体的生理变化和外界环境刺激的认识过程三者相互作用的结果的情绪理论被称为(   )。

A. 坎农—巴德学说　　　　　　　B. 伊扎德的情绪理论

C. 詹姆斯—兰格情绪理论　　　　D. 沙赫特—辛格情绪理论

18. 中学生小博得知自己物理竞赛成绩名列年级第一，在家里高兴得手舞足蹈，但在学校却表现出若无其事的样子。这反映了小博的情绪具有(   )。

A. 矛盾性　　　　B. 激动性　　　　C. 掩饰性　　　　D. 短暂性

19. 当学生嘲笑张老师个子矮小时，张老师以一句"浓缩的就是精华"化解了当时的尴尬。这种情绪调节的方法称为(   )。

A. 升华　　　　B. 补偿　　　　C. 幽默　　　　D. 宣泄

20. 小学生既不想完成作业又不想被老师惩罚，这种心理现象属于( )。

A. 双趋式冲突 　 B. 双避式冲突 　 　 C. 趋避式冲突 　 　 D. 多重趋避式冲突

二、辨析题

1. 焦虑不利于学生的学习。

2. 情绪就是情感。

3. 人们对自然景色的欣赏，对英雄人物的赞扬，这些情感内容是理智感。

4. 快乐、愤怒、悲哀和恐惧是人类基本的情绪。

三、简答题

1. 简述情绪与动机的关系。

2. 试述情绪情感的重要作用和功能。

3. 谈谈情绪与情感有哪些主要的区别。

四、材料分析题

1. 阅读下面的材料，回答问题。

冯亮和丁明是初二的学生，最近两人都有一些心事，于是凑在一起聊天……

冯亮：你说咱们已经快要和爸爸一样高了，可父母还是把我们当小孩子看，什么都管。

丁明：可不是吗！吃饭要管，穿衣服要管，去哪儿玩也要管，放学回家稍晚就唠叨个不停……真烦！有时他们让我做什么，我偏不听他们的话。

丁明：最近一段时间，我的情绪似乎失控了。今天的课堂演讲，我紧张得要命，生怕在老师同学面前出丑。

冯亮：我发现了，你的脸都红到脖子根了。

丁明：不光这个，有时候高兴起来，我就跟飞上天似的，觉得无所不能；可是难过起来，又像被打入十八层地狱……

冯亮：我也一样。就比如每次跟女同学打招呼，我常莫名其妙地心跳加速，感觉既紧张又害羞，以前不是这样的。

丁明：有时候也会担心自己在别人眼中形象不好、不够帅之类的。

冯亮：还有不够优秀、能力不够强等。我特别希望在别人眼中是一个聪明、有实力的人。

丁明：我特理解你，这种感觉我也有，而且特想跟人倾诉，但就是不知道跟谁说。

问题：

(1)上面两位同学的对话，反映了中学生青春期心理发展的哪些特点？

(2)作为老师，你会对他们提出哪些建议？

2.中学生晓雯是一个品学兼优的学生，老师与同学都很喜欢她。但她要进行选择与决策时，总是拿不定主意，处于矛盾中。例如，有同学建议晓雯竞选班长，她也有此想法，但又担心班级事务繁多影响自己的学习；学校举行数学竞赛，她渴望参加，但又担心无法完成老师交给她的创建班级环境规划的任务。日常生活中，晓雯也常常为参加集体活动还是温习功课拿不定主意；在专业选择问题上，她既想成为一名音乐家，又想成为一名心理学家。

问题：

(1)请运用动机冲突相关知识分析晓雯的问题。

(2)假如你是晓雯的班主任老师，你会如何帮助她？

第四章　人格发展与教育

【学习目标】

1. 理解人格的概念及特征，了解各个人格理论流派。

2. 了解人格的结构，理解马斯洛的需要层次理论，掌握气质、性格及能力的相关内容。

3. 理解影响人格发展的因素。

4. 掌握根据学生的人格差异进行教育的方法。

　　人格也称个性，是一个人的思想、情感及行为的特有模式，这个独特模式包含一个人区别于他人的稳定而统一的心理品质。古人云"人心不同，各如其面"，其中这个"心"与人格具有相同的含义，可见人格更多是强调个体之间的差异。人格是一个复杂的、多侧面和多层次的结构，主要包括人格的倾向性、自我调控系统、认知风格以及人格的心理特征等，人格的差异也就具体从这些方面表现出来。人格是在先天遗传素质的基础上，在后天社会生活实践中，通过家庭、学校、社会环境等因素的影响逐渐形成的。

第一节　人格概述

一、人格的概念

　　人格，也可以称为个性，是个体在社会化过程中形成和发展的思想、情感及行为的特有模式，这个独特模式包含一个人区别于他人的稳定而统一的心理品质。在心理学中，人格（Personality）一词源于拉丁语的（Persona），原意是指古希腊罗马时代的戏剧演员在舞台上戴的假面具，后来演变为指面具后面这个独特的人本身。人格与个性这两个术语广泛应用于心理学文献中，由于这个概念的内涵十分丰富和复杂，许多心理学家往往根据他们自己的研究和理解，给人格下一个暂行的定义，所以人格是心理学中定义最多的概念之一。

较有影响的人格定义包括：艾森克(H. J. Eysenck)提出的"人格是个体由遗传和环境所决定的实际的和潜在的行为模式的总和"；奥尔波特(G. W. Allport)提出的"人格是个体内部心身系统的动力组织，决定了个体对其环境的独特适应"；卡特尔(R. B. Cattell)提出的"人格乃是可以用来预测个人在一定情况下所作行为反应的特质"；莱尔德(Laird)提出的"人格是一个人的生活方式"；劳伦斯(Laurence)提出的"人格是为个人的生活提供方向和模式的认知、情感和行为的复杂组织"；我国心理学家黄希庭给出了一个整合型的定义："人格是个体在行为上的内部倾向，它表现为个体适应环境时在能力、情绪、需要、动机、兴趣、态度、价值观、气质、性格和体质等方面的整合，是具有动力一致性和连续性的自我，是个体在社会化过程中形成的给人以特色的心身组织。"

人格定义的多样性，反映了人格内涵的丰富性和复杂性，人格定义的不同，反映了心理学家对人格研究侧重点的不同及他们所采用的研究方法的不同。从不同的侧面对复杂的人格系统进行不同的描述，每种描述都体现了人格的某个方面或某种功能，但每一种观点都能帮助我们去理解复杂多变的人格。所以，从这个角度来看，每一种人格的定义都是有价值的。

现代心理学把人格理解为一个人在生活实践中经常表现出来的、比较稳定的、带有一定倾向性的个体心理特征的总和。

二、人格的基本特征

人格具有整体性、稳定性、独特性、社会性和功能性。

(一)人格的整体性

人格是一个有机的整体，是人的整个心理面貌，人具有多种心理成分和特质，如认知、情绪、愿望、价值观和习惯等，但它们并不是孤立存在的，而是密切联系并组合成一个完整的结构，人格结构中的任何一种成分的变化，都会引起系统内的其他成分的变化。一个现实的人的行为不仅是某个特定部分运作的结果，而且总是与其他部分紧密联系、协调一致进行活动的结果。人格的整体性也是一个人心理健康的重要指标。

(二)人格的稳定性

人格特征是指一个人经常表现出来的稳定的心理与行为特征，那些暂时的、偶尔表现出来的行为则不属于人格特征。人格的稳定性表现为两个方面：一是人格的跨时间的持续性，二是人格的跨情境一致性。正因为人格具有稳定性，才能真正了解和区分不同的人，也才可能对人的行为进行预测和干预。

但是，在外部环境、生活条件等发生变化及教育的作用下，人格也会发生不同程度的改变，人格的稳定性是相对的，人格也有可塑性。

(三)人格的独特性

人格的独特性是指人与人之间的心理与行为是各不相同的，世界上没有两个完全相同的人。因为人格结构组合的多样性，而且人格是在许多因素的影响下发展起来的，所以每个人的人格都有自己的独特性。但是，人格的独特性，并不排除人与人之间心理和行为上的相同之处。人类文化造就了人性，同一民族、同一阶层、同一群体的人们具有相似的人格特征。人格是共同性和差别性的统一。

(四)人格的社会性

人格的社会性是指人格是在社会化的过程中形成的，是社会的人所特有的。个性从其形成和表现的形式上看，受社会历史的制约，不同社会的政治、经济、文化对个体有不同的影响，赋予人不同的道德规范、价值观念、信念体系和风俗习惯等，使人格带有明显的社会性。人格是在先天生物遗传素质的基础上，通过与后天环境相互作用而形成的，人格受到个体的生物特性的制约。

(五)人格的功能性

人格会在一定程度上影响一个人的行为方式、生活模式等，例如，面对挫折和失败时，有的人坚强面对，有的人则一蹶不振；在面对诱惑时，有的人能坚持原则，守住底线，而有的人则轻易就丢盔弃甲。所以俗话说"性格决定命运"。

人格是个体各种稳定特征的综合体，显示出个人思想、情绪和行为的独特模式。这种独特模式是个体社会化的产物，同时又影响着个体与环境的交互作用。

三、人格的理论

人格理论是心理学家用来描述及解释他们对人格的理解及其发生发展的一套

假设系统，这些理论有助于我们更好地理解和解释人类的心理活动和行为。在心理学中，有关人格的理论很多，这里我们主要介绍现代有代表性的理论流派。

(一)精神分析流派

西格蒙德·弗洛伊德(1856—1939)是奥地利著名的医生和心理学家，是精神分析学派的创始人。以无意识为基础的人格理论是弗洛伊德精神分析理论的核心，主要包括人格结构、人格动力以及人格发展三部分。

1. 人格结构

早期弗洛伊德把人格划分为意识(conscious)、前意识(preconscious)和潜意识(unconscious)。意识是人们正常觉察到的想法；前意识是我们加以注意便能觉察到的心理内容；而潜意识是精神分析理论的一个主要概念，是指个人不可能觉察到的心理活动，但它对个人的思想和行为的影响极大。它处于心理深层，主要包括两个方面，一是各种本能冲动，遵循快乐原则，力求实现对本能需要的满足；二是被压抑的心理活动，这些心理活动往往是与社会伦理、道德相悖离的。

后期弗洛伊德提出了人格的结构模型，将人格划分为本我(id)、自我(ego)和超我(superego)。本我又称为"伊底"，是人格中最原始、最神秘而不可即的部分，它是由先天的本能和欲望组成的。弗洛伊德认为，本我的目的在于追求快乐，自我的目的在于追求现实，超我的目的在于追求完美。因而，本我、自我和超我分别遵守快乐原则(pleasure principle)、现实原则(reality principle)和道德原则(moral principle)。人格结构的三部分常常处于相抗衡的状态之中。健康人的自我会防止本我和超我过分操纵其人格，自我的目的是找到一条途径同时能满足本我和超我的需求。因而三者之间是紧密联系着的，如果三者的密切配合使人满足基本需要，则可以实现人的理想和目的；若三者失调甚至被破坏，则会产生神经症等异常状态从而破坏人格的发展。

2. 人格动力

弗洛伊德把人看作一个复杂的能量系统，在个体复杂的能量系统中，操纵人格结构独立运转和作用的能量都来自本能(instinct)。各种本能归根到底可分为生本能(life instinct)和死本能(death instinct)。生本能是所有与生命延续有关的能量。死本能是迫切地追求破坏、侵略等一系列毁灭性的行为。当它转向内部时，导致个人的自责，甚至自杀；当它转向外部时，导致对他人的攻击、仇恨、谋杀等。人的全部行为都受无意识的本能的支配。

3. 人格发展

弗洛伊德认为人格的发展和适应都源于本能能量的变化和发展，认为人格是由与生俱来的本能冲动和出生后前几年的早期经验决定的。每个儿童都要经历同样顺序的几个发展阶段，儿童在这些阶段获得的经验决定其人格特征。按利比多能量投注于人体有关部位的变化和发展，把人格发展分为五个时期：口唇期、肛门期、性器期、潜伏期和生殖期。每个时期都伴随着与性有关的特殊矛盾冲突，人格的差异与个人早期发展中性冲突的解决方式有关。如果某一时期的矛盾没有顺利解决，性的需要没有满足或过度满足，儿童就会在以后保持这个时期的某些行为，就可能产生固着（flexation）（指在利比多发展的过程中，应该进入后一个时期的个体，仍然停留在前面的某一阶段，裹足不前的现象）。

弗洛伊德认为，个人的完善和人格的健康，取决于人格各个部分关系的和谐一致，以及个人与现实世界的协调。因此，自我必须调节本我、超我和外界，为满足自我的本能要求而发展和选择机会，但又不违反超我所要求的准则。适应不良的产生源于心理性欲发展阶段的过程中遭遇过多或过少的挫折，导致利比多能力投入不均，因而产生心理疾病。如果挫折适度，人格便循着正常的过程发展。

(二)特质流派

特质心理学家强调人的个别差异和个体的整体功能，假定人格特征具有跨时间和跨情境的稳定性，特质（traits）是持久（具有时间的延续性）而稳定（具有情境一致性）的行为倾向，认为人的差异就在于他们在这些特质维度上表现程度的不同所形成的不同构型。在生活中，我们经常使用诸如"诚实的""聪明的""乐观的"等形容词来描述我们自己或者身边的人。这些形容词能使我们判定个体行为一致性的特点，并且据此预测个体在某一特殊情境中将怎样做出反应。

特质人格理论使用有限的形容词或者形容词维度对个体人格进行描述和测量。主要代表人物是奥尔波特、卡特尔和艾森克。

1. 奥尔波特的特质理论

奥尔波特把特质分为共同特质和个人特质。共同特质是指人在一定程度上都拥有的特质，个人特质是个人独有、代表个人的行为倾向的特质，个体的独特人格主要是由个人特质决定的。

个人特质又分首要特质、中心特质和次要特质。首要特质是一个人最基本的特质，渗透于个人的一切活动之中，影响一个人如何表现出他的基本特征，如特雷莎修女的首要特质是为了他人的利益牺牲自我。但并不是每个人都会表现出这样明显的首要特质，这种特质几乎会影响这个人全部活动的所有方面。中心特质是指一个人的人格的基本方面，它构成个人人格的核心部分，一般可以用5～7个形容词来描述，如诚实、善良、乐观等。次要特质是指一个人的一些表面的且不一定是很稳定的特点，如一些习惯和态度、食物偏好等。

2. 卡特尔的特质理论

卡特尔把人格的"可见部分"称为表面特质，把更基本的人格特质称为根源特质。表面特质是指一些看上去是关联的特征或行为。例如，一个人喜欢跟人打招呼、微笑，看上去有一种友善的特质。根源特质是指行为之间形成一种关联，会起变动，从而成为单一的、独立的人格维度，它是人格结构的最重要部分，控制着个人所有的惯常行为。例如，一个学生在不同的学科都取得好成绩，这种表面特质可以归于一种独立的根源特质——聪慧性。因此，表面特质是根源特质的表现，根源特质是表面特质的原因；每一种表面特质都来自一种或几种根源特质，而一种根源特质可以影响多种表面特质。卡特尔通过大量表面特质进行分析，得出了16个根源特质，并编制出16种人格因素问卷，简称16PF。

3. 艾森克的人格维度理论

英国心理学家艾森克从特质理论出发，将因素分析法和传统的实验心理学方法相结合长期研究人格问题，并把研究兴趣从特质转向维度，从而确定了自己的人格理论。他借助维度的概念来描述人格的个体差异，对人格的类型加以划分。根据内倾—外倾和情绪稳定—不稳定这两个基本的人格维度，可以把人分成四种类型：稳定内倾型、稳定外倾型、不稳定内倾型和不稳定外倾型。为了解释心理异常者的人格，艾森克增加了第三个维度——精神病倾向。但这并非是独立于原来的两个维度之外的：个性内向而又情绪不稳定的人，其精神病倾向的可能性较高。在此基础上，艾森克根据外倾性（extraversion）、神经质（neuroticism）和精神质（psychoticism）三个维度编制了艾森克人格问卷（EPQ）。

第二节 人格的结构

人格具有复杂的结构，主要包括人格的倾向性、人格心理特征（气质、性格、能力）、认知风格、自我调控系统等方面。人格各个结构上的差异，也就形成了千差万别的人格。

一、人格的倾向性

人格倾向性是指一个人对现实的态度和行为倾向。它是人格结构当中的动机系统，是人进行活动的基本动力。它决定着人对现实的态度，决定着人对认识活动的对象的趋向和选择。它是人格结构中最活跃的成分。人格的倾向性一般包括需要、动机、兴趣、理想、信念和世界观等。这些成分之间并不是彼此孤立的，而是相互影响、相互制约的。其中，需要是最基本的人格倾向，是形成其他人格倾向的基础。世界观居于最高层次，它决定着一个人的总的思想倾向，是人们言论和行动的总动力。

(一)需要

1. 需要的概念

需要是指人对某种目标的渴求和渴望。需要是人类对维持其个体生命及种族延续所必需的条件和相应社会生活的反应。人的一切活动都是为了满足需要。一种需要满足了，另一种需要随即成为下一个满足对象，这种现象表明，需要在人的一生中，始终具有动力性的特征。

需要又是个性倾向性的基础，是人活动的基本动力，它常常以多种多样的形式，如动机、兴趣和信念等形式被反映出来。

2. 需要的分类

需要可从需要的起源和需要的对象两个角度进行分类。

(1)生理需要和社会需要。从需要的起源划分，可把需要分为生理需要和社会需要。

生理需要是为保存和维持有机体生命和种族延续所必需的。包括：维持有机体内平衡的需要，如对饮食、运动、睡眠等的需要；回避伤害的需要，如对有害或危险的情景的回避等的需要。生理需要是生而有之的，人与动物都存在，但人与动物表现在生理上的需要是有本质区别的。马克思曾说："饥饿总是饥饿，但是用刀叉吃熟肉来解除的饥饿不同于用手、指甲和牙齿啃生肉来解除饥饿。"可见人的生理需要已被深深地烙上社会的痕迹，已不是纯粹的本能驱动。

社会需要是使人们为了提高自己的物质和文化生活水平而产生社会性需要。包括对知识、劳动、艺术创作的需要；对人际交往、尊重、道德、名誉地位、友谊和爱情的需要；对娱乐消遣、享受的需要等。它是人特有的在社会生活实践中产生和发展起来的高级需要。人的社会需要因受社会的背景和文化意识形态的影响而有显著的个别差异。

(2)物质需要和精神需要。按需要的对象划分，需要包括物质需要和精神需要。

物质需要是指人对物质对象的需求，包括对衣、食、住有关物品的需要，对工具和日常生活用品的需要。物质需要是一种反映人的活动对于物质文明产品的依赖性的心理状态。因此，物质需要既包括生理需要又包括社会需要。

精神需要是指人对社会精神生活及其产品的需求，包括对知识的需要、对文化艺术的需要、对审美与道德的需要等。这些需要既是精神需要又是社会需要。

对需要的分类只具有相对的意义。如为了满足求知的精神需要就离不开对书、笔等学习工具的物质需要；对食物的需要虽然是生理需要，但其对象的性质又是物质的。因此不同种类的需要之间是既有区别又密切联系的。

(二)动机

1. 动机的概念

俗话说，"火车跑得快，全靠车头带"。如果没有车头给予的动力和方向引导，那么火车也就无从谈起，车厢也不会跑起来。反观每个人的行为，人们为什么会对某些事物有兴趣，而对另一些事物没有兴趣？是什么力量使人们在十分艰苦的条件下，仍然继续坚持学习和工作？这些都是研究动机需要探讨的问题。那什么是动机呢？心理学家认为，动机是激发个体行为，并使这种行为指向某一特定目的的内部动力。根据这一概念，若要理解人们的某种行为，就需要理解行为的动机是什么。

2. 动机的功能

(1)激活功能。激活功能即动机会促使人产生某种活动。在日常生活中，动机会激发人们产生某种行为活动，使人从某种状态转入另一种状态。比如，持续的活动状态会让人转入休息或睡眠状态，而一定的休息或睡眠之后，人们又会转入活动状态。如为了不饥饿而产生择食活动，为了获得优秀成绩而努力学习，为了取得他人赞扬而勤奋工作，为了摆脱孤独而结交朋友等。无论是从活动状态转入睡眠状态，还是从睡眠状态转入活动状态，都是在动机的激活和引导下产生的行为反应，正是这些行为反应，让人们从紧张转入平衡，并从平衡状态转入新的需求紧张状态中。

(2)指向功能。指向功能即在动机的作用下，人的行为将指向某一目标。如在学习动机的支配下，人们可能去图书馆或教室；在休息动机的支配下，人们可能去电影院、公园或娱乐场所。在成就动机的驱使下，人们会主动选择具有挑战性的任务等。可见动机不一样，个体活动的方向和所追求的目标也是不一样的。因此，对于行为而言，动机具有指向功能，能够使行为朝向特定的目的。

(3)维持和调节功能。维持和调节功能即当活动产生以后，动机可以维持和调整活动。动机具有维持功能，它表现为行为的坚持性，当动机激发个体的某种活动后，这种活动能否坚持下去，同样要受动机的调节和支配。动机的维持作用，是由个体的活动与他所预期的目标的一致程度来决定的。当活动指向个体所追求的目标时，这种活动就会在相应动机的维持下继续下去；相反，当活动背离了个体所追求的目标时，进行这种活动的积极性就会降低或者完全停止下来。当目标受到挫折，成功的机会很小时，一个人也会坚持某种行为，这是由于他的长远信念起着决定性的作用。

3. 动机的来源

人的某种行为，可能是因为生理的需求而诱发，也有可能是由外部的某种刺激所引起。一般而言，动机的来源可能是内在的，也可能是外在的。即动机的来源可能是内部因素，也可能是外部因素。

(1)动机的内部来源。动机的内部来源为内驱力。所谓内驱力，是一种内部状态，是消除心理紧张，维持平衡的状态。赫尔(C. Hull)认为，内驱力是行为产生的一个重要原因。当个体感到饥饿，生理的需求就会导致心理的紧张，而这种紧张就会激发内驱力，引导觅食行为。当获得了食物，并通过饮食消除了饥饿，心理紧张随之消除，内驱力得到缓解，觅食的行为也会终止。

(2)动机的外部来源。动机的外部来源主要是诱因。诱因是驱使有机体产生一定行为的外部因素。例如，一位漂亮姑娘的微笑可能让一个陌生的男青年更加卖力地工作；给孩子一个小奖品，就会让他把碗里的最后一粒饭也吃得干干净净。实际上，任何刺激都有可能成为引发行为的诱因，激发人们的行为。

(三)兴趣

兴趣是个体积极探究事物的认识倾向。它使人对某些事物给予优先注意，积极地探索，并且带有积极的情绪色彩。兴趣是在需要的基础上产生和发展的。需要的对象也就是兴趣的对象。兴趣与认识、情感密切联系。如果个体对某个事物没有认识，就不会产生相应的情感，因而不会对它发生兴趣。反过来，认识越深刻，情感越丰富，兴趣也就会越浓厚。

二、人格的心理特征

人格的心理特征是个体身上经常表现出来的、稳固的心理特点，它集中反映个人精神面貌和心理生活的特殊性与典型差异性，是人们在心理方面的类型差异与特质区别。主要包括气质、性格和能力。

(一)气质

1. 气质的概念

心理学讲的"气质"专指一个人心理活动的动力特征，表现在心理活动的强度、速度、灵活性与指向性等方面的一种典型的、稳定的心理特征。气质是个体与生俱来的，表现在人的心理活动和行为中，是显露在外的动力特点，可以理解为我们平时所说的脾气、秉性。

(1)气质是个体心理活动和行为的动力特征。气质是表现在心理活动的速度、强度、稳定性、指向性方面的动力特征。在心理活动的速度方面，主要表现为一个人的感知觉速度、情绪和思维的快慢等，在心理活动的强度方面，主要表现在情绪反应的强弱、毅力的大小等，而把注意持续时间的长短、情绪起伏变化等则归结为稳定性方面的特点，把心理活动倾向于外部事物还是倾向于自身内部归结为指向性方面的特点。气质的这些动力特征使得人的全部心理活动染上了个人独特的色彩。

（2）气质是具有先天性的心理特征。气质是由生理特点决定的，这种先天的生理特点构成了人的气质的最初基础。在婴儿生命的最初几星期内，对刺激的敏感度、对新事物的反应等就有明显的差异，如有的婴儿好哭、好动，有的婴儿安静、很少哭闹；就是同为哭叫，在声音大小、急缓和持续时间上也各有不同。研究表明，年龄越小，气质的表现越明显，气质的特征也越清楚。由于气质较多地依赖于先天因素，因此，气质在个性中具有较大的稳定性，人们通常所说的"禀性难移"就是指气质的稳定性与难以改变。研究结果发现，同卵双生子在某些气质特征方面比异卵双生子表现出更大的相似性，也说明了气质与遗传的密切关系。

（3）气质无好坏之分。气质是人的天性，受神经系统活动过程的特质所制约，并无好坏之分，气质不能决定一个人的社会价值，与人的道德品质也无必然联系。气质影响个体活动的各个方面，具有某种气质特征的人，在内容完全不同的活动中显示出同样性质的动力特点。相同的气质类型，既可能成为品德高尚、有益于社会的人，也可能成为道德败坏、有害于社会的人。气质不能决定一个人的成就，任何气质的人，既可能在不同实践领域中取得成就，也可能成为碌碌无为的人。

2. 气质的类型

气质类型是指在某一类人身上共同具有的各种心理特征的有规律的组合，也就是依据某些心理特征对人的气质所做的分类。

人的气质特点千差万别。为了便于研究，心理学上比较常见和流行的是根据上述心理特征在具体人身上的不同结合，将人们的气质划分为不同类型。人们在传统上把气质分成多血质、黏液质、胆汁质和抑郁质四种类型。

（1）多血质。多血质又称活泼型，属于敏捷好动的类型。这种气质类型具有很强的耐受性、兴奋性、敏捷性和可塑性，反应速度快，感受性较弱。在行为上，这种气质类型的人热情、活泼、敏捷、精力充沛，适应能力强，善于交际，常能机智地摆脱窘境。他们肯动脑筋，主意多，常表现出机敏的工作能力和较高的办事效率，对外界事物有广泛的兴趣，个性具有明显的外向性。然而，他们情绪不够稳定，容易受感情支配且感情也不深刻，兴趣和意向也不稳定。

在良好教育下，多血质的人可以培养出对学习、劳动、社会生活积极主动的态度；在不良教育下，他们可能表现出轻率、疏忽大意、散漫以及对自己的能力评价过高等不良行为和态度。

(2)黏液质。黏液质又称安静型,属缄默而沉静的类型。这种气质类型感受性弱,敏捷性、可塑性、兴奋性也弱,唯有耐受性强。这种气质类型的人行为表现为缓慢、沉着、镇静、有自制力、有耐心、刻板、内向。他们不易接受新生事物,不能迅速地适应变化了的环境,与人交往适度,情绪平稳。

在正确教育下,黏液质的人容易形成勤勉、实事求是、坚毅等特性;在不良影响下,他们则可能发展为萎靡、迟钝、消极、怠惰以及对人甚至对自己都漠不关心、冷淡顽固等不良品质。

(3)胆汁质。胆汁质又称不可遏止型,属于兴奋而热烈的类型。这种气质类型的人感受性较弱,耐受性、敏捷性、可塑性均强,兴奋比抑制占优势,外向;行为表现常常是反应迅速、行为敏捷,在言语、表情、姿态上都有一种强烈的热情,在克服困难上有坚韧不拔的劲头。

在正确教育下,他们可能具备坚强的毅力、主动性、热情和独创精神;在不良环境影响下,他们可能出现缺乏自制、粗暴、急躁、易生气、爱激动等不良品质。

(4)抑郁质。抑郁质又称弱型,属呆板而羞涩的类型。这种气质类型的人感受性很强,往往为一点微不足道的事而动感情,耐受性、敏捷性、可塑性、兴奋性也都很弱。他们的行为表现为孤僻,避免同陌生的、刚认识的人交往。在新的情况下,他们容易惶惑不安,在强烈和紧张的情形下容易疲劳,在熟悉的环境下表现很安静,动作迟缓、软弱。他们具有高度情绪易感性,情绪体验方式少,但体验深刻、强烈而持久且不显露。

抑郁质的学生在顺利的环境中,在友爱的集体里,可以表现出温顺、委婉、细致、敏感、坚定,能克服困难,富有同情心等优良品质;在不利条件下,可能表现出伤感、沮丧、忧郁、神经过敏、深沉、悲观、怯懦、孤僻、优柔寡断等不良品质。他们常常会病态地体验到各种委屈的情绪。

在现实生活中,只有少数人是上述四种气质类型的典型代表或两种以上类型的混合型,大多数人是近乎某种气质,同时又具有其他气质的某些特征,属于两种类型混合型或过渡型气质。气质类型没有好坏之分,任何一种气质类型都能表现为积极的心理特征,也能表现出消极的心理特征。例如,黏液质的人冷静、沉着、自制、踏实,但如果缺乏适当的教育可能导致对生活漠然处之的倾向;多血质的人灵活，反应快，容易适应环境，但缺乏适当的教育有可能导致肤浅、注意力不稳定等。

(二)性格

1. 性格的概念

性格一词源出于希腊文(character)，意为雕刻的痕迹或戳记的痕迹，后来转意为"标记""特征"，意指由外界环境所造成的、深层的、固定的个性结构。性格是一种与社会相关最密切的人格特征，是在后天社会环境中逐渐形成的，在性格中包含有许多社会道德内涵，它能最直接地反映出一个人的道德风貌。性格也是人与人之间相互区别的主要方面，人与人之间的差异，最鲜明地体现在他们具有不同的性格上，可以说，性格是个性最鲜明的表现。性格是人对现实的稳定的态度和与之相适应的习惯化了的行为方式。

(1)性格是人格中具有核心意义的部分。人格作为一种整体结构包含着许多方面的特征，这些特征都在性格中表现出来，人们的意识倾向、能力和气质类型等各有不同，这些心理特征在一个人身上的有机结合，能体现出个人的独特风格，表征着人格的个别差异。由于一个人在对待事物的态度和行为方式中总是表现出某种稳定的倾向，那么我们便能预见他在某种情况下将会如何行动。所以说，一个人的性格不只说明他做什么，也说明他如何做。而且，性格也与人的认识、情感和意志密切相关，能反映个体这些心理过程的特点。所以说，性格是一种最能表征人格差异的心理特征，是人格的集中表现和核心。

(2)人的性格是后天形成的，具有相对的稳定性。性格是在一定的社会历史条件下，个体的长期生活中逐渐形成的，社会生活、外在环境对个体的生活不断影响，从而通过人的认识、情感、意志过程逐渐地形成一定的态度体系，并以一定的形式调整着行为方式。如果其中某些反应已经巩固起来，成为他经常采取的态度和与之相应的行为方式，这就标志着这个人的性格特点。因为现实生活是十分复杂的，个体生活中经历的重大事件会给性格打上深深的痕迹，性格形成后就具有一定的稳定性。但是，这并不排斥性格的可变性，环境和个人境遇的重大变化也会在一定程度上改变个体的性格。

(3)性格有好坏之分。性格是现实社会关系在人脑中的外在反映，具有社会制约性。性格的社会制约性有两种表现：其一，直接属于道德品质的性格特征，如公而忘私、与人为善，或损人利己、冷酷无情等，这些特征明显地表现出社会道德评价的意义。其二，有一些性格品质，如自尊心、虚荣心、谦虚、傲慢等，虽然不直接和道德品质相关联，但它们往往从属于个人的道德品质，也影响到人与人之间的关系，因此，它们也要受到社会道德舆论的好坏评价。

2. 性格的结构特征

性格包含不同侧面，是由各种不同的心理特性构成的。心理学中普遍认为，人的性格结构特征有以下几方面。

(1)对现实的态度的性格特征。表现在个体对待客观现实的态度，这是性格的最重要的组成部分。

①对他人、集体、社会的态度特征。表现在这方面的性格特征主要有忠诚、大公无私、富于同情心、诚实、正直、有礼貌等；与此相对立的性格特征如漠不关心、自私、孤僻、虚伪等。

②对学习、工作、劳动和劳动产品的态度特征。表现在这方面的性格特征主要有勤劳或懒惰、责任心或粗心大意、认真或马虎、首创精神或墨守成规、节约或浮华等。

③对自己的态度特征。表现在这方面的性格特征主要有谦虚谨慎、自尊、自信、自律以及与之相对的骄傲、自卑、自弃、大方或羞怯等。

(2)性格的意志特征。表现在个体意志活动中的性格特征。

①对行为目标明确程度的特征，主要有目的性或冲动性、独立性或易受暗示性、有组织纪律性或放纵性等。

②对行为自觉控制水平的特征，如主动性和自制力等。

③在紧急状态或困难情况下表现的意志，主要有勇敢、果断、镇定和顽强等。

④对自己做出的决定贯彻执行方面的特征，如有恒心、坚韧性、执拗、顽固性等。

(3)性格的情绪特征。表现在个体情绪情感活动中的性格特征。

①强度特征。表现为一个人的行为受情绪感染和支配的程度以及情绪受意志控制的程度。例如，有的人情绪情感体验比较强烈，一经引起，难以用自己的意志加以控制；有的人情绪情感体验比较微弱，总能保持平静，易于用意志控制自我情绪情感。

②稳定性。表现为一个人的情绪波动幅度的大小。例如，有的人情绪容易波动，起伏程度大；有的人情绪一直比较平静，自我控制强，不易看出起伏波动。

③持续性。表现为情绪活动持续时间的长短以及影响身体、工作、生活的久暂程度。例如，有的人情绪活动维持时间短，稍纵即逝，不着痕迹；有的人情绪活动持续时间长，对自我心理影响较深。

④主导心境。情绪对人的身心稳定而持久的影响即形成心境状态。心境状态在不同人身上有显著差异性，因此，每个人都具有主导心境。例如，有的人总是心境开朗，振奋快乐；有的人则多愁善感，抑郁沉闷。

(4)性格的理智特征。表现在个体感知、记忆、思维等认识活动中的性格特征，主要指人在感知、记忆、想象和思维等认识过程中表现出来的认知特点和风格的个体差异。

①感知方面。有主动与被动、详细与概括、记录型和解释型等。

②记忆方面。有主动记忆与被动记忆、形象记忆与逻辑记忆以及记忆的快慢、保持得是否持久。

③思维方面。有独立型与依赖型、分析型与综合型。

④想象方面。有广阔与狭隘、丰富与贫乏、幻想与现实，主动与被动等。

3. 性格的类型

性格类型是指一类人身上所共有的性格特征的独特结合。这种结合使一类人的性格明显区别于另一类人的性格。常见的分类有以下几种。

(1)根据人格特征与职业选择的关系划分。美国职业指导专家霍兰德(J. L. Holland)根据人格特征与职业选择的关系把人的性格划分为六种类型：①现实型：这种人重物质和实际的利益，不重视社交；遵守规则，喜安定，但缺乏洞察力；希望有一个有明确要求，能按一定程序进行操作的职业。②研究型：好奇心强，重分析，处事慎重，愿意从事有观察、有科学分析的、创造性的工作。③艺术型：想象力丰富，有理想，好独创，喜欢从事无序的、自由的活动。④社会型：乐于助人，善社交，重友谊，责任感强，愿意从事教育、医疗等方面的工作。⑤企业型：有冒险精神，自信而精力旺盛，喜欢支配别人，遇事有自己的见解，愿意选择从事组织和领导工作。⑥常规型：易顺从，能自我抑制，想象力差，喜欢有秩序的环境，对重复性的、习惯性的如出纳员、仓库管理员等工作感兴趣。

(2)根据个体心理活动的倾向划分。瑞士心理学家荣格以心理能量流动的方向,也就是个体心理活动倾向于外部或倾向于内部来确定性格类型。外倾型人注意和兴趣倾向于外部世界,感情外露,自由奔放,当机立断,不拘小节,独立性强,开朗、活泼,善于交际,活动能力强,但也有轻率的一面;内倾型人注意和兴趣集中于内部世界,富于想象,处事谨慎,深思熟虑,顾虑多、缺乏实际行动,交际面窄,孤僻,适应环境比较困难。但多数人属于中间型。

(3)根据个体独立性的程度划分。西方一些心理学家依据场的理论,把人分成场依存性和场独立性两种。前者也叫顺从型,后者又称独立型。这两种类型的人是按照两种对立的信息加工方式进行工作的。顺从型的人倾向于以外在参照物作为信息加工的依据,易受附加物的干扰,易受暗示,不加批判地接受别人的意见并照办,也不善于适应紧急情况,独立性差,没有主见。独立型的人不易受外来事物的干扰,独立性较强,有坚定的个人信念,喜欢把自己意志强加于人,在紧急情况下不惊慌失措,善于独立地发现问题、分析问题和解决问题,实践中不易受外界事物的影响,能独立发挥自己的力量。

(三)能力

1. 能力的概念

能力是指个体顺利地完成某种活动所必备的直接影响活动效率的心理特征。

能力和活动是紧密联系的。个体的能力是在活动中形成、发展起来的,并在活动中得以表现。不过,个体在活动中表现出来的所有心理特征并非都是能力。如认真、急躁等对活动任务的完成可能会产生一定的影响,但它们却不是完成活动必需的心理特征,而观察敏锐、记忆准确、思维灵活等特征对于完成活动才是最必需的心理特征。若缺乏这些心理特征,个体就难以顺利完成活动任务。可见,能力是直接影响活动效率、完成活动必需的心理特征。

为成功地完成某种活动,多种能力的完备结合称为才能。比如教师要很好地完成教学活动,仅有良好的口头语言表达能力是不够的,还需要有准确的记忆能力、敏锐的观察能力、严谨的逻辑思维能力、整洁的板书能力以及课堂监控能力等。只有这些能力密切结合,才能保证教学活动得以顺利完成。如果一个人在某一方面或者某些方面有杰出的才能,这个人就被称为天才。天才并非天生之才,它是在良好素质的基础上,通过后天教育、环境的影响,加上个体的主观努力发展起来的。

美国哈佛大学教授、著名心理学家加德纳（Howard Gardner）提出的多元智力理论，打破传统的将智力看作是以语言能力和逻辑—数理能力为核心的整合的能力的认识。他在 1983 年出版的《心智的结构》（Frames of Mind）一书中提出了新的智力定义，即"智力是在某种社会或文化环境的价值标准下，个体用以解决自己遇到的真正的难题或生产及创造出有效产品所需要的能力"。据此，加德纳提出了关于智力及其性质和结构的新理论即多元智力理论。

加德纳认为，人类拥有七种智力：①言语—语言智力，表现为个体顺利而高效地利用语言描述事件、表达思想并与人交流的能力，即听、说、读、写的能力。②音乐—节奏智力，表现为个体对节奏、音调、音色和旋律的敏感以及通过音乐表达自己思想和情感的能力，即感受、辨别、记忆、改变和表达音乐的能力。③逻辑—数理智力，表现为个体对事物间各种关系（如类比、对比、因果和逻辑等关系）的敏感以及通过数理运算和逻辑推理等进行思维的能力。④视觉—空间智力，表现为个体对线条、形状、结构、色彩和空间关系的敏感以及通过平面图形和立体造型将它们表现出来的能力。⑤身体—动觉智力，表现为个体控制身体动作、对事件做出身体反应以及利用身体语言等表达自己思想和情感的能力。⑥自知—自省智力，表现为个体意识自身的情绪、欲望、个性等并在自我评价的基础上形成自尊、自律和自制的能力。⑦交流—交往智力，表现为个体觉察他人情绪、欲望和意图并能据此做出适宜反应的与人相处和交往的能力。1998年，加德纳又补充了第八种智力，即认识自然、适应世界的能力。

2. 能力的分类

（1）一般能力和特殊能力。根据能力所表现的活动领域不同，可分为一般能力和特殊能力。一般能力又称为智力，指在不同种类活动中所共同需要的能力，包括观察力、记忆力、抽象概括力、想象力、创造力等都是一般能力，而抽象概括力是一般能力的核心，创造能力是智力的高级表现形式。

特殊能力又称专门能力，指个体完成某种专业活动所必备的能力，如数学能力、音乐能力、体育能力、绘画能力等。它只在特殊活动领域内发挥作用，是完成有关活动必不可少的能力。

一般能力和特殊能力是不可分割的统一整体。一般能力是特殊能力形成和发展的基础，一般能力的良好发展，为特殊能力的发展创造了有利的条件；同时，在各种活动中,特殊能力的发展有助于一般能力的发展。

(2)模仿能力和创造能力。根据活动中能力的创造性程度的大小不同,可分为模仿能力和创造能力。模仿能力是指人们通过观察别人的行为和活动来学习各种知识技能,然后以相同的方式做出反应的能力,它是人和动物的很重要的一种学习能力。例如,学画、习字时的临摹,儿童模仿父母的说话、表情等。美国心理学家班杜拉认为,模仿是人们彼此之间相互影响的重要方式,是学习必备的一种能力。模仿能力是个体早期获得知识技能的重要方式。

创造能力是指产生新思想、提出新发现和创造新事物的能力。例如,文学创作、技术革新、方法改进等都富含创造能力。它有两种表现形式,一是发明,二是发现。发明是制造新事物,例如瓦特发明蒸汽机,鲁班发明锯子。发现是找出本来就存在但尚未被人了解的事物和规律,例如,马克思发现剩余价值规律,门捷列夫发现元素周期律等。创造能力是成功完成某种创造性活动所必需的条件。

(3)认知能力与元认知能力。根据认知活动的对象不同,可分为认识能力与元认知能力。认知能力是指个体接收信息、加工信息和运用信息的能力,表现在人对客观世界的认识活动中。它是掌握知识、完成各种活动所必备的最基本、最重要的心理条件。元认知能力是指个体对自己的认知过程进行认识的能力,表现为人对内心正在发生的认知活动的认识、体验和监控。包括个体怎样评价自己的认知活动、怎样集中注意力、怎样判断目标等。

3. 能力的测量

能力具有可测量的特性,人的能力高低及差异从一定程度上可以用数量加以权衡。能力测验对于鉴别学生能力差异,评定能力高低,预测未来发展,指导职业选择,因材施教和社会上选才任事都具有极大的价值。测量能力的工具是按照标准化程序所编制的各种能力测验,可分为一般能力测验、特殊能力测验和创造力测验。

(1)一般能力测验。一般能力测验即智力测验。这是目前世界各国普遍流行的一种测验。智力测验是用标准化测量工具评定个人智力的高低。1905年,受法国政府聘请,根据鉴定低能儿童的需要,比纳(A. Binet)和西蒙(H. A. Simon)编制了世界上第一个智力量表,即比纳—西蒙智力量表。该量表问世后,许多国家将其译成本国文字并加以修订。比纳测验的关键意义在于把智力水平量值化。目前西方国家使用最广泛的有斯坦福—比纳智力量表和韦克斯勒智力量表。

　　斯坦福—比纳智力量表是美国斯坦福大学心理学家推孟(L. M. Terman)在1916年主持修订由比纳—西蒙智力量表编制而成的用于测验儿童智力水平的智力量表。此量表经多次修订，成为国际上最有影响的智力量表。这个量表是一个年龄量表，它以年龄为测验标尺，分年龄组编定条目，每个年龄组都有六个条目，每个条目代表两个月的智力。起初，斯比量表沿用比纳创造的智力年龄(心理年龄)表示儿童智力发展水平。由于智力年龄只能说明儿童智力发展的绝对水平，但不能表示智力发展的相对水平，为了清楚地表示儿童智力年龄与实际年龄之间的关系，便于不同年龄儿童智力发展水平的比较，推孟首次采用了斯特恩(W. Stern)提出的智力商数概念，用智力商数表示智力高低。智力商数或简称智商(Intelligence Quotient，简称 IQ)，是指个人通过测验得到的心理年龄(MA)除以实际年龄(CA)所得商数，再乘以100。

　　其计算公式为：智商(IQ)＝智力年龄(MA)÷实际年龄(CA)×100

　　若一个8岁儿童，通过9岁组全部测验条目，其智力年龄为9岁，这个儿童的智商为 $9 \div 8 \times 100 = 113$。商数乘以100是为了去掉小数，以整数表示人的智商。智商是智力年龄与实际年龄的比值，因而称为比率智商。

　　韦克斯勒智力量表是美国心理学家韦克斯勒(D. Wechsler)从1939年起编制的较完整、具有各年龄代表性的智力量表。该量表包括三种：韦氏成人智力量表(简称 WAIS)、韦氏儿童智力量表(简称 WISC)和韦氏学前儿童智力量表(简称 WPPSI)。韦氏三种版本的量表都有言语和操作两个分量表。韦氏智力量表的适用年龄从幼年到老年，是西方国家最常用的智力量表。该量表废弃了智力年龄概念，首创并采用了离差智商。

　　离差智商是根据标准分数计算出来的智商，即指一个人的成绩和同年龄组被试的平均成绩比较而得出的相对分数。韦氏假定，人们的智商是以平均数为100和标准差为15正态分布的。离差智商的计算公式是：$IQ = 15(X - M)/S + 100$。其中，X 代表个体测验得分，M 代表团体平均分数，S 代表团体分数的标准差。$(X - M)/S$ 代表标准分数，是一种以标准差为单位的相对量数。假定某年龄组的平均分为75，甲生测验得分85，标准差为10，那么其 IQ 是115。用离差智商表示智力高低，可以确定一个人的智力在同龄人中的相对位置。

　　(2)特殊能力测验。特殊能力测验主要用于测量个体某方面特有的职业活动能力和潜在能力。心理学家们在分析研究的基础上，根据特殊活动所要求的心理特征，列出测验项目，进行测验设计，编制出了许多特殊能力测验，如音乐能力测验、数学能力测验、美术能力测验、飞行能力测验、文书能力测验、机械能力测验等。特殊能力测验可为职业选择、就职人员选拔和安置、特殊能力早期诊断提供有益指导。

（3）创造能力测验。创造能力测验主要用于测量人的求异思维水平，了解思维的流畅性、变通性和独创性。许多心理学家着手编制了侧重测量人的发散思维的创造能力测验，主要有芝加哥大学创造力测验、托兰斯创造思维测验和南加利福尼亚大学发散思维测验等。创造能力测验的题目多属于开放型，以 1962 年盖茨尔斯和杰克逊（Getzels & Jackson）设计的一套创造力测验为例，包括词汇联想、物体用途、隐蔽图形、寓言解释和组成问题五个项目。其答案也不固定，一般要求回答得越多越好，且要有新颖性和创造性。尽管创造力测验在评分和测验效度、信度的确定方面有难度，全面测定一个人的创造能力是相当困难的，但创造力测验在一定程度上还是能够预测人的创造成就大小。

三、认知风格

认知风格（cognitive style）是指个体偏爱的信息加工方式。例如，有些学生喜爱听老师讲课，有些学生喜欢自己看书；有些人喜欢与别人讨论，有些人则偏爱自己独立学习。它是人在认知活动中所表现出来的人格特征。研究较多的认知风格是：场独立性与场依存性、冲动型与沉思型、同时型与继时型等。

（一）场独立性与场依存性

场独立（field independence）和场依存（field dependence）这两个概念最初来源于威特金（H. A. Witkin）对知觉的研究。在第二次世界大战期间，他为了研究飞行员怎样利用来自身体内部的线索和视觉见到的外部仪表的线索调整身体的位置，专门设计了一种可以摇摆的座舱，舱内置一座椅。当座舱倾斜时，被试可调整座椅，使身体保持与水平垂直。研究发现，有些被试主要利用来自仪表的视线索，他们不能使自己的身体恢复垂直。另一些人则主要利用来自身体内部的线索，尽管座舱倾斜，他们能使自己身体保持与水平垂直。威特金称前一种人的知觉方式为场依存方式，后一种人的知觉方式为场独立方式。后来的研究发现，场独立与场依存是两种普遍存在的认知方式。

　　这两种类型的人是按照两种对立的信息加工方式进行工作的。两者差异主要表现在人对外部环境（"场"）的依赖程度不同。场独立性的人在加工信息时主要依据内在标准，他们心理分化水平高，独立性较强，有坚定的个人信念，与他人交往时也很能体察入微。场依存性的人在加工信息时主要依据外在参照，独立性差，没有主见，他们的心理分化水平较低，易受附加物的干扰，易受暗示，与别人交往时较能考虑对方的感受。

　　场依存性与场独立性这两种认知风格，与学习有密切关系。一般说来，场依存性者对人文学科和社会学科更感兴趣；而场独立性者在数学与自然科学方面更擅长。所以，在学习中，凡是与学生的认知风格相符合的学科，成绩一般会好些。此外，场依存性者较易于接受别人的暗示，他们学习的努力程度往往受外来因素的影响；而场独立性者在内在动机作用下学习，时常会产生更好的学习效果，尤其明显地表现在数学成绩上。

(二)冲动型与沉思型

　　冲动型与沉思型的差异主要表现在对问题思考的速度上。冲动型认知方式的特点是反应快，但精确性差。这类学生在面对问题时总是急于求成，不能全面细致地分析问题的各种可能性，急于表态，有时还没有弄清楚问题的要求，就急于解题。他们使用的信息加工策略多是整体加工方式，在完成需要做整体性解释的学习任务时，学习成绩会更好些。但是有些学生反应既快又准，则不属于冲动型认知方式，而属于快而正确型认知方式。

　　沉思型认知方式的特点是反应慢，但精确性高。这种学生总是把问题考虑周全以后，再做反应，他们看重的是解决问题的质量，而不是速度。但是当他们回答比较简单的熟悉的问题时，反应也是比较快的。在回答比较复杂的问题时，沉思型的特点表现得更为明显，他们善于在阅读过程中分析、鉴别，更深刻地理解作者的写作意图。沉思型学生使用的信息加工策略多是细节性加工方式，所以他们在完成需要对细节做分析的信息任务时，成绩会更好些。

　　冲动与沉思涉及在很不确定的情境中，个人对自己的解答的有效性的思考程度。其标准是反应时间与精确性。研究表明，大概30%的学前儿童和小学儿童属于冲动型。

(三)同时型与继时型

　　心理学研究表明左脑优势的个体认知风格是继时型的，右脑优势的个体认知风格是同时型的。两者差异表现在解决问题的方式上。继时型认知风格的人，在解决问题时，采用系列加工方式，每一步只考虑一种假设或一种属性，提出的假设在时间上有明显的前后顺序，解决问题的过程像链条一样，环环紧扣，直到找到问题的答案。言语操作、记忆等都属于系列型加工过程。一般来说，女性擅长系列加工的方式。

同时型认知风格的人在解决问题时，采用平行加工的方式，同时考虑多种假设，兼顾解决问题的各种可能性，才能解决好问题。许多数学操作、空间问题的操作都依赖于这种同时型加工方式。

四、自我调控系统

自我调控系统是人格中的内控系统或自控系统，具有自我认知、自我体验、自我控制三个子系统，其作用是对人格的各种成分进行调控，保证人格的完整、统一、和谐。

(一)自我认知

自我认知是对自己的洞察和理解，包括自我观察和自我评价。自我观察是个体对自己的感知、思想和意向等方面的观察；自我评价是对自己的想法、期望、行为及人格特征的判断与评估，这是自我调节的重要条件。如果一个人无法正确地认识自我，只看到自己的不足，觉得处处不如别人，就会产生自卑，丧失信心，做事畏缩不前；相反，如果一个人过高地估计自己，也会骄傲自大、盲目乐观，导致工作的失误。因此，恰当地认识自我，实事求是地评价自己，是自我调节和人格完善的重要前提。

(二)自我体验

自我体验是伴随自我认知而产生的内心体验，是自我意识在情感上的表现。当一个人对自己做积极的评价时，会产生自尊感；做消极的评价时，会产生自卑感。自我体验可以使自我认识转化为信念，进而指导一个人的言行；自我体验还能伴随自我评价，激励适当的行为，抑制不适当的行为。例如，一个人在认识到自己不适当的行为后果时，会产生内疚、羞愧的情绪，进而制止这种行为再次发生。

（三）自我控制

自我控制是自我意识在行为上的表现，是实现自我意识调节的最后环节。当个体认识到某种社会要求后，会力求使自己的行为符合其社会准则，从而激发其自我控制的动机，并付诸行动。自我控制包括自我监控、自我激励、自我教育等成分。

第三节　人格差异与教育

一、影响人格发展的因素

人格是遗传与环境交互作用的结果，是在先天素质的基础上，在后天社会生活实践中，通过家庭、学校、社会环境等因素的影响逐渐形成的。

（一）生物遗传因素

遗传素质是人格形成的自然基础，它为人格的形成和发展提供了可能性。

首先，遗传是人格不可缺少的影响因素；其次，遗传因素对人格的作用程度随人格特质的不同而异。通常在智力、气质这些与生物因素相关较大的特质上，遗传因素的作用较重要；而在价值观、信念、性格等与社会因素关系密切的特质上，后天环境的作用可能更重要；最后，人格的发展是遗传与环境两种因素交互作用的结果。

（二）环境因素

人既具有生物属性，又具有社会属性。人在胚胎状态时，环境因素的影响就开始了，这种影响会在人的一生中持续下去。后天环境的因素是多种多样的，小到家庭因素，大到社会文化因素。这些因素对人格的形成与发展都有重要的影响。主要包括社会环境因素、物理环境因素和家庭环境因素。

1. 社会环境因素

每个人都处在特定的社会文化环境中，社会文化塑造了社会成员的人格特征，使其成员的人格结构朝着相似性的方向发展，从而使不同文化的民族有其固有的民族性格。比如不同的语言、不同的道德理想、不同的价值观念、不同的生活方式等，都会在人的性格上打上不同的烙印，这种相似性具有维系社会稳定的功能，又使得每个人能稳固的"嵌入"在整个文化形态里。

社会文化对个性的影响力因文化而异，社会对顺应的要求越严格，其影响力就越大。影响力的强弱也视其行为的社会意义的大小而异，对于不太具有社会意义的行为，社会容许较大的变异；但对在社会功能上十分重要的行为，就不太容许太大的变异，社会文化的制约作用就越大。但是，若个人极端偏离其社会文化所要求的个性基本特征，不能融入社会文化环境之中，可能就会被视为行为偏差或心理疾病。

2. 自然物理因素

生态环境、气候条件、空间拥挤程度等物理因素都会影响人格的形成与发展。在不同的物理环境中，人可以表现出不同的行为特点。例如，我国南北方因为气候不同，高原、平原、海岸地带由于地势不同，对人的性格形成有很大的影响。北方人往往粗犷、豪迈、外向，南方人往往细腻、含蓄、内向；高山地带的人意志坚毅，海岸地带的人心胸开阔，平原地带的人多克制。自然因素对人的性格的影响带有普遍性，但自然环境对人格发展不起决定作用。例如，不论是高原、平原、海岸，还是北方、南方，都有意志坚毅、善于克制、含蓄内向、粗犷豪爽的人。

3. 家庭环境因素

研究人格的家庭成因，重点在于探讨家庭的差异（包括家庭结构、经济条件、居住环境、家庭氛围等）和不同的教养方式对人格发展和人格差异具有不同的影响。父母的教养方式对儿童的人格发展有着很重要的影响，父母的教养方式又分为三种类型。①放纵型：父母对孩子的教育有时出现失控的状态。在这种家庭环境中成长的孩子多表现为任性、幼稚、自私、野蛮、无礼、独立性差、唯我独尊、蛮横胡闹等。②民主型：父母与孩子在家庭中处于一种平等和谐的氛围当中，父母尊重孩子，给孩子一定的自主权和积极正确的指导。④权威型：父母在子女的教育中干涉过多，孩子的一切都由父母来控制。在这种环境下成长的孩子容易形成消极、被动、依赖、服从、懦弱的人格特征，做事缺乏主动性，甚至会形成不诚实的人格特征。这三种类型中，民主型的父母教养下的儿童最成熟、自信、有能力。家庭是"人类性格的工厂"，它塑造了人们不同的人格特质。

（三）学校教育因素

学校是人格社会化的主要场所，在学龄儿童人格的形成与发展中具有重要作用。学生通过课堂教育接受系统的科学知识，形成科学的世界观，通过学习还可以形成与发展学生的坚持性、主动性等优良的人格特征；教师对学生的人格发展具有导向作用，教师要通过各种教育教学活动，塑造学生的人格特征；同时教师又是学生学习的榜样，教师的言行、师生关系、教师的管教方式、教师的期望和态度等对学生的人格同样产生很多的影响。而同伴群体对人格发展具有"弃恶扬善"的作用。此外，学校的校园环境、校风、班风等，都会潜移默化地影响学生人格的发展。

(四)自我调控因素

人格的自我调控系统是人格发展的内部因素，它能够对人格的各个成分进行调控，保证人格的完整统一与和谐。遗传、环境和教育的影响只是人格形成和发展的外因，在相同的环境和教育条件下，由于人们对待环境教育的态度不同，形成的个性也不一样。社会上各种影响因素，首先要为个人接受和理解，才能转化为个体的需要、动机和兴趣，才能推动它去思考与行动。另外，个体已有的心理发展水平对人格特征形成的作用会随着年龄的增加而日益增强。所以，学校和家庭对学生施加的影响，要注意结合和培养学生内在的因素。

在人格的形成过程中，各个因素对人格的形成与发展起到了不同的作用。遗传决定了人格发展的可能性，环境决定了人格发展的现实性，其中教育起关键作用，自我调控系统是人格发展的内部决定因素。

二、人格差异与教育

世界上没有人格完全相同的两个人。教师只有了解学生的人格差异，才能采取合适而有针对性的教育方法，做到扬长避短，因材施教。

(一)认知风格差异与教育

认知方式没有好坏优劣之分，只是表现为学生对信息加工方式的某种偏爱，主要影响学生的学习方式及学习偏好。比如，场独立性的学生，往往在数学和自然科学的学习中胜过场依存性的学生。这是因为数学与自然科学需要独立思考，不需要对社会关系很敏感。所以在专业选择上，场独立性的学生倾向于选修数学、自然科学和工程，而场依存性的学生倾向于选修人文科学、社会科学和教育科学。场独立性与场依存性的学生也对教学有不同偏好。场独立性的学生易于给无结构的材料提供结构，他们比较易于适应结构不严密的教学方法。反之，场依存性的学生喜欢有严密结构的教学，因为他们需要教师提供外来的结构，他们更需要教师的明确指导和讲授。

所有这些认知差异表明，我们必须根据学生认知差异的特点与作用，不断改革教学，努力因材施教。首先，应该创造适应学生认知差异的教学组织形式；其次，采用适应认知差异的教学方式；最后，运用适应认知差异的教学手段。例如，为了帮助冲动型儿童克服他们的缺点，心理学家着手创造一些训练方法，对他们的不良认知方式进行纠正。研究表明，单纯提醒儿童，要他们慢一些做出反应，对他们并无帮助。但通过教他们具体分析、比较材料的构成成分，注意并分析视觉刺激，对克服他们的冲动型认知行为较为有效。也有人通过训练冲动型儿童大声说出自己解决问题的过程，进行自我指导，当获得连续的成功以后，由大声自我指导变成轻声低语，而后变成默默自语。目的是训练冲动而又粗心的学生，使之有条不紊地、细心地进行学习和解决问题。

(二)气质差异与教育

气质没有好坏之分。在教育中，改变气质实际上是不可能的，也是没有意义的。任何一种气质类型都能表现出积极的心理特征，也能表现出消极的心理特征，教育者的任务就是找到适合受教育者气质特点的最佳道路、形式和方法。教师要了解学生的气质类型和特点，做到"一把钥匙开一把锁"。教师要尊重每一个学生的气质特点，才可能使教育和教学工作收到预期的效果。

尽管气质不能决定个人的成就，但不同气质的学生在学习和行为表现方面存在着差异。对不同气质类型的孩子，什么样的环境和教学方法更适合呢？根据托马斯等人提出的"良好适应模型"，孩子在学校的表现，取决于学校环境对这个孩子的期望和要求与孩子的"能力、特性、行为风格"的匹配。虽然不能改变孩子的气质，但我们可以采用适合其气质特点的学习风格。例如，一个容易分心、集中注意力差的多血质孩子，不能让他完成需要长时间集中注意的任务，而是将任务分成几步，让他分步完成。教师可以允许那些行动迟缓的黏液质儿童用低于全班平均水平的速度完成作业。研究表明，如果教师调整自己的教学风格，使之与孩子的气质匹配，能改善学习成绩，建立儿童良好的自我价值感。

对不同气质类型的学生，教育方法和发展目标也不同。如对胆汁质的学生，要讲明道理，耐心说服，不能简单粗暴，应重点培养其做事要持之以恒、自制镇静的品质；对多血质的学生，要注意严格要求，养成做事有计划、有目标的习惯，养成认真踏实的作风，着重培养其稳定的兴趣、恒心与坚持性；对黏液质的学生，应有热心和耐心，防止墨守成规、懒散疲沓，重在培养独立主动、探索和创新的精神；对抑郁质的学生，应个别谈心，侧面启发，不能公开指责，多给予关怀和帮助，鼓励其思考，参加活动，树立自信心，消除胆怯和害羞。

最后，教师应该正确认识自己气质的优势和不足，了解自己气质对工作的重要性，这对做好教育工作具有重要的意义。教师必须先受教育，这样才能避免因自己消极气质的流露而对学生产生不良的影响，同时了解自己的气质对形成良好教学风格也具有重要意义。

(三)性格差异与教育

1. 良好性格的培养

人的性格不是天赋的，是在后天环境中，在成人、家庭、学校和社会的影响下，通过自己的实践活动和积极主动性，在先天素质的基础上才逐渐形成的。

(1)健康的生活和学习环境。家庭是"制造人类性格的工厂"。家庭是儿童的最初环境，对个体性格的形成和发展具有重要和深远的影响。首先父母对子女的教养态度，若是慈爱和温暖的，儿童的安全需要就得到满足，心理就能健康发展。其次是家庭氛围，融洽的家庭中的孩子是愉快积极的，对抗型的家庭中孩子更容易表现出情绪不稳定、没有安全感等不良心理；破裂家庭，包括离异和亲人死亡，这种孩子容易形成悲观和孤僻等不良性格及行为问题。学校是孩子生活和学习的另一个重要环境，学校的整体氛围是否积极友好、教师对学生的态度、师生关系、同伴关系也对孩子的性格有重要的影响。

(2)民主的教育方式。教育方式和态度也是儿童性格形成的重要因素，心理学家把教育态度和教育方式主要分成民主的或宽容的、权威的或独断的和放纵的或溺爱的三种类型。研究发现，民主的或宽容的教育方式是最好的，其表现为：父母对儿童的活动保护的同时给以社会和文化的训练；对孩子的活动要求满足的同时在某种程度上加以限制或禁止，父母和儿童之间的关系表现得非常和谐。在这种教育方式下成长的儿童，大多数表现得谦虚有礼貌，待人亲切诚恳等。在学校中也一样，教师采用民主说教的方式就比较适合学生特定年龄期的性格特点，学生往往感觉到被尊重，没有被压制感，因而容易接受教师的引导。另外，学生在这一时期的自我意识也有进一步完善的要求，教师采用民主教育方式，有助于激发学生的自觉性和积极性，可促使学生按目标行动，这对他们性格发展有促进作用。

（3）发挥集体的教育作用。良好的集体和集体舆论对学生的性格形成有直接的促进作用。一个优秀的班集体内，组织领导和集体舆论的形成，教师尤其是班主任的作用很大。教师首先要培养班干部具有良好的性格品质，以树立其在学生中的模范表率作用。另外，教师要善于培养良好的集体舆论和优良的团体气氛，在团体气氛的感染之下，久而久之，无论是举止、学习和工作热情还是性格的意志特征，都会有所改变。最终，积极进取、勇敢顽强、乐于合作、活泼开朗等良好的品行经内化而成性格特征。同时还应让学生在班集体中扮演一定的角色，扮演角色实质上是一种无形的控制力量，迫使学生要扮演好相应的角色。为此，教师利用班集体中的角色扮演就能达到优化学生性格的目的。

（4）自我的能动作用。性格是在人和环境相互作用的实践活动中形成和发展的，但任何环境因素都不能直接决定人的性格。外在因素必须通过人已有的心理发展水平和心理活动才能发生作用。社会的各种信息要被个体理解和接受，才可能转化为个体内部的需要和动机，才能推动人的活动。自我的能动作用随着年龄增大而日益增强。

2. 性格差异与教育

性格的差异包括性格特征的差异和性格类型的差异。首先，性格会影响学生的学习方式。例如，外向者通常对学习新的难度较大的教材感兴趣，课堂中反应迅速，但课后较马虎。相反，内向者在课堂中反应缓慢，但课后认真。其次，性格也会影响学习的速度和质量，良好的态度、情绪等特征有助于增强学生的学习信心，促使学业成功。不良的性格特征则会使学生产生负性情绪体验，产生学业退缩，从而导致学业失败。最后，性格差异还会影响学生对学习内容的选择以及学生的社会性学习和个体社会化。

因此，学校教育内容的选择和组织应该更好地适应学生的性格差异。为此，学校可以开设不同的选修课程，供不同的性格、兴趣爱好和能力特长的学生选择。其次，倡导非指导性学习。该教学方法由美国心理学家罗杰斯(C. R. Rogers)提出，强调以学生为中心，教学应较少有"直接性、命令性、指示性"，较多有"不明示性、间接性、非命令性"。在课堂中，教师注重创造促进经验学习的课堂气氛，以真诚的情感对待学生，给学生以无条件的关注，能设身处地地为学生着想。最后，提倡合作学习。学生们以主动合作的方式学习，分工合作实施学习计划，这样的学习使不同性格的学生相互包容，求同存异。

学生的性格特征和学习效果存在着相互影响。良好的性格特征有助于学业成功。而学习上的成功又能增强学习者的信心，得到情感的满足，产生良好的心境，使其对未来的学习志向水平提高，学习更加勤奋。进而促进开朗、乐观和积极进取的性格发展。反之，学习常常失败，必然导致消极、颓丧、恐惧、退缩、羞愧等情绪体验，久而久之，会形成消沉、悲观、自卑、厌世等不良性格特征。正如爱因斯坦所说："智力上的成就依赖于性格上的伟大。"因此我们必须注意处理性格与学习成就二者的辩证关系。

(四)能力差异与教育

1. 能力的培养

个体能力的形成过程中会受多种因素的影响，所以要培养个体的能力就应从上文提及的遗传、环境、教育、实践活动、培养主观能动性这几个方面着手，有针对性并全面地培养个体的能力。

(1)多参加富有挑战性的活动。在实践活动中，我们必然会遇到各种各样的问题和实际的困难，努力去解决问题和克服困难的过程，就是增强人的应变能力的过程。

(2)扩大个人的交往范围。无论家庭、学校还是小团体，都是社会的一个缩影，在这些相对较小的范围内，我们可能会遇到各种需要应变能力才能解决的问题。因此，只有首先学会应变各种各样的人，才能推而广之，应付各种复杂环境。只有提高自己在较小范围内的应变能力，才能推而广之，应付更为复杂的社会问题。实际上，扩大自己的变化范围，也是一个不断实践的过程。

(3)加强自身的修养。应变能力高的人往往能够在复杂的环境中沉着应战，而不是紧张和莽撞从事。在工作、学习和日常生活中，遇事沉着冷静，学会自我检查；自我监督、自我鼓励，有助于培养良好的应变能力。

(4)注意改变不良的习惯和惰性。如果我们遇事总是迟疑不决、优柔寡断，就要主动地锻炼自己分析问题的能力，迅速做出决定。如果我们总是因循守旧，半途而废，那就要从小事做起，努力控制自己，不达目标不罢休。只要下决心锻炼，人的应变能力就会不断增强。

2. 能力的差异与教育

个体之间的能力差异主要体现在能力发展水平的高低、能力表现早晚的差异和能力结构类型的差异。

(1)发展水平的差异。能力的发展水平的差异体现在一般的认知能力差异上，如注意力、记忆力、语言和思维能力及创造力等方面。也就是一般所说的智力。智力存在个体间的差异。研究表明，在一般的人群中智商的常态分布接近于一条钟形曲线，大部分人的智商分数趋近于平均数，在两极的人非常少。

(2)表现早晚的差异。智力的早期表现是智力优异的标志之一，但这并不意味着智力没有得到早期表现的人就缺乏优异的智力。很多大文学家、大科学家早年并没有特殊表现，甚至还被视为低能儿，但由于自己的勤奋努力，晚些时候才放出巨大才能的光辉。所以，智力表现早晚并不意味着智力水平的高低。

(3)结构类型的差异。智力结构类型的差异主要指由于构成智力的基本因素和组合方式不同而产生的不同智力类型、认知风格和特殊才能。

根据人们智力活动的不同特点，我们可将其分为不同的类型。①分析型、综合型与分析—综合型。②视觉型、听觉型、运动觉型与混合型。③艺术型、思维型与中间型。

在将近一个世纪以来，人们一致公认，在传统教学条件下，智力是学习成绩的一个可靠的预测指标。也就是说，IQ分数越高的儿童，一般学习成绩也就越好。而且他们将来能接受的教育水平也越高。然而，现在的研究发现，当教学任务需要学生进行复杂的信息加工时，一般认知能力与学业成就之间的相关性增大，也就是说，如果恰当运用某种教学方法以减少对学生深层信息加工的要求，那么一般认知能力的影响力就可以降低。另外，通过对学习策略学习的对比研究发现，低能力的学生在个别指导的教学条件下，一般认知能力的影响力也可以降低，低能力的学生在个别指导的教学方法下学得更好，而高能力的学生在集体教学方法下学得更好。对学习策略的训练也可以减少一般认知能力对学习的影响。当对学生进行有关学习策略的训练之后，一般认知能力对学习的影响就会变小。这些研究都说明，学生的智力与教学处理之间存在着相互作用。因此，采用个别指导的教学方法，提供恰当的学习策略训练，可以使一般认知能力低的学生变成学习效率较高者。

由于智力因素所形成的个别差异，是基础教育阶段不能忽视的事实。在课堂中，有人提倡同质分组的教学组织形式，将能力和知识水平接近的学生组成教学班。优点是在一个小班里缩小了学生之间的能力差距，能较好地适应学生的个别差异，便于用统一的进度和方法进行教学。有研究者在此基础上提出，一部分课程可以采用异质分组，如必修课，而其余的课程则采用同质分组，使两种不同的教学组织形式有机地统一起来。

总之，对于每一个人而言，人格都是千差万别的，对具有不同性格、气质和能力等人格特点的学生采用不同的教育方法，可取得事半功倍的效果。

【练习题】

一、单项选择题

1. 人在心理活动和行为中表现出的稳定的动力特点是（　　）。

A. 人格　　　　　B. 性格　　　　　C. 能力　　　　　D. 气质

2. 小红活泼好动善于交际，思维敏捷，易接受新事物，兴趣广泛，注意力容易转移，她的气质类型属于（　　）。

A. 多血质　　　　B. 胆汁质　　　　C. 黏液质　　　　D. 抑郁质

3. 人们通常认为"北方人开朗、豪爽，南方人含蓄、细腻"，根据奥尔波特的人格理论，上述人格特质属于（　　）。

A. 共同特质　　　B. 首要特征　　　C. 次要特质　　　D. 中心特质

4. 小明十分内向，不爱说话，无论是在陌生的环境还是在家里，都少言寡语，这表明人格具有（　　）。

A. 整体性　　　　B. 稳定性　　　　C. 独特性　　　　D. 功能性

5. 文文诚实内向，谦虚勤奋，且具有亲和力，这些描述说明的是他的（　　）。

A. 性格特征　　　B. 能力　　　　　C. 气质　　　　　D. 认知

6. 人们对自己、对他人、对集体、对事物有各自不同的态度，这些态度上的差异会直接影响到他们的为人处世。这表现了性格的（　　）。

A. 态度特征　　　B. 理智特征　　　C. 情绪特征　　　D. 意志特征

7. 用因素分析法研究，提出人有 16 种相互独立的根源特质，并制定了《16种人格因素测验》的心理学家是（　　）。

A. 奥尔波特　　　B. 卡特尔　　　C. 施特恩　　　D. 吉尔福特

8. 许多心理学家认为，研究和揭示人格遗传因素的最好方法是（　　）。

A. 双生子研究　　　　　　　　B. 社会文化研究

C. 家庭因素研究　　　　　　　D. 早期童年经验研究

9. 人的动机、兴趣、情感、意志、性格等心理因素，在教育活动中被称作（　　）。

A. 智力因素　　　B. 非智力因素　　　C. 社会因素　　　D. 家庭因素

10. 依据埃里克森的人格发现阶段理论，12 岁儿童人格发展的主要任务是获得（　　）。

A. 勤奋感　　　B. 主动感　　　C. 自主感　　　D. 自我同一感

二、辨析题

1. 人的性格主要是先天遗传的，也没有好坏之分。

2. 人格具有稳定性，永远都不会改变。

3. 个体的道德认知与道德行为是一致的。

三、简答题

1. 简述人格的基本特征。

2. 简述性格的结构特征。

3. 简述奥尔波特的人格特质理论。

四、材料分析题

1. 卢梭曾讲过："青年时期是一个狂风暴雨的危险时期。"自青春期开始，中学生的身体虽已发育成熟，然而在智慧、认识、情绪调控、社会经验等方面，仍延续儿童不成熟的发展水平，人格的发展还很不成熟，容易受到各种内在或外在因素的影响。

问题：

(1)如何理解"青年时期是一个狂风暴雨的危险时期"？

(2)如果你是一名教师，你打算怎样塑造中学生良好的人格？

2. 赵、王、孙、李四个同学都喜欢踢足球，也爱观看足球比赛。但是他们在观看足球比赛时，情绪表现不一样。当看到自己喜欢的球星踢了一个好球时，赵同学立刻大喊"好球！好球！"，同时兴奋地手舞足蹈。王同学也挺激动，叫好并鼓掌，但是却没有赵同学那么狂热，有时还劝告赵同学别喊。孙同学只是平静地说了一句"这球踢得还不错，有水平"，而李同学则始终沉默不语，会心一笑。

问题：

（1）请指出这四个人的气质类型。

（2）请说明四种气质类型的特征。

（3）请说明教师了解学生气质类型在教育教学中的意义。

五、论述题

请结合自身成长经历，谈谈影响人格发展的因素。

第五章　学习及学习理论

【学习目标】

1. 识记学习的分类、先行组织者等相关知识点。

2. 理解学习的实质、行为主义、认知主义、建构主义等学习理论的基本观点。

3. 运用行为主义、认知主义、建构主义等学习理论指导教学实践。

学习理论是教育心理学中最古老、最核心也是最发达的领域之一。学习理论是关于学习的实质、过程等根本问题的一些观点，它试图说明学习是如何发生的，其规律是什么，如何有效地进行学习。从历史来看，任何一种教学理论总是有它的学习理论基础，美国心理学家布鲁纳认为："一个没有学过学习理论的教师，也许可以成为一个好教师，也可以成为一个坏教师，但好却好得有限，而坏却可能每况愈下。"因此，学习理论是教师指导学生学习的重要基础。

什么是学习？不同历史时期的学者是怎样看待学习问题的？学习理论观点经历了一个怎样的演变历程？这些理论对实际教学工作有何启示？这就是本章所要探讨的问题。

第一节　学习的概述

一、什么是学习

(一)学习的实质

学习是人类生活中永恒的主题，人生就是不断学习的过程。日常的学习概念往往限于知识、技能的学习，如学生上课听讲、做作业、参加培训等。而心理学中的学习是一个含义极广的概念，尽管心理学家从不同的角度对其进行了不同的定义，但是其内涵远远超过了知识、技能的范畴。

长期以来教育心理学中对学习有多种界定，但较为广泛接受的定义是心理学家鲍尔(G. H. Bower)和希尔加德(E. R. Hilgard)1981 年提出的。学习是个体在特定的情境下，由于练习和反复经验而产生的行为或行为潜能的比较持久的变化。在理解这个定义时，应该注意把握以下几个方面。

1. 学习是由反复经验引起的

这里的经验不是我们通常所说的总结出来的经验，而是指"经历"，是个体通过某种活动来获得经验的过程，是个体与外界信息相互作用的过程。有时候个体的成熟或衰老也会使其行为产生持久的改变，如青春期少年嗓音的变化，是生理成熟的结果，与经验无关，因而不能称之为学习。由经验产生的学习主要有两种：一种是正规学习，如有计划的训练或练习，学校的学习等；另一种是随机学习，因偶然的生活经历而产生的，如幼儿被开水烫一次就知道开水不能摸。

2. 学习表现为行为或行为潜能的变化

通过学习，我们的行为会发生变化，如从不会游泳到会游泳。一般而言，我们可以凭借行为或行为潜能的改变来推断学习的发生。但学习发生的变化有时立即见之于行为，有时需要经过很长时间才能见之于行为。如艺术的鉴赏力、道德规范的获得，往往不一定在当前的行为中立即表现出来，但却影响着人们未来的行为潜能。

3. 学习所引发的行为或行为潜能的变化是相对持久的

疾病，疲劳、受伤或暂时的用药等因素也能引起行为或行为潜能的变化，但这些变化都是比较短暂的，因此不能称为学习。如运动员服用兴奋剂提高成绩，学生因疲劳降低了学习效率。如果我们学会了游泳、骑车、打字，这些技能几乎终身不忘。习得的知识概念虽然有时会发生遗忘，但相对于因药物或疲劳等引起的暂时性变化来说，它们保持的时间仍是比较持久的。

4. 学习是一个广义的概念

学习不仅是人类普遍具有的，动物也存在学习。学习不仅指有组织的知识、技能、策略的学习，也包括态度、行为、准则的学习。既有学校中的学习，也包括从出生就出现并一直持续终身的日常生活的学习。

(二)人类学习的特点

对动物来说，学习仅仅只是一种生物意义的活动，而对于人类来讲，学习就不是简单地适应环境的活动，而具有社会意义，这是人类学习与动物学习的本质不同。

1. 人类学习的社会性

人类除了通过直接经验的方式获得个体经验以外，还在同其他人交往过程中获得人类社会的历史经验。自有人类文化以来，人类社会积累了大量的知识经验，这些知识经验通过社会传递保存下来，而个体从出生以来，就是通过与成人的交往，通过在学校里与教师的交往，进行学习、掌握前人所积累的经验；通过与同龄人的交往获得大量的社会经验。这种间接经验的学习无论从内容还是形式都是非常丰富的，这在动物学习中是不可能产生的。

2. 以语言为中介

人类以语言为中介来进行学习。语言是人们交际与传递经验的手段，也是记载人类社会历史经验的工具。个体一方面通过语言直接与别人进行交往，获得社会经验；另一方面通过语言获得用语言符号记载下来的关于客观世界的知识，这是一种通过间接的交往而获得知识的过程。语言是使事物之间的关系概括化和抽象化的信号。语言不仅使人能掌握具体的经验，而且有可能掌握概括、抽象的经验。语言开辟了人类广泛掌握社会历史经验的可能性。

3. 积极主动性

动物的生活方式是以其对外界自然条件的适应为特征的，其学习是不自觉的，只是消极被动地适应其生存的环境。由于人的学习不仅是为了满足生理和生存的需要，更重要的是满足社会生活的需要，因此人类有丰富的学习动机和学习目的，人类往往主动探索各种有效的学习方法，这是动物学习没有的特性。

综上所述，我们认为，人类的学习是在社会生活实践中，以语言为中介，自觉地、积极主动地掌握社会和个体经验的过程。

(三)学生学习的特点

人类的学习与学生的学习是一般与特殊的关系。学生的学习既与人类的学习有共同之处，但又有其特殊性。

1. 学生的学习过程是掌握间接经验的过程

人类的认识是从实践开始的，而学生的学习不必要也不可能事事从直接经验开始，可以从现有的经验、理论、结论开始。因此，在教学组织和教学方法上，特别要求教师在有限的时间内把最有价值的知识传授给学生，而且注意把学校学习与实际生活和学生原有的经验相联系，鼓励学生对所学知识进行积极加工，主动完成知识的再加工过程。

2. 学生的学习具有目的性、计划性和组织性

学生的学习必须在有限的时间内完成，并达到社会要求，因此需要在教师的指导下实现。教师既掌握所教知识的内在联系，又了解学生学习过程的特点，因此能够保证在较短时间内，采用有效的方法组织教学，帮助学生掌握知识。

3. 学生的学习具有一定程度的被动性

学生的学习与人类学习一样，应该是一个主动加工的过程。但学生的学习不是为了适应当前的环境，满足现实生活的需要，而是为了适应将来的环境，为将来的生活做准备。他们的学习一般只具有潜在的价值，学习的结果不能立刻转化为现实的价值。当学生意识不到他当前的学习和将来生活实践的关系时，学习就表现出一定程度的被动性，需要教师或成人督促才能取得较好的学习效果。因此，教师要注意用各种方法来培养、激发和维持学生的学习动机，提高其学习的主动性和积极性。

综上所述，学生的学习是在教师指导下，有目的、有计划、有组织地掌握系统的科学知识和技能，发展能力，形成一定的世界观和道德品质的过程。

二、学习的类型

学习是一种复杂的现象，种类繁多、形式多样，因此，对学习的分类比较困难，至今尚未形成统一的学习分类。下面列举几种比较有代表性的学习类型。

(一)加涅的学习层次分类

20 世纪 60 年代，美国教育心理学家和教学设计专家加涅根据学习情境由简单到复杂、学习水平由低级到高级，把学习分为信号学习、刺激—反应学习、连锁学习、言语联想学习、辨别学习、概念学习、规则学习和问题解决学习八类，构成了一个完整的学习层级结构。加涅的这种分类几乎概括了心理学家所研究的一切学习类型，它不仅包括了低级动物的学习，也包括了高级人类的学习。

1. 信号学习

有机体学习对某个信号或刺激做出反应。经典性条件反射即是一种信号学习。例如，狗学会对声音信号做出唾液分泌反应。

2. 刺激—反应学习

刺激—反应学习是指学习使一定的情境或刺激与一定的反应相联结，并得到强化，学会以某种反应去获得某种结果。这类学习主要是操作性条件反射。例如，斯金纳箱里的老鼠无意中碰到开关获得食物，受到强化，就学会按压开关获取食物。

3. 连锁学习

连锁学习是指学习联合两个或两个以上的刺激—反应动作，以形成一系列刺激—反应的联结。各种动作技能的学习，都离不开这类学习。如跳远，从助跑、踏板、起跳到落地。这种学习就是连锁学习。

4. 言语联想学习

言语联想学习就是言语的连锁学习，是对语言单位的联合。例如，将单词组合为合乎语法规则的句子。

5. 辨别学习

辨别学习指在一组相似的刺激中能辨别各种刺激所属的反应，能对相似的但不同的刺激做出不同的反应。例如，比较多血质和胆汁质的异同点就是辨别学习。

6. 概念学习

概念学习指学会认识一类事物的共同属性，并对同类事物的抽象特征做出反应。例如，将猫、狗、鼠等概括为"动物"就是概念学习。

7. 规则学习

规则学习也称原理学习。规则是指两个或两个概念之间的关系。自然科学中的各种定律、定理的学习即是规则学习。

8. 问题解决学习

问题解决学习指学会在不同条件下根据过去习得的规则，运用规则解决问题，以达到最终目的。

为了更好地与教学实际相结合，加涅认为教学不仅应该考虑学习的情境和过程，还应考虑学生通过学习将获得哪些结果。他在上述八类学习的基础上，进一步提出五种学习结果，并把它们看作五种学习类型，分别是言语信息、智力技能、认知策略、动作技能和态度。实际上这五类学习不存在等级关系，其顺序可以任意排列。加涅认为，按学习结果进行分类，有利于明确教学目标，为教学设计提供依据。

(二)奥苏贝尔的学习性质的分类

美国教育心理学家奥苏贝尔(D. P. Ausubel)根据两个维度对认知领域的学习进行了分类。一个维度按照学习进行的方式，分为接受学习和发现学习；另一个维度按照学习材料与学习者原有知识的关系，分为机械学习和意义学习。

1. 接受学习和发现学习

接受学习是在教师指导下，学生接受事物意义的学习。而发现学习是学生独立发现事物意义、创造经验的学习。

2. 机械学习和意义学习

机械学习是学习者没有理解符号所代表的知识或缺乏先前经验，靠死记硬背进行的学习。而意义学习就是学习者利用原有经验进行新的学习，把教学内容与自己的认知结构建立起实质性的非人为的联系。

奥苏贝尔特别重视有意义的接受学习，这是他的学习理论的核心。

(三)我国心理学家的学习内容的分类

我国心理学家普遍根据学习内容把学生的学习分为知识学习、技能学习、行为规范学习三类。这种分类与学校的教育实践活动相吻合，适合教育工作的实际需要。

1. 知识学习

知识是客观事物的特征和联系在人脑中的主观映象，它来自反映对象的认知经验。学生有了这种认知经验，就可以解决知与不知，知之深浅的问题，从而可以在实际生活中更好地确立个体活动的方向。

2. 技能学习

技能是通过学习而形成的符合法则要求的活动方式，它来自活动主体所做出的行动及其反馈的动作经验。这种经验包括心智技能和操作技能。学生有了这种动作经验就可以解决会不会做和熟不熟练的问题，从而可以在实际生活中更好地控制个体活动的执行。

3. 行为规范学习

行为规范是用以调节人际交往、实现社会控制、维持社会秩序的规则与准则的总称，它来自主体和客体相互作用的交往经验。通过习得行为规范，学生将形成一定的态度，培养相应的品德。学生有了这种交往经验，就可以协调个体与他人和集体之间的关系，从而在实际生活中更好地为个体的社会行为进行定向和控制。

第二节　行为主义学习理论

19世纪末20世纪初，美国心理学界出现了行为主义思潮。行为主义学派认为，学习的实质是刺激（S）和反应（R）之间建立联系和联结的过程。其中环境是一种刺激，它是决定人的学习效果的最主要的因素；学习就是通过强化建立刺激与反应之间的联结。行为主义学习理论家们试图发现所有动物（包括人类）的行为学习原理。在实际工作中，行为主义理论在教学设计中的应用和对个人或社会性问题的行为治疗，至今仍有影响。

一、经典性条件反射学习理论

经典性条件反射最先由苏联生理学家伊凡·彼德罗维奇·巴甫洛夫（I. P. Pavlov）提出，行为主义心理学家华生（J. B. Watson）把巴甫洛夫的经典性条件反射用来说明有机体的学习，形成了经典性条件反射学习理论。

（一）巴甫洛夫的经典性条件反射理论

1. 巴甫洛夫的经典实验

巴甫洛夫在研究狗唾液腺问题时偶然发现了后来闻名于世的经典性条件反射。当狗闻到食物气味（肉末）的时候，巴甫洛夫用容器收集狗的唾液分泌量。但是奇怪的事情发生了，即使狗没有闻到肉末的气味，它也会分泌唾液。实际上，当狗看到实验员或听到实验员的脚步时就开始分泌唾液。巴甫洛夫发现了与消化问题不相关的结果。他推断狗一定习得了什么，才会在没有闻到肉末气味时也能分泌唾液。于是他设计了条件反射形成的实验。他将狗置于经过严格控制的隔音实验室内。食物通过遥控装置可以送到狗面前的食物盘中，狗的唾液分泌量通过仪器可以测量并记录。实验开始时，首先向狗呈现铃声刺激，铃响半分钟后给予食物。当铃声与食物反复配对呈现多次以后，仅出现铃声不出现食物时，狗也做出唾液分泌反应。

在实验中，食物称为无条件刺激（UCS），食物引起的唾液分泌反应称为无条件反应（UCR）。铃声原来是中性刺激（NS），它在条件反射形成之前，并未引起预期的、需要学习的反应。铃声和食物在时间上多次结合，原是中性刺激的铃声就成了条件刺激（CS），铃声和唾液分泌之间就建立了一种新的联系，铃声引起唾液分泌，称之为条件反射（CR）。

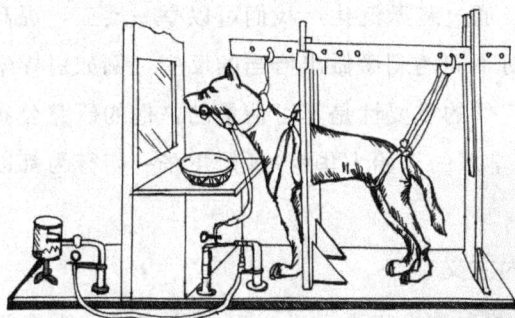

图 5-1 巴甫洛夫经典条件反射

2. 经典性条件反射形成的基本规律

（1）获得律与消退律。经典性条件反射是将不能诱发反应的中性刺激（即条件刺激）与一个能诱发反应的刺激（即无条件刺激）相匹配（一次或多次），致使中性刺激最终能诱发同类反应的过程。当两个刺激紧接着（在空间和时间上相近），反复地出现，就形成条件反射。

消退是和获得相对应的过程。所谓消退是指条件反射获得后，由于条件刺激的多次呈现而没有伴随无条件刺激，条件刺激和无条件刺激之间的联系减弱，从而使条件反射的反应强度逐渐减弱直至消失的过程。例如，对以铃声为条件刺激而形成唾液分泌条件反射的狗，如果多次呈现条件刺激（铃声）而不伴随无条件刺激（食物）时，狗的唾液分泌量将逐渐减少，直至最后没有唾液分泌，出现条件反射的消退。

（2）刺激泛化与分化律。人和动物一旦学会对某一特定的条件刺激做出条件反应以后，那些与条件刺激相似的刺激也能诱发其条件反应。借助于刺激泛化，我们可以把已有的学习经验扩展到新的学习情境，从而扩大学习范围。但是，泛化刺激所引起的泛化反应，如"一朝被蛇咬，十年怕井绳"，有时是不准确或不精确的，这就需要刺激分化。

刺激分化，指的是通过选择性强化和消退使有机体学会对条件刺激和相类似的刺激做出不同的反应。例如，为了使狗能区别圆形和椭圆形光圈，只在圆形光圈出现时才给予食物强化，而在呈现椭圆形光圈时则不给予强化，那么狗便学会只对圆形光圈做出反应而不理会椭圆形光圈。

刺激泛化与刺激分化是互补的过程，泛化是对事物相似性的反应，分化是对事物差异性的反应。通过刺激泛化，我们可以举一反三，提高教学效率。通过刺激分化，我们可以对不同的刺激做出恰当的反应，例如引导学生区别形近字等。

巴甫洛夫所做工作的重要性是不可估量的，他的研究公布以后不久，一些心理学家（如行为主义学派的创始人华生）开始主张一切行为都以经典性条件反射为基础。

(二)华生的行为主义

华生在 1913 年首先打出行为主义心理学的旗帜，他是美国第一个将巴甫洛夫的研究结果作为学习理论基础的人。他认为学习就是以一种刺激替代另一种刺激建立条件反射的过程。在华生看来，人类出生时只有几个反射（如打喷嚏、膝跳反射）和基本情绪反应（如喜、惧、爱、怒等），所有其他行为都是通过条件反射建立新的刺激—反应(S-R)联结而形成的。

华生曾经用条件反射的原理做了一个恐惧形成的实验。利用一种动物和一种引起恐惧的刺激产生联系，使婴儿产生了对那种动物的恐惧。

在形成条件反射以前，孩子接近兔子毫无害怕的表现。后来，兔子出现后，紧接着出现一个使孩子害怕的响声。形成条件反应之后，兔子单独出现也能让孩子害怕。最后孩子会对任何有毛的东西感到害怕，如老鼠、制成标本的动物，甚至有胡子的人。原来以兔子为条件的恐惧，现在泛化到相似的刺激。

根据这一实验，华生提出，有机体的学习实质就是通过建立条件反射，形成刺激与反应之间联结的过程，从而形成习惯。条件刺激通过与无条件刺激在时空的结合，替代无条件刺激与无条件反应建立联系。

(三)经典性条件反射理论的教育意义

经典性条件反射原理能有效解释有机体是如何学会在两个刺激之间进行联系，从而使一个刺激取代另一个刺激并与条件反应建立起联结的现象。例如，一个新生由于在陌生环境中产生焦虑，这种焦虑可能会演变为对上学的恐惧（学校恐惧症）。因此，对于由经典性条件反射所形成的不良弊病或心理问题，可以运用消退、泛化或分化等理论进行治疗。经典性条件反射原理在课堂教学中可以得到广泛应用。例如，教师创造一个舒适的读书角，或者提供温暖、舒适的课堂环境，使学生产生愉快的情绪，并将这种情绪泛化到学习活动，提高学生的学习动机。

经典性条件反射原理可以对一部分学习现象做出科学的解释，但只能解释部分较简单、较低级的学习。对于复杂、高级认知过程的学习，用条件反射原理解释，就会犯简单化和机械化的错误，毕竟学习远远不局限于条件反射学习一种形式。

二、桑代克的联结说

桑代克是美国著名的心理学家，他第一个系统地论述了教育心理学的有关内容，并提出了联结学习理论。他把人和动物的学习定义为刺激与反应的联结。联结的建立是一个盲目尝试并不断减少错误的渐进过程。因此，桑代克的联结理论又称为"尝试—错误说"。

(一)桑代克的经典实验

桑代克最初研究学习问题是从动物实验开始，其中最著名的就是饿猫逃出迷笼获得食物的实验。桑代克把一只饥饿的猫放入迷笼里，笼外放着一盘可望而不可即的食物。饿猫初入笼中时，盲目地乱撞乱叫，东抓西咬，偶尔触动了机关，就能逃出并获得食物。桑代克重新将猫关进笼内，并记录每次从实验开始到饿猫做出打开笼门的正确动作所用的时间。根据上述多次重复实验的结果，桑代克认为，动物刚进入迷笼时，是依照某种一般冲动行事，并不理解笼子的性质，随着错误反应的逐渐减少，正确反应逐渐巩固，最终形成了稳定的刺激—反应联结。

桑代克据此提出了联结观点：学习的实质是建立某种情境（S）与某种反应（R）之间的联结，即建立S-R联结。联结的建立是一个盲目尝试并不断减少

图 5-2 桑代克迷笼

错误的渐进过程，简称尝试错误过程或试误过程。

(二)尝试—错误学习的基本规律

1. 准备律

准备律指学习者在学习开始时的准备状态。学习者有准备而给以活动就感到满意，有准备而不活动则感到烦恼，学习者无准备而强制给以活动也会感到烦恼。也就是说，学习者是否会对某种刺激做出反应，同他是否做好准备有关。实际上，桑代克的准备律隐含了某种动机原则。例如，在实验中，猫必须处于饥饿状态，在这种强烈的生理需要的推动下，猫才会学习如何逃出迷笼。

2. 练习律

练习律指在学习过程中，重复练习和运用会增加刺激—反应之间的联结。也就是 S-R 联结受到练习和使用的次数越多，联结就变得越来越强；反之，则变得越弱。桑代克后来修改了这一规律，因为他发现没有奖励的练习是无效的，联结只有通过有奖励的练习才能增强。也就是说，练习律要和效果律结合运用才能增强联结。

3. 效果律

效果律指在学习过程中，刺激与反应的联结因伴随着满意的结果而增强，因伴随着烦恼的结果而减弱。如果一个动作跟随情境中一个满意的变化，在类似的情境中这个动作重复的可能性将增加，但是，如果跟随的是一个不满意的变化，这个行为重复的可能性将减少。例如，实验中如果饿猫逃出迷笼得到奖励(食物)，将增强逃脱迷笼的反应，反之，得到惩罚的话，饿猫就不会再试图逃出迷笼了。由此可见，让学习者体验到当前行为的后果，对决定其未来的行为起着关键的作用。

桑代克的学习理论指导了大量的教育实践。效果律指导教师应努力使学生学习获得满意的积极结果，防止一无所获或得到消极的结果。练习律启发教师对所有学生进行大量的重复练习和操练。他对教师的劝告是"集中并练习那些应结合的联结，并且奖励所想要的联结"。

在以上对行为主义心理学家的讨论中，我们看到，行为主义心理学家都把学习看作形成刺激与反应的联结，但他们之间存在区别：一种观点是学习是通过刺激和反应的相继出现进行的(巴甫洛夫和华生)；另一种观点是学习是通过行为受奖励而进行的(桑代克)。

桑代克超越巴甫洛夫之处在于他提出在某个行为之后出现的刺激影响了未来的行为，为斯金纳(B. F. Skinner)的操作性条件反射理论奠定了基础。

三、斯金纳的操作性条件反射学说

斯金纳作为新行为主义的领袖，是操作性条件反射学习理论的创始人和行为矫正术的开创者，是行为主义后期对学习心理学影响最大的心理学家。斯金纳认为学习实质上是一种反应概率的变化，而强化是增强反应概率的手段。

(一)斯金纳的经典实验

斯金纳从 20 世纪 20 年代末就开始进行动物学习的实验研究。他发明并使用的实验装置称为"斯金纳箱"。这是斯金纳在桑代克的迷笼基础上改进设计的一种实验仪器。箱内有一个杠杆，下面有一个食物盘，只要箱内的动物按压杠杆，就会有一粒食丸滚到食盘内，动物即可得到食物。斯金纳将饥饿的白鼠关在箱内，白鼠便在箱内不安地乱跑，活动中偶然压到了杠杆，白鼠吃到了食物。由于食物强化了白鼠按压杠杆的行为，因此白鼠后来按压杠杆的概率迅速上升。由此斯金纳发现，有机体做出的反应与其随后出现的刺激条件的关系对行为起着控制作用，它能影响以后反应发生的概率。

斯金纳认为，有机体行为可分为应答性行为和操作性行为两类。应答性行为是由某种已知的刺激引起的行为。操作性行为则是由有机体自身发出的，即个体操纵其环境的行为，如书写、散步等。操作性行为的特征是，构成行为的反应是自发的，无法确定反应的出现是由何种刺激所引起。相应地，他把条件反射也分为两类：形成应答性行为的反射叫作经典性条件反射，形成操作性行为的反射叫作操作性条件反射。经典性条件反射是刺激(S)—反应(R)的联结，反应是由刺激引起的；而操作性条件反射是操作(R)—强化(S)的过程，重要的是跟随操作后的强化。斯金纳认为，在日常生活中，人的大多数行为属于操作性行为，它主要受强化规律的支配。例如，如果儿童扶一个摔倒的孩子站起来后得到表扬，那么这个儿童以后会有更频繁的助人行为。

(二)操作性条件反射的基本规律

1. 强化

在研究操作性行为的学习时,斯金纳继承并发扬了桑代克效果律的思想,他十分看重奖赏而不是惩罚在联结中的作用,并将奖赏发展为"强化"的概念。

强化是一种操作,其作用在于提高同类反应的概率,强化分为正强化和负强化。正强化是增加某种刺激而提高行为反应的概率,如奖励或表扬。负强化是通过厌恶刺激的排除来增加反应在将来发生的概率,如摆脱讨厌的任务或情境。无论是正强化还是负强化,其作用的目的都是增进了反应的概率。强化的技术在教育教学过程中得到了广泛的应用。例如,家长对考试成绩好的学生给予物质奖励,教师对上课遵守纪律的学生免除家庭作业等。

强化物是指在反应之后能增强反应概率的刺激和事件。并不是所有的刺激物都可以作为强化物,只有该刺激确实被证明增强了个体的某种行为时,该刺激物才能成为强化物。在教育实践中,教师选择强化物要考虑到年龄因素及个别差异,为学生提供有力的强化刺激和事件。例如,有的学生会因在班上受口头表扬而受到激励,但有的学生则不然。在强化时,可以使用普雷马克原理,即用高频的活动作为低频活动的有效强化物,或者说用学生喜爱的活动去强化学生参与不喜爱的活动,如"你吃完这些青菜,才可以吃火腿""你做完作业才可以看电视"等。

2. 消退

有机体做出以前被强化的反应,如果在这一反应后不再有强化物伴随,那么,此类反应在将来发生的概率便降低,称为消退。例如,学生在课堂上的捣乱行为是为了吸引教师注意时,教师不予关注就可减少学生的不良行为。强化是要增加个体某种行为在将来出现的概率,以达到塑造行为的目的;而消退则是为了减少某种行为在将来发生的概率,以达到消除行为的目的,是一种无强化的过程。可见,强化是培养儿童良好行为习惯的方法。而消退是减少不良行为和消除坏习惯的有效方法。

3. 惩罚

当有机体做出某种反应后,呈现一个厌恶刺激或不愉快的刺激,以消除或抑制此类反应的过程,称作惩罚。例如,学生没有按时完成作业,教师罚学生重抄

10 遍，家长取消周末游戏的特权。负强化和惩罚不同，负强化是通过厌恶刺激的排除来增加反应在将来发生的概率，而惩罚是通过厌恶刺激的呈现来降低反应在将来发生的概率。简单说，负强化是加强某种适当行为，惩罚是制止某种不当行为。以不愉快刺激作用动物的实验表明，惩罚对于消除行为不一定十分有效，惩罚只是暂时抑制行为，而不能根除行为。因此，惩罚的运用必须慎重。教师在使用惩罚时要注意，只有当强化不奏效时才考虑使用惩罚，惩罚要适时适度，惩罚一种不良行为应与强化一种良好行为结合起来，方能取得预期的效果。

(三)程序教学与教学机器

在操作性条件反射理论的直接影响下，使用教学机器进行程序教学法风靡全球，成为 20 世纪初第一次世界性的教学改革运动。在程序教学中，教材被分成小步子，学生可自定学习步调，让学生对所学内容进行积极反应，并给予及时强化和反馈，使错误率降低。但在 20 世纪 70 年代后，人们的热情有所降低，并逐步放弃程序教学，但其合理成分被整合进了计算机辅助教学中。

桑代克、斯金纳等人的研究，为有效控制和塑造人类行为提供了理论依据，并在社会和教育实践中得到了广泛应用。同时也可看出，当今一些教学行为，如大容量、高密度的强化训练，只关注结果，不关注过程等，或多或少受到行为主义理论的影响。

上面的三种联结理论，都在不同程度上强调外在刺激与外在的反应及其外部强化，重视可视行为的表现与变化，却忽视了作为学习主体的内部因素如何发生变化，刺激与反应是怎样联结等与高等智力学习有关的深层次问题。因此，受到了其他研究者的反对。

四、班杜拉的观察学习理论

20 世纪 40 年代以来，行为主义心理学家对儿童是如何获得诸如合作、竞争、攻击等社会行为感兴趣。班杜拉(A. Bandura)经过大量研究表明：社会行为可通过观察学习获得。

班杜拉认为，行为的习得或行为的形成可以通过反应的结果进行学习，也可以通过榜样的示范进行学习。班杜拉认为，如果人们仅仅是通过自己行为的结果进行学习，那将是非常缓慢、非常吃力的，同时，也将付出很大的代价。幸好，人类可以通过对榜样的观察进行学习。班杜拉称这种学习为观察学习。观察学习是通过观察他人的行为及其结果而间接产生的学习。

(一)观察学习的经典实验

该实验分为两个阶段：第一阶段，参与实验的儿童分为甲、乙两组都安排看录像，该录像前半段有个大孩子打一个充气的玩具娃娃，后半段中甲组看到的是一个成人用糖果奖励，乙组则看到成人的指责呵斥。看完后两组儿童逐一走进放有充气玩具娃娃的房间，结果发现，甲组儿童都学着录像片的大孩子打那个玩具娃娃，乙组儿童则很少去打玩具娃娃。第二阶段，鼓励甲、乙两组都去打玩具娃娃，并且用糖果奖励。结果两组儿童都去打玩具娃娃。研究者分析指出，在第一阶段观察了榜样的示范行为后，两组儿童都已经获得了攻击行为，乙组之所以没有表现出来，是因为他们看到的录像片中该行为受到了惩罚，第二阶段强化条件变化后，乙组儿童也表现出了攻击行为。

在大量实验研究的基础上，班杜拉认为，人类的大多数行为都是通过观察而习得的。所谓观察学习就是人们通过观察他人（榜样）的行为，获得示范行为的象征性表象，并做出与之相对应的行为的过程。观察学习受到一系列的相互联系的心理过程的支配，具体来讲，包括注意、保持、动作再现与动机四个子过程。注意过程调节着观察者对示范行为的探索和知觉；保持过程是将所观察的行为以表象或言语的形式保留在记忆中；动作再现过程是学习者复制从榜样情境中所观察的行为，即个体将符号表征转换成适当的行为；动机过程则决定哪一种经由观察习得的行为得以表现。

(二)影响观察学习的主要因素

1. 榜样与示范

社会学习理论认为，榜样的行为对学生影响很大。榜样的特征及观察者特征都影响着观察学习的程度。如观察者比较容易观察那些与他们自身相似或者优秀的、热门和有力的榜样；有依赖性的、自我概念低的或焦虑的观察者更容易模仿行为。个体通过学习榜样可以自我发展和自我完善。给学生呈现榜样时，应考虑到榜样的年龄、性别、兴趣爱好、社会背景等特点，尽量与学生相似，可以使学生产生亲近感，避免产生"可望而不可即"的感觉。另外，给学生呈现受人尊敬、地位较高、能力较强且具有吸引力的榜样，可以激发学生见贤思齐的上进心。

　　行为示范有多种方式，既可以通过直接的行为表现来示范，也可以用言语描述某种行为方式，或借助于各种传播媒介象征性示范。教师可根据学生的特点选择适合学生的示范方式进行教育。教师作为学生的直接榜样，也应注意其示范作用。教育者仅仅对学生进行口头教育是难以奏效的，必须言行一致才能取得良好的教育效果，而且"身教重于言教"。此外，各种大众传播媒介也应发挥其独特的作用，为学生提供良好的榜样示范，杜绝消极的、不健康的内容。

　　2. 替代性强化和自我强化

　　观察学习实验表明，在观察学习过程中没有强化，学习者也能从各种示范行为中获得有关信息，学会新的行为模式。强化则决定学习者是否把学会的行为表现出来。班杜拉认为，强化对人的行为具有调节和控制作用。他对强化的类型进行了更进一步的研究。

　　班杜拉认为强化包括直接强化、替代性强化和自我强化三种形式。直接强化是外部因素对行为主体进行直接的干预。操作性条件反射中所说的"强化"就是直接强化。例如，学生抄作业，教师对他进行直接批评。替代性强化是一种间接强化，指观察者因看到榜样受强化而受到强化。如"杀一儆百""杀鸡给猴看"就是替代性强化。在观察学习中，榜样受到的强化和惩罚对观察者也起着同样的作用。与直接强化相比，观察学习中的学习者获得的是一种间接强化，榜样在其中起着替代性作用。例如，当教师强化一个学生的助人行为时，班上其他人也会受到强化，进而互帮互助。此外，替代性强化还有一个功能，就是情绪反应的唤起。自我强化是个体针对自身的行为是否符合社会标准而进行的自我奖惩。例如，学生为自己设立一个成绩标准，他将根据成绩的评价对自己的行为进行自我奖赏和自我批评。班杜拉特别强调替代性强化与自我强化的作用，这无疑是强调学习中的认知性和学习者的主观能动性。

　　班杜拉的观察学习理论揭示了人类和动物的一种普遍的学习形式，尤其在解释学生在学校学习间接经验方面有极重要的参考价值。班杜拉的社会学习理论一方面强调外显的行为及其强化，另一方面不回避人的行为的内部原因，因此其理论又被称为认知行为主义。班杜拉强调观察学习，强调榜样的示范作用和替代性强化，这对于实际教育工作是非常有指导意义的。在实际德育工作中，教师应注意为学生提供良好的可资学习和借鉴的榜样，引导学生学习和保持榜样行为，并为学生创造再现榜样行为的机会，对好的行为给予及时的表扬和鼓励。对错误地行为则给予批评和教育。

第三节 认知主义学习理论

认知主义学习理论是与联结理论相对立的学习观点，它更强调学习的内部过程及认知结构的建立，强调个体的意识。认知学习理论从诞生至今，其间也发生了许多变化，提出了各种不同的观点。

一、苛勒的完形—顿悟说

格式塔理论自1912年由韦特海默提出后，在德国得到迅速发展。格式塔心理学家们主要对知觉和解决问题的过程感兴趣。苛勒是格式塔心理学的杰出代表，苛勒于1913年至1917年对黑猩猩的问题解决进行了一系列实验研究，提出了与尝试—错误学习理论相对立的完形—顿悟说。所谓顿悟，是指个体领悟到自己的动作与情境，特别是与目的物的关系。

(一)苛勒的经典实验

格式塔学派以动物实验来说明学习中产生的变化的实质及原因。例如，在黑猩猩的笼子外放有香蕉，笼子里面放有两根短竹棒，用其中的任何一根都够不着笼子外面的香蕉。尽管黑猩猩常常将棒子扔向香蕉，连棒子都丢了，但拿起棒子玩时，顿悟的端倪就出现了。最具戏剧性的一幕是，一个名叫苏丹的黑猩猩，最后将两根棒子像钓鱼竿一样接起来，够着了香蕉。这个过程是缓慢的，起先把两根棒子接在一起多少有点偶然，然而苏丹一旦看到棒子接起来与远处香蕉的关系时，就能够想到这个主意，而一次又一次把一根棒子插进另一根棒子的末端，以便够得着远处的香蕉。对于黑猩猩的这些行为，苛勒的解释是，在遇到问题时，动物可能审视相关的条件，也许考虑一定行动成功的可能性，当突然把一件工具的工具性价值(如棒子作为手臂的延伸)看作达成目标的手段，即看出两根棒子接起来与远处香蕉的关系时，它便产生了顿悟，从而解决了这个问题。而且，一旦发现了这一方法，在遇到类似情境时也就能够运用这一"领悟"了的经验。

(二)完形—顿悟说的基本内容

1. 学习是通过顿悟过程实现的

学习就是知觉的重新组织。这种知觉经验变化的过程不是渐进的尝试与错误的过程，而是突然的顿悟。之所以产生顿悟，一方面是由于分析当前问题情境的整体结构，另一方面是由于利用过去经验的痕迹，心智本身具有组织力的作用，能够填补缺口或缺陷，因此服从于知觉的组织律。

2. 学习的实质是主体内部构造完形

格式塔心理学家认为，学习的过程就是一个不断地构建完形的过程。完形是一种心理结构，它是在机能上相互联系和相互作用的整体结构，是对事物关系的认知。苛勒认为，学习过程的问题解决是由于对情境中事物关系的理解而构成的一种"完形"来实现的。

格式塔学习理论强调整体观和知觉经验组织的作用，关注知觉和认知（解决问题）的过程启迪了后来的认知派学习理论家们。

二、布鲁纳的认知结构学习理论

布鲁纳是一位在西方教育界和心理学界都享有盛誉的学者。他非常关心学校教育和学生学习的问题，强调学习理论和教学理论在教学中的应用，这和在实验室里研究鸽子和白鼠的联结理论是相对立的。长期以来，布鲁纳主要研究知觉与思维方面的认知学习，并在此基础上形成了自己的教学理论。他最为知名的一本书是1960年出版的《教学过程》，其主要学习观点表现在下面几点。

（一）学习的实质是主动地形成认知结构

布鲁纳认为，学习的本质不是被动地形成刺激—反应的联结，而是主动地形成认知结构。认知结构即编码系统，其主要成分是"一套感知的类目"。学习者不是被动地接受知识，而是主动地获取知识，并通过把新获得的知识和已有的认知结构联系起来，积极建构其知识体系。

教学的目的在于理解学科的基本结构。学科的基本结构，是指学科的基本概念、基本原理及基本态度和方法。如物理力学中的惯性定律、实验方法等。学生理解了学科基本结构就容易掌握整个学科的具体内容，有利于学生记忆学科知识，促进学习迁移，促进学生的智力和创造性发展，并且提高学习兴趣。故布鲁纳将学科的基本结构放在编写教材和设计课程的中心位置。

（二）学习包括新知识的获得、转化和评价三个过程

布鲁纳认为学习一门学科包含三个几乎同时发生的过程：新知识的获得、转

化和评价。学习活动首先是新知识的获得，新知识可能是以前知识的精炼，也可能与原有知识相违背。知识的转化就是超越给定的信息，运用各种方法将它们变成另外的形式，以适合新任务，并获得更多的知识。评价是对知识转化的一种检查，通过评价可以核对处理知识的方法是否符合新的任务或者运用是否正确。因此评价通常包含对知识合理性的判断。

总之，布鲁纳认为学习任何一门学科的最终目的是让学生形成良好的认知结构。而良好认知结构常常需要经过获得、转化和评价三个过程。因此，教师首先应明确所要形成的学生的认知结构包含哪些组成要素，在此基础上，教师应采取有效措施来帮助学生获得、转化和评价知识，使学科的知识结构转化为学生的认知结构，使书本死的知识变为学生自己的活的知识。

(三)倡导发现学习

布鲁纳认为，学生掌握学科结构的最佳方式是发现学习。发现学习是指学生利用教材或教师提供的条件，通过探索、操作和思考，自行发现知识、理解概念和原理的方法。布鲁纳认为，所谓发现，当然不只限于发现人类尚未知晓的事物的行动，而且还包括用自己头脑亲自获得知识的一切形式。学生所获得的知识，尽管都是人类已经知晓的事物，但如果这些知识是依靠学生自己的力量获得的，那么对学生来说仍然是一种"发现"。例如，布鲁纳根据儿童踩跷跷板的经验，设计了一个天平，让儿童调节砝码的数量和砝码离支点的距离，以此让儿童发现学习乘法的交换律，如 $3 \times 6 = 6 \times 3$。他先让儿童动手，然后使用想象，最后用数字来表示。

在教学中运用发现法，没有固定的教学模式，要根据不同学科和学生的特点来进行。在整个问题解决的过程中，要求教师向学生提供材料和支持，让学生亲自发现应得的结论或规律，使学生成为发现者。

三、奥苏贝尔的意义接受学习理论

奥苏贝尔是与布鲁纳同时代的著名教育心理学家。在他看来，学生的学习，如果要有价值的话，应该尽可能地有意义。

(一)意义学习的实质与条件

1. 意义学习的实质

奥苏贝尔认为意义学习就是符号所代表的新知识与学习者认知结构中已有的

适当观念建立非人为的和实质性的联系。反之，如果学习者并未理解符号所代表的知识，只是根据字面的联系，记住某些符号的词句或组合，那么则是一种死记硬背的机械学习。

所谓实质性联系，指新知识与学习者原有认知结构的符号、表象、概念、命题建立联系，比如，新学的命题"鲸是哺乳动物"与已有鲸的特性以及哺乳动物的本质属性建立联系，假如学习者认知结构中缺乏相应的知识储备，将会导致机械学习。所谓非人为的联系是指新知识与认知结构中有关观念建立合理的或合乎逻辑的联系。比如，"哺乳动物"和"鲸"的关系是一般与特殊的关系。

2. 意义学习的条件

奥苏贝尔认为，意义学习的产生既受学习材料本身性质（客观条件）的影响，也受学习者自身因素（主观条件）的影响。

从客观条件来看，意义学习材料本身必须具有逻辑意义，并且在学习者心理上是可以理解的，是在其学习能力范围之内。一般而言，教科书上的知识都是有逻辑意义的。

从主观条件来看，首先，学生必须具有意义学习的心向，即学习者必须具有积极主动地将新知识与已有知识之间建立联系的倾向性。其次，学习者认知结构中必须具有能够同化新知识的适当的认知结构。如果学习材料本身有逻辑意义，学习者认知结构中又具备了适当的知识基础，那么，这种学习材料对学习者就构成了潜在的意义，即学习材料有了和学习者认知结构中的适当观念建立联系的可能性。最后，学习者必须积极主动地使这种具有潜在意义的新知识与认知结构中有关的旧知识发生相互作用，使旧知识得到改善，使新知识获得实际意义即心理意义。意义学习的目的，就是使符号代表的新知识获得心理意义。因此，上述条件缺一不可，否则就不能构成意义学习。

相反地，如果学习材料本身缺乏逻辑意义，或者虽然学习材料本身具有逻辑意义，但学习者认知结构中缺乏与新知识进行联系的经验，或者学生缺乏主动将新知识与原有知识加以联系的倾向性，则会导致机械学习。

(二)接受学习的实质与技术

1. 接受学习的实质

接受学习是在教师指导下，学习者接受事物意义的过程。接受学习也是概念同化的过程，是课堂学习的主要形式。奥苏贝尔认为，接受学习适合于年龄较大，有较丰富的知识经验的人。学生在校学习的主要任务是接受系统知识，而要在短时间内获得大量系统的知识，主要靠接受学习。

接受学习的主要特征是把学习内容以定论形式呈现给学生，学习者将学习材料加以内化，把新旧知识有机结合，形成自己的认知结构。

2. 先行组织者

为了激活新旧知识的实质性联系，提高已有知识对接受新知识的有效影响，奥苏贝尔在 20 世纪 60 年代提出了"先行组织者"的教学策略。所谓"先行组织者"，是先于学习任务本身呈现的一种引导性材料，它的抽象、概括和综合水平高于学习任务，并且与认知结构中原有的观念和新的学习任务相关联。

奥苏贝尔认为，促进学习和防止干扰的有效策略，是利用相关的和包容性较广、最清晰和最稳定的引导性材料，这种引导性材料就是"组织者"。由于这些"组织者"在呈现教学内容之前介绍，有利于确定有意义学习的心向，因此称为"先行组织者"。其目的是为新的学习任务提供观念上的固定点，增加新旧知识之间的可辨别性，以促进类属性的学习。研究结果表明，组织者对背景知识水平低的被试有显著的促进作用，这启示我们，当学生学习新材料且缺乏必要的准备知识时，可采用组织者这一技术来促进学习。

近些年来，研究者们在奥苏贝尔的基础上发展了"组织者"的概念。奥苏贝尔提倡采用抽象与包容水平较高的组织者，以便使新的学习纳入下位学习模式中。但梅耶(P. E. Mayer)等人的研究表明，具体模型组织者似乎更有助于为新的学习提供必要的准备知识。这可能由于具体模型具有直观、形象的特点，通过类比的方式能促进学生对新材料的理解，这说明，组织者的设计必须根据材料的特点，不必完全拘泥于奥苏贝尔的经典定义。

先行组织者对教学有很大的启发意义。在传统的教学中，学生对教材进行机械学习的主要原因在于学生在学习新内容时认知结构中没有其固定作用的先前知识。因此，在学习新内容时，教师要给学生提供有助于理解新内容的"先行组织者"。

实践证明，接受学习确实是学习者掌握人类文化遗产和先进科学技术的主要途径。通过接受学习，学习者可以在较短时间内掌握大量的间接知识。而先行组织者技术对提高学生的学习兴趣，促进知识的学习和保持很有帮助，因此在教学中得到了广泛应用。

第四节 建构主义学习理论

建构主义是认知主义的进一步发展,有人称之为当代教育心理学的一场革命。皮亚杰和布鲁纳的思想中已经有建构的观念,从20世纪70年代末,布鲁纳等学者将苏联教育心理学家维果斯基的思想介绍到美国以后,极大地推动了建构主义的发展。虽然目前的建构主义学习理论存在许多派别,但都把学习看作是建构过程,都以新旧知识经验的相互作用来解释知识建构的过程。

当今的建构主义者认为,世界是客观存在的,但是对世界的理解和赋予意义却是由每个人自己决定的。人们是以自己的经验为基础来建构现实,或者至少说是在解释现实,由于人们的经验以及信念不同,对外部世界的理解便也迥异。所以建构主义者更关注学习是如何在原有经验、心理结构和相应信念基础上建构知识的。他们强调学习的主动性、社会性和情境性,对学习和教学提出了许多新的见解。

一、建构主义学习理论的基本观点

建构主义学习理论认为,学习是学习者通过新旧经验的双向作用建构自己经验体系的过程。

(一)知识观

建构主义认为,按照客观主义的观点,事物是客观存在的,而知识是对事物的表征,科学概念是与各种事物相对应的,科学命题、定理等是经过科学验证了的事物的唯一正确的、真实的解释。另外,语言赋予知识以客观的形式,通过语言可以实现知识在人们之间的传递。建构主义则是与客观主义相对立的。

1. 知识的不确定性

建构主义在一定程度上对知识的客观性、确定性提出质疑,强调知识的动态性。知识并不是对现实的准确表征,它只是一种解释、一种假设,它并不是问题的最终答案。知识随着人们的认识程度的深入而不断地变革、升华和改写,出现新的解释和假设。知识并不能完全精确地概括世界,在具体问题解决中,知识是不可能拿来便用,一用就灵,而是需要针对具体情境对原有知识进行再创造。

2. 知识的建构性

对事物的理解不仅取决于事物本身，它同时取决于人们的知识经验背景。不同的人由于经验的不同，对同一事物会有不同的理解。知识不可能以实体的形式存在于个体之外，尽管我们通过语言符号赋予了知识一定的外在形式，但这并不意味着学习者对这些知识有同样的理解。因为这些理解只能由个体学习者基于自己的经验背景建构起来。

(二)学习观

建构主义认为，学习是学生在一定的情境即社会文化背景下，借助他人（包括教师和学习伙伴）的帮助，利用必要的学习资料，通过意义建构获得知识的过程。学习者的这种知识建构过程有三个重要特征：主动建构性、情境性和社会互动性。

1. 学习的主动建构性

学习不是知识由外到内的转移和传递，而是学习者主动建构自己经验的过程。学生不是被动的信息吸收者，而是信息意义的主动建构者，这种建构不可能由其他人代替。面对新信息、新概念、新现象或新问题，学习者必须充分激活头脑中的知识经验，不断思考，对各种信息和观念进行加工转换，基于新旧知识进行综合和概括，解释有关的现象，形成新的假设和推论，并对自己的想法进行反思性的推敲和检验。学习者作为学习活动的主人，承担着学习的责任，需要对学习活动进行积极自主的管理和调节。

2. 学习的情境性

建构主义认为，知识的意义是学生在一定的情境下建构的，知识是不可能脱离活动情境而抽象存在的，学习应该与情境化的社会实践活动结合起来。要求教师提供真实的问题情境，指导学生通过探究、参与的社会实践活动来解决问题，以获得知识的意义。

3. 学习的社会互动性

传统教学认为，通过字词就可以将观念、概念甚至整个知识体系由说话者传递给听话者。当今的建构主义者认为，事物的意义并非完全独立于我们而存在，而是源于我们的建构，每个人都以自己的方式理解到事物的某些方面，从而不同人看到的是事物的不同方面，不存在唯一标准的理解。但是，通过学习者的合作可以使理解更加丰富和全面。教学要增进学生之间的合作，使他们看到那些与自己不同的观点。因此，合作学习受到建构主义者的广泛重视。

（三）学生观

1. 注重以学习者为中心

知识是个体主动建构的，无法通过教师的讲解直接传输给学生，学生必须主动地参与到整个学习过程中，要根据自己先前的经验来建构新知识的意义。

2. 重视学生已有的知识经验

建构主义强调，学生并不是空着脑袋走进教室的。在以往的学习中，他们已经形成了一些经验，教学要把儿童现有的知识经验作为新知识的生长点，引导儿童从原有的知识经验中"生长"出新的知识经验。教学不是知识的传递，而是知识的处理和转换。教师不是简单的知识呈现者，还应该重视学生对各种现象的理解，倾听他们的看法，洞察他们这些想法的由来，以此为根据，引导学生丰富或调整自己的理解。

美国加州大学的维特罗克（M. C. Wittrock）等人在中小学数学、科学和阅读等学科教育中对学生学习过程的大量研究表明，任何学科的学习和理解都不像在白纸上画画，学习总要涉及学习者原有的认知结构，学习者总是以其自身的经验（包括正规学习前的非正规学习和科学概念学习前的日常概念）来理解和建构新的知识或信息。在理科教学中，日常概念与科学概念的矛盾最能说明原有认知结构在教学中的重要性。总之，学生们实际的认知结构与教师认为他们应该有的认知结构不相同，会造成教学工作达不到理想的结果。

二、建构主义在教学中的应用

与建构主义学习理论相适应的教学模式为：以学生为中心，教学过程中教师起组织者、帮助者和促进者的作用，利用情境、协作、会话等学习环境要素充分发挥学生的积极主动性，最终达到学生对所学知识的意义建构。在建构主义教学模式下开发出的比较成熟的教学方法主要有以下几种。

（一）情境性教学

建构主义批评传统教学使学习去情境化的做法，提倡情境性教学。首先，这种教学应使学习在与现实情境相类似的情境中发生，以解决学生在现实生活中遇到的问题为目标。学习的内容要选择真实性任务，不能对其做过于简单化的处理，使其远离现实的问题情境。由于具体问题往往都同时与多个概念理论相关，所以，他们主张弱化学科界限，强调学科间的交叉。其次，这种教学的过程与现实的问题解决过程相类似，所需要的工具往往隐含于情境当中，教师并不是将提前已准备好的内容教给学生，而是在课堂上展示出与现实中专家解决问题相类似的探索过程。目前，普遍采用的是以有感染力的真实、事例或问题为基础或作为"锚"。因此有时也被称为"抛锚式教学"或"基于问题式教学"。

(二)支架式教学

支架本意是建筑行业中使用的脚手架，这里用来形象地说明一种教学模式。教师或其他助学者为学习者提供外部支持（支架），帮助他们完成独自无法完成的学习任务，而随着活动的进行，逐渐减少外部支持，让位于学生的独立活动，最后撤去支架。支架式教学以维果斯基的"最近发展区"理论为依据。支架式教学中的支架应根据学生的"最近发展区"来确立，通过支架作用将学生的能力从一个水平引导到另一个水平。

为学习活动搭建支架的方法很多，如引导学生对关键信息的注意，提供工具，提供启发引导，做演示，示范问题解决策略，提供活动反馈等。另外，不仅教师可以为学习者提供脚手架，学习者之间也可以相互搭建学习的脚手架，互为支持。可以看出，支架式教学与以前所谈的指导发现法相似，都强调在有教师指导的情况下的发现，但支架式教学则同时强调教师指导成分的逐渐减少，最终要使学生达到独立发现的目的，将监控学习和探索的责任由以教师为主向以学生为主转移。

(三)合作学习

当今的建构主义者重视教学中教师与学生以及学生与学生之间的社会性相互作用，合作学习在建构主义的教学中被广为采用。建构主义认为，每个人都以自己的经验为背景建构对事物的理解，因此只能理解到事物的不同方面，不存在对事物唯一正确的理解。教学要使学生超越自己的认识，看到那些与自己不同的理解，看到事物的另外的侧面。通过合作和讨论，可以使学生相互了解彼此的见解，看到自己抓住了哪些，又漏掉了哪些，从而形成更加丰富的理解，有利于学习的广泛迁移。在小组讨论中，学生要不断反思自己的思考过程，对各种观念加以组织和改组，有利于学生建构能力的发展。合作学习与维果斯基对社会性交往的重视以及"最近发展区"的思想是一致的，学生在与比自己水平稍高的成员的交往中，将潜在的发展区转化为现实的发展区，并创造更大的发展的可能。

建构主义学习理论强调充分发挥学习者在学习过程中的主动性和建构性，重视"情境""协作"在教学中的重要作用，提出一系列以"学"为中心的教学方法。这些教学方法有利于学生主动发现、主动探索，有利于创造型人才的培养。当然，建构主义强调事物的意义源于个人的建构，没有对事物的唯一正确的理解，就过于强调了真理的相对性。另外过于强调学生学习知识的情境性、非结构性，忽视系统性知识学习，也有可能使创造性发展的目标落空。

【练习题】

一、单项选择题

1. 根据学习的定义，下列属于学习的现象是（　　）。

A. 虫子飞进眼里，不停地眨眼　　B. 喝咖啡后精神好多了

C. 鹦鹉学舌　　D. 小明上课走神

2. 警示教育所产生的强化作用是（　　）。

A. 外部强化　　B. 自我强化　　C. 积极强化　　D. 替代强化

3. 按照加涅的学习结果分类观点，学会陈述观念的能力被称为（　　）。

A. 智慧技能　　B. 认知策略　　C. 言语信息　　D. 动作技能

4. 通过对狗等动物的训练研究，提出条件反射学说的学者是（　　）。

A. 桑代克　　B. 斯金纳　　C. 华生　　D. 巴甫洛夫

5. "一朝被蛇咬，十年怕井绳"，这种现象最适合的解释是（　　）。

A. 刺激分化　　B. 刺激泛化　　C. 消退　　D. 逃避

6. 当一个不爱学习的学生认真听课、完成作业时，教师撤销了对他的批评，这种做法属于（　　）。

A. 正强化　　B. 负强化　　C. 消退　　D. 惩罚

7. 孩子哭闹着要买玩具，母亲不予理睬。这是（　　）。

A. 正强化　　B. 负强化　　C. 消退　　D. 惩罚

8. 小明看到那些欺负弱者的同学受到教师的处罚和批评，那些爱护和帮助弱者的同学则受到大家的喜爱。久而久之，小明也变得乐于助人了。这种学习属

于（　　）。

    A. 发现学习　　　　B. 接受学习　　　　C. 观察学习　　　　D. 试误学习

9. 如果学生要学习的知识内容比较复杂，结构化程度很高，又必须在短时间内掌握，适宜采用的学习方式是（　　）。

    A. 发现学习　　　　B. 接受学习　　　　C. 合作学习　　　　D. 互动学习

10. 美国心理学家布鲁纳认为，学习的实质在于（　　）。

    A. 构造一种完形　　　　　　　　　B. 主动地形成认知结构

    C. 形成刺激与反应的联结　　　　　D. 对环境条件的认知

11. 奥苏贝尔认为，学生的学习主要是（　　）。

    A. 机械学习和有意义学习　　　　　B. 有意义的接受学习

    C. 有意义的发现学习　　　　　　　D. 接受学习和发现学习

12. 教师或其他人与学习者共同完成学习活动，为学习者提供外部支持，帮助他们完成无法独立完成的任务，这种教学方式是（　　）。

    A. 探究学习　　　B. 支架式教学　　　C. 情境教学　　　D. 合作学习

13. "其身正，不令而行；其身不正，虽令不从"。能够有效解释这一现象的学习理论是（　　）。

    A. 社会学习理论　　　　　　　　　B. 认知主义学习理论

    C. 建构主义学习理论　　　　　　　D. 人本主义学习理论

14. 在学习观上强调学习的主动建构性、情境性和社会互动性的学习理论是（　　）。

    A. 行为主义学习理论　　　　　　　B. 认知主义学习理论

    C. 建构主义学习理论　　　　　　　D. 人本主义学习理论

二、辨析题

1. 负强化就是通过惩罚的方式来降低行为反应的概率。

2. 刺激的分化和泛化是互补的过程。

3. 发现学习一定优于接受学习。

三、简答题

1. 人类的学习和动物的学习的本质区别是什么？

2. 简述奥苏贝尔对学习的分类。

3. 简述桑代克主张的学习应遵循的三条重要的学习定律。

4. 什么是先行组织者，在教学中有何作用？

四、材料分析题

王女士反映，转学还不到一个学期的 10 岁的儿子小雷跟过去比好像换了个人似的。以往由于喜欢做小动作，小雷没少挨老师的骂，结果看到老师就害怕，最后不得不转学。到新学校后不久，小雷在上课时又忍不住做起了小动作，结果被老师发现了。老师什么也没说，只是微笑着轻轻拍了一下小雷的背便继续上课了。以后每次老师走到小雷身边，如果小雷没做小动作，老师就会对他微笑并点头赞许，小雷很快就改掉了坏习惯，并爱上了学习，他的自信心从此之后大增。

问题：请分析案例中小雷的行为改变过程符合哪个学派的学习理论，并结合案例分析其原理。

五、论述题

试述建构主义学习观的主要观点。

第六章 学习动机的培养与激发

【学习目标】

1. 识记学习动机、自我效能感、问题情境等基本概念。

2. 掌握学习动机的分类，学习动机与学习效果的关系，学习动机理论，影响学习动机形成的因素。

3. 能够理论联系实际，掌握激发学习动机的措施。

人类的任何活动都是由一定的动机所激发，并指向一定的目的。学习动机在学习过程中的作用很大，许多教育学家和心理学家都特别重视对学习动机的研究。学习行为同人类其他行为一样，也受到动机的影响。因此，弄清学生的学习动机及规律，对调动学生的学习积极性、提高学习效率有重要作用。

第一节 学习动机概述

一、学习动机的概念

学习动机是指激发个体进行学习活动、维持已引起的学习活动，并致使行为朝向一定学习目标的一种内在过程或内部心理状态。它与学习活动相互激发、相互加强。学习动机一旦形成，它就会自始至终贯穿于某一学习活动的全过程。因此，学习动机可以加强并促进学习活动，学习活动又可激发、增强甚至巩固学习动机。学习动机经常可通过外在的学习行为反映出来。

二、学习动机的基本结构

学习动机的两个基本成分是学习需要和学习期待。两者相互作用，形成学习的动机系统。

(一)学习需要与内驱力

学习需要是指个体在学习活动中感到有某种欠缺而力求获得满足的心理状态。它的主观体验形式是学习者的学习愿望或者学习意向。它包括学习的兴趣爱好和学习的信念，内驱力也是一种需要，但它是动态的。从需要的作用上来看，学习需要即学习的内驱力。

奥苏贝尔认为，学校情境中的成就动机主要由以下三个方面的内驱力组成：认知内驱力、自我提高内驱力和附属内驱力。这三种内驱力就是学习需要的三个组成因素。

1. 认知内驱力是一种要求理解事物、掌握知识，系统地阐述并解决问题的需要。它以求知作为目标，从知识获得上得到满足。这种内驱力主要是从人类原始的好奇心和探究中派生出来的，是学习的内部动机。

2. 自我提高内驱力是指个体在自己的学业成就中获得相应的地位和威望的需要。它可以使学生把学习行为指向在当前学校学习中可能取得的成就，以及在此基础上将自己的行为指向未来学术和职业方面的成就和地位。但它不是直接指向知识和学习任务本身的，而是把学业成就看作是赢得地位和自尊的根源。成就的大小决定所赢地位的高低，同时又决定着自尊需要是否得到满足。所以它是一种间接的学习需要，属于外部动机。

3. 附属内驱力是指个体为了获得长者(如教师、家长等)的赞许而表现出来的把工作或学习做好的一种需要。它既不直接指向学习任务本身，也不把学业成就看作是赢得地位的手段，而是为了从长者那里获得赞许和接纳。它具有三个条件：第一，学生与长者在感情上具有依附性；第二，学生在从长者方面所博得的赞许或认可中将获得一种派生的地位。所谓派生地位是指不是由他本身的成就水平决定的，而是从他所自居和效仿的某个人或某些人不断给予的赞许或认可中引申出来的；第三，享受到这种派生地位乐趣的人，会有意识地使自己的行为符合长者的标准和期望，借以获得并保持长者的赞许，这种赞许往往使一个人的地位更确定、更巩固。这种交往的内驱力也是一种间接的学习需要，属于外部动机。

认知内驱力、自我提高内驱力和附属内驱力在动机结构中所占的比重并非一成不变，通常是随着年龄、性别、个性特征、社会地位和文化背景等因素的变化而变化的。在儿童早期，附属内驱力最为突出，他们努力获得学业成就，主要是为了实现家长的期待，并得到家长的赞许。到了儿童后期和少年期，附属内驱力的强度有所减弱，来自同伴的、集体的赞许和认可逐渐替代了对长者的依附。在这期间，赢得同伴的赞许就成为一种强有力的动机因素。而到了青年期，认知内驱力和自我提高内驱力成为学生学习的主要动机，学生学习的目的在于满足自己的求知需要，并从中获得相应的地位和威望。

(二)学习期待与诱因

学习期待是个体对学习活动所要达到的目标的主观估计。学习期待与学习目标密切相关，但两者不能等同。学习目标是个体通过学习活动想要达到的预期结果，而在个体完成学习活动之前，这个预想结果是以观念的形式存在于头脑之中的。因此，学习期待就是学习目标在个体头脑中的反映。

诱因是指能够激起有机体的定向行为，并能满足某种需要的外部条件或刺激物。诱因可以是简单的物体，如食物、水等，也可以是复杂的事情，如名誉、地位等。诱因分为积极的诱因和消极的诱因。凡是使个体产生积极的行为，即趋向或接近某一目标的刺激物称为积极诱因。例如，在激发学生学习积极性的教育措施中，教师所提供的奖品、成绩等都是积极的诱因。消极的诱因可以产生负性行为，即使个体离开或回避某一目标。

学习期待是静态的，而诱因是动态的，它将静态的期待转换成为目标。所以，学习期待就其作用来说就是学习的诱因。

三、学习动机的种类

(一)高尚的动机与低级的动机

根据学习动机内容的社会意义，可将学习动机分为高尚的学习动机与低级的学习动机。高尚的学习动机的核心是利他主义，学生把当前的学习同国家和社会的利益联系在一起。例如，中小学生勤奋学习各门功课，是因为他们意识到自己在不久的将来是国家建设的中坚力量，肩负着祖国繁荣昌盛的重任。低级的学习动机的核心是利己的、以自我为中心的，学习动机只来源于自己眼前的利益。例如，有的学生努力学习，只是为了个人的名誉、地位或报答父母的养育之恩等。

(二)近景的直接性动机和远景的间接性动机

根据学习动机与学习活动的关系，可将学习动机分为近景的直接性动机和远景的间接性动机。近景的直接性动机与学习活动直接相连，来源于对学习内容或学习结果的兴趣。例如，学生的求知愿望、对某门学科的浓厚兴趣以及教师生动形象的讲解、教学内容的新颖等都属于近景的直接性动机。远景的间接性动机是与学习的社会意义和个人的前途相连的。例如，中小学生意识到自己的历史使命，为不辜负父母的期望，为自己争取在班集体中的地位和荣誉等都属于远景的间接性动机。

(三)内部学习动机和外部学习动机

根据学习动机的动力来源，可将学习动机分为内部学习动机和外部学习动机。内部学习动机是指由个体内在的需要引起的动机。例如，学生的求知欲、学习兴趣等。外部学习动机是指个体由外部诱因所引起的动机。例如，某些学生为了得到教师或父母的奖励或避免受到教师或父母的惩罚而努力学习，他们从事学习活动的动机不在于学习任务本身。

内部学习动机和外部学习动机的划分不是绝对的。由于学习动机是推动人从事学习活动的内部心理动力，因此，任何外界的要求、外在力量都必须转化为个体内在的需要，才能成为学习的推动力。在外在学习动机发生作用时，人的学习活动较多的依赖于责任感、义务感或希望得到奖赏和避免受到惩罚的意念。因此，从这个意义上说，外在学习动机的实质仍然是一种学习的内部动力。因此，我们在教育过程中要强调内部学习动机的作用，但也不能忽视外部学习动机的作用。教师一方面应逐渐使外部学习动机转化为内部学习动机；另一方面又应利用外部学习动机使学生已经形成的内部学习动机处于持续的激活状态。

(四)一般动机与具体动机

根据学习动机起作用的范围不同，可将学习动机分为一般动机与具体动机。一般动机是在许多学习活动中都表现出来的较稳定的、持久的、努力掌握知识经验的动机。这类动机主要产生于学习者自身，与其价值观念和性格特征密切相关，因而也被称为性格动机，具有较高的稳定性。具体动机是在某一具体学习活动中表现出来的动机。这类动机多半是在学习过程中，因学业成败或师生关系的影响而逐渐养成的。由于这类动机主要受外界情境因素的影响，因而也被称为情境动机，其作用是暂时的、不稳定的。

(五)主导性动机与辅助性动机

根据学习动机在活动中的地位和所起的作用，可分为主导性动机和辅助性动机。主导性动机是指在活动中所起作用较为强烈、稳定并处于支配地位的动机。辅助性动机是指在活动中所起作用较弱、不稳定并处于辅助性地位的动机。

第二节　学习动机理论及在教育中的运用

一、强化理论

(一)强化理论的主要观点

行为主义心理学是强化理论的背景。行为主义心理学家不仅用强化来解释学习的发生，还用它来解释动机的产生。他们认为，人的某种学习行为倾向完全取决于先前这种学习行为与刺激因受到强化而建立起来的稳固联系，不断强化还可以使这种联结得到加强和巩固。强化有正强化和负强化之分。凡施加某种影响使有机体获得愉快体验从而有助于机体反应频率、速度和强度增加的过程叫作正强化；凡施加某种影响使有机体先前的不愉快体验降低从而有助于机体反应频率、速度和强度增加的过程，叫作负强化。如对三好学生进行表扬、奖励为正强化；受了处分的学生因表现好而将处分撤销则为负强化。

(二)强化理论在教育中的运用

学校中的强化，既可以是外部强化，也可以是内部强化。前者是由教师施予学生身上的强化手段，后者则是自我强化，即学生在学习中由于获得成功而增强了学习的成功感与自信心，从而增强了学习动机。一般来说，强化起着增进学习动机的作用，惩罚则一般起着削弱学习动机的作用，但有时也可使一个人在失败中重新振作起来。在学习中如能合理地运用强化，减少惩罚，将有助于提高学生的学习动机水平，改善他们的学习行为及其结果。程序教学及计算机辅助教学的心理基础，就是通过强化原则来维持学生的学习动机。实践表明，强化理论对某些简单的操作反应—强化动物训练、知识学习等，可以取得相应的效果。

在教育实践中，可通过以下三种方式来激发、形成和维持学生的学习动机。

一是直接强化，即通过外部因素对学习行为给予强化；二是替代性强化，即通过一定的榜样来强化相应的学习行为或学习行为倾向；三是自我强化，即学习者根据一定的评价标准进行自我评价和自我监督来强化相应的学习行为。这三种强化的结合运用，就能激发、形成和维持学生的学习动机。

从刺激物的使用和安排来激发学生的学习动机方面看，强化理论有一定的积极意义，但过于强调强化的作用，忽视甚至无视人的主观能动性和学习兴趣的作用则是机械的、不正确的。

二、需要层次理论

(一)需要层次理论的主要观点

人本主义心理学是需要层次理论的背景。美国心理学家马斯洛(A. H. Maslow)是这一理论的提出者和代表人物。该理论认为每个人都有内在价值，都有发挥潜能和自我实现的心理需求，必须重视人的尊严、意愿、情感，重视研究人的价值、人的创造力和人的自我实现。

马斯洛认为人的基本需要有五种，它们由低到高依次排列成一定的层次，即生理的需要、安全的需要、归属和爱的需要、尊重的需要、自我实现的需要，如图 6-1 所示。

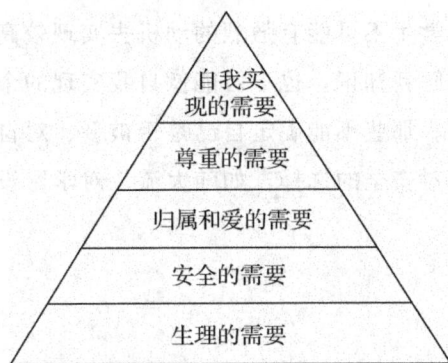

图 6-1　马斯洛需要层次理论

马斯洛认为，这五种需要都是人的最基本的需要。这些需要是天生的、与生俱来的，它们构成了不同的等级或水平，并成为激励和指引个体行为的力量。在上述基本需要的满足过程中，各种需要不仅有高低层次之分，而且有先后顺序之别，只有低层次的需要得到基本满足后，高层次的需要才能产生。同时，马斯洛又把这五种需要分为缺失性需要（deficiency needs）和成长需要（growth needs）两类。其中，生理的需要、安全的需要、归属和爱的需要、尊重的需要因身心的缺失而产生，因此称为缺失性需要。例如，因饥渴而求饮食，因恐惧而求安全，因孤独而求归属，因免于自卑而求自尊。它们是人类维持生活所必需的，一旦它们得到满足，其强度就会降低，因此个体所追求的缺失性目的物是有限的。而自我实现的需要属于成长需要，包括认知的需要、审美的需要和创造的需要，它区别于缺失性需要的根本特点在于它的永不满足性。也就是说，自我实现需要的强度不仅不随其满足感的降低而降低，相反会因获得满足而增强，因此个体所追求的成长性目的物是无限的，是永无止境的。

（三）需要层次理论在教育中的运用

需要层次理论说明，在某种程度上，学生缺乏学习动机可能是由于某种低级需要没有得到充分满足，而这些因素会成为学生学习和自我实现的主要障碍。在教育实践中，应先给学生良好的教育环境，使其各种缺失性需要均获得满足，这样大多数学生才会自发性地继续成长。教师不仅要关心学生的学习，也应该关心学生的生活，努力排除影响学生学习的一切干扰因素。

对学生而言，爱和尊重的需要显得尤为重要。如果没有感受到被人关爱或者觉得自己无能，这样的学生不可能有强烈的动机去实现较高水平的成长目标，不可能自主地去探索和理解新知识，也不可能像自我实现的个体那样对新观念抱以创造性和开放性的态度。那些不能确定自己是否被爱、对自己的能力没有信心的学生，也会做出一些相对安全的选择，如随大流、对学习没有兴趣、为考试而学习等。

三、成就动机理论

（一）成就动机理论的主要观点

默里（H. A. Murry）把成就动机定义为个体努力克服障碍，施展才能，力求又快又好地解决某一问题的愿望或趋向，它在人的成就需要的基础上产生，是激励个体乐于从事自己认为重要的或有价值的工作，并力求获得成功的一种内在驱动力。

　　成就动机理论最初由麦克利兰(D. C. McClelland)提出的，后来阿特金森(J. W. Atkinson)加以发展。成就动机理论认为：成就动机是在人的成就需要的基础上产生的，它是激励个体乐于从事自己认为重要的或有价值的工作，并力求获得成功的一种内在驱动力。个体的成就动机可以分为两类：一类是力求成功的动机，即人们追求成功和由成功带来的积极情感的倾向性；另一类是避免失败的动机，即人们避免失败和由失败带来的消极情感的倾向性。根据这两类动机在个体的动机系统中所占的强度，可以将个体分为力求成功者和避免失败者。对力求成功者来说，在其动机系统中力求成功的成分比避免失败的成分多一些；对避免失败者来说，其动机系统中避免失败的成分比力求成功的成分多一些。面临任务时，这两种动机通常同时起作用，力求成功动机占优势就会使人奋发向上，避免失败动机占优势则会使人行动迟疑退缩，两种倾向势均力敌则会造成激烈的心理冲突。力求成功者的目的是获得成就，所以他们会选择有成就的任务，而成功概率为50％的任务是他们最有可能选择的，因为这种任务有助于他们通过努力来提高自尊心和获得心理上的满足。当他们面对完全不可能成功或稳操胜券的任务时，动机水平反而会下降。相反，避免失败者则倾向于选择非常容易或非常困难的任务，如果成功的概率大约是50％或更低，他们会避免这一项任务，以防止自尊心受损和产生心理烦恼。选择容易的任务可以保证成功，使自己免遭失败；而选择极其困难的任务，即使失败，也可以找到适当的借口，得到自己和他人的原谅，从而减少失败感。

（二）成就动机理论在教育中的运用

　　在教育实践中，对力求成功者，应通过给予新颖且有一定难度的任务，安排竞争的情境，严格评定分数等方式来激起其学习动机；而对于避免失败者，则要安排少竞争或者竞争性不强的情境，如果取得成功则要及时表扬给予强化，评定分数时要求稍稍放宽些，并尽量避免在公众场合下指责其错误。应注意的是，虽然成就动机对学习有重要影响，但也不能片面地只讲个人的成就和个人的自我提高，而应当引导学生认识学习的社会价值，把追求个人成就和追求社会进步结合起来，并使个人成就服从于整个社会进步的需要。

四、成败归因理论

(一)成败归因理论的主要观点

人们做完一项工作之后,往往喜欢寻找自己或他人之所以取得成就或遭受失败的原因。海德(F. Heider)最早对人们归因的心理倾向提出自己的观点,他认为,行为的原因要么在于外部环境,要么在于个人内部。他人的影响、奖励、运气、工作难易等都是外部环境原因。人格、动机、情绪、态度、能力、努力等都是个人内部原因。如果把行为的原因归因于外部环境,则个人对其行为结果可以不负责任;如果把行为的原因归因于个人,则个人对其行为结果应当负责。

后来,罗特(J. B. Rotter)对归因理论进行了发展,提出了控制点的概念,并据此把人分为"内控型"和"外控型"两类。内控型的人认为自己可以控制周围的环境,无论成功还是失败,都是由于自己的能力和努力等内部因素造成的,他们乐于对自己的行为负责;外控型的人则感到自己无法控制周围的环境,无论成败,都归因于他人的影响或运气等外在因素,他们往往对自己的行为不愿承担责任。

在海德和罗特研究的基础上,美国心理学家韦纳(B. Weiner)对行为结果的归因进行了系统的探讨,发现人们倾向于将活动成败的原因即行为责任归结为以下六个因素:能力高低、努力程度、任务难易、运气(机遇)好坏、身心状态、外界环境。同时,韦纳认为这六个因素可归结为三个维度:内部归因和外部归因,稳定性归因和非稳定性归因,可控制归因和不可控制归因。最后,将三个维度和六个因素结合起来,就组成了韦纳三维度六因素成就动机的归因模式(见表6-1)。

不同的归因会影响到对未来成功的期待、情感反应以及成就行为。一般认为,稳定维度会影响成功期待。将成功归因于稳定因素(能力高、任务简单)比将成功归因于不稳定因素(一时的努力、运气)对未来的成功产生的期待会更高。将失败归因于稳定因素(能力低或任务难),比归因于不稳定因素(努力不够、运气不佳)对未来的成功产生的期待会更低。

表 6-1　韦纳三维度六因素成就动机的归因模式

纬度　　因素	稳定性		内在性		可控性	
	稳定	不稳定	内在	外在	可控	不可控
能力高低	+		+			+
努力程度		+	+		+	
任务难度	+			+		+
运气好坏		+		+		+
身心状态		+	+			+
外界环境		+		+		+

内外维度会影响到个体的情感反应。将成功(失败)归因于内部因素比归因于外部因素更容易使个体体验到较强的自豪感(羞愧感)。当学生认为成功靠自己(能力、努力),而不是外在力量(他人的帮助、任务简单)时,会体验到更强的自豪感。

可控性维度有多种不同的影响。可控感能够使学生更为积极地参与学业活动,对困难任务付出更多的努力,更具有坚持性,并取得较好的成绩。如果学生认为自己对学习结果没有控制力,就可能形成较低的成就动机。

(二)成败归因理论在教育中的运用

成败归因理论在实际教学中的作用:一是有助于了解心理活动发生的因果关系;二是有助于根据学习行为及其结果来推断个体的心理特征;三是有助于根据特定的学习行为及其结果来预测个体在某特定况下可能产生的学习行为。

一般来说,学生将成功的结果归因于内部的、稳定的、可控的原因,或者将失败的结果归因于内部的、不稳定的、可控的原因,有助于维持和激发其随后的学习动机,产生积极的学习行为。学生将成功的结果归因于外部原因,或将失败的结果归因于内部、稳定、不可控的原因不利于维持和激发他们随后的学习动机,甚至会产生不良的情绪和行为反应。在教育教学实践中,教师可通过引导学生对自己的成败结果做出积极的归因来激发其学习动机和矫正不良的情绪和行为反应。具体地说,教师应该尽可能地让学生相信努力(不稳定的、可控制的)是决定学业成绩的重要因素。努力使人成功,不努力使人失败。还要说服学生相信努力是他们个人的意志可以控制的，如可以通过预习、聚精会神地听讲、认真的准备考试等方式提高学习成绩。教师还应该尽可能地指导学生将他们的进步或成功归因于内部因素，以增加他们的满意感和自信心，同时还要尽可能地避免学生对失败做出稳定的、不可控的归因，以防止其产生绝望情绪和无助行为。

五、自我效能感理论

(一)自我效能感的理论、影响因素及功能

1. 自我效能感理论的主要观点

自我效能感指人们对自己能否够成功地从事某一成就行为的主观判断。这一概念最早由班杜拉提出。班杜拉在他的动机理论中指出，人的行为主要受行为的结果因素的影响。行为的结果因素就是通常所说的强化，并把强化分为三种：一是直接强化，即通过外部因素对学习行为予以强化；二是替代性强化，即通过一定的榜样来强化相应的学习行为或学习行为倾向；三是自我强化，即学习者根据一定的评价标准进行自我评价和自我监督来强化相应的学习行为。班杜拉认为，行为的出现是由于人认识了行为与强化之间的依赖关系后，形成了对下一强化的期待。所谓"期待"，包括结果期待和效能期待。结果期待是指个体对自己的某种行为会导致某一结果的推测。如果个体预测到某一特定行为会导致某一特定的结果，那么这一行为就有可能被激活和被选择。例如，学生认识到只要上课认真听讲就会获得他所希望的好成绩，那么他就可能认真听讲。效能期待则指个体对自己能否实施某种成就行为能力的判断，即人对自己行为能力的推测。当个体确信自己有能力进行某一活动时，就会产生高度的"自我效能感"，并会去实施那一活动。例如，学生只有认识到注意听课可以带来理想的成绩，而且还感到自己有能力听懂教师所讲内容时，才会真正认真听课。在人们获得了相应的知识技能后，自我效能感就能成为学习行为的决定因素。

2. 影响自我效能感形成的因素

影响自我效能感形成的因素主要有五个方面。

(1)个体自身行为的成败经验。这个效能信息源对自我效能感的影响最大。一般来说，成功经验会提高效能期望，反复的失败会降低效能期望。

(2)归因方式也会直接影响到自我效能感的形成。如果把成功归因于外部的、

不可控的因素(如运气、难度等)就会降低自我效能感,把失败归因于内部的、可控的因素(如努力)就会增强自我效能感。

(3)替代经验。人的许多效能期望来源于观察他人的替代经验,能否成功获得这种经验,一个关键因素是观察者是否与榜样一致。

(4)言语劝说。因其简便、有效而得到广泛应用,但缺乏经验基础的言语劝说,其效果则是不巩固的。

(5)情绪唤醒。高水平的情绪唤醒会使成绩降低而影响自我效能,当人们不被厌恶刺激所困扰时更能期望成功。

3. 自我效能感的功能

班杜拉等人的研究还指出,自我效能感形成后,对人的行为将会产生深刻的影响,主要表现在以下几个方面。

(1)决定人们对活动的选择以及对活动的坚持性。自我效能感高者倾向于选择富有挑战性的任务,在困难面前能坚持自己的行为;而自我效能感低者则相反。

(2)影响人们对困难任务的态度。自我效能感高者敢于面对困难,富有自信心,相信通过坚持不懈的努力可以克服困难;而自我效能感低者在困难面前缺乏自信、畏首畏尾、不敢尝试。

(3)影响人们活动时的情绪。自我效能感高者活动时信心十足,情绪饱满,而自我效能感低者则充满恐惧和焦虑。

(4)自我效能感不仅影响新行为的获得,而且还会影响到习得行为的表现。

(二)自我效能感理论在教育中的运用

具有高自我效能感的学生,相信自己能够成功地完成实现目标所需要的行为,相信这种行为会带来所期望的结果;而低自我效能感的学生则可能认为自己无法完成任务,或者认为自己虽然能够完成所需要的活动,但是其他因素会导致这一活动无法达到所期望的结果。对学生而言,具有良好的自我效能感可以促使学生付出更多努力并坚持完成任务,从而促进他们的学习。当学生看到自己的学业进步时,他们最初的自我效能感会得到进一步证实,继而起到维持学习动机的作用。对教师而言,教师的自我效能感是非常有意义和有价值的,它能使教师指导学生设定合理的、能够实现的目标。教师在指导学生设定目标时,应该注意:

①目标应该比较具体，有比较清晰的评估标准；②目标具有一定程度的挑战性；③只要付出一定的时间和努力，目标应该是可以实现的；④较长远的目标应该分割为较小的、更容易实现的阶段性目标；⑤强调坚持的重要性；⑥学生体验到成功后，强调他们付出的努力很重要。

六、自我价值理论

（一）自我价值理论的基本观点

自我价值理论是美国心理学家科温顿（Covington，1992）提出的。自我价值理论的基本假设是当自己的自我价值受到威胁时，人类将竭力维护自我，人类将自我接受作为最优先的追求。自我价值定向（self-worth orientation）是指个人的自我价值定位（选择）和自我价值状况，决定着个人指向特定对象（包括自身）和在特定情境中的社会行为，并且个体与周围世界、他人及其作为客体的自我关系，也是由其自我价值定位和自我价值状况决定的。

自我价值理论认为，学生的自尊感来源于对自己能力的肯定。在自我价值理论中，感到自己具有过人的能力是最重要的优势，这种优势有时候甚至超过了好成绩所带来的自我价值肯定。所以，有些学生会采取根本不努力的手段，为自己的失败找到借口而不至于表现出无能。因此，科温顿根据学生追求成功和避免失败的倾向，可将学生分为四类（见图 6-2）：高趋低避者、低趋高避者、高趋高避者、低趋低避者。

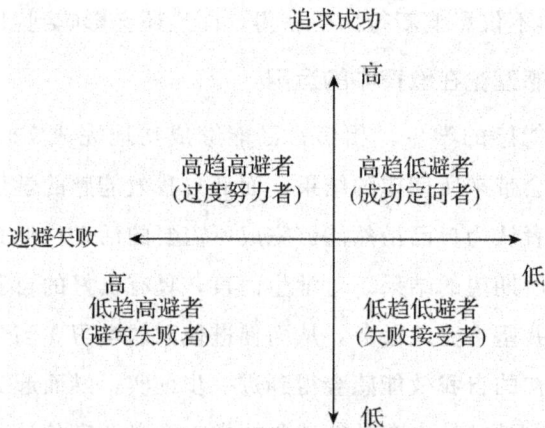

图 6-2　自我价值动机的分类

1. 高趋低避者

这类学生的学习超越了对能力状况和失败状况的考虑，又被称为成功定向者。他们往往拥有无穷的好奇心，对学习有极高的自我代入感。

2. 低趋高避者

又称避免失败者。这类学生有很多保护自己胜任感的策略，使用各种自我防御术，从外部寻找个人无法控制的原因来解释失败。

3. 高趋高避者

又称过度努力者。他们兼具了成功定向者和避免失败者的特点。一方面对自我能力的评价较高，另一方面这一评价又不稳定，极易因失败经历而产生动摇。他们往往有完美主义的倾向，给自己很大的压力，处在持续恐惧之中。

4. 低趋低避者

又称失败接受者。他们放弃了通过能力的获得来保持其身份和地位的努力。这些学生在面临学业挑战时表现出退缩，至少是被动的反应。他们用于学习的时间很少，焦虑水平也很低，对极少获得的成功不自豪，对失败也不感到羞耻。

这一分类模型较为完整地揭示了学生的学习动机情况，是对成就动机理论的有益发展和补充。

(二)自我价值理论在教育中的运用

自我价值理论的教育应用表现在：第一，教师要正确判断学生的学习动机；第二，正确看待"努力"这把双刃剑；第三，学校评价系统对学生学习动机的引导。

教师应该教给学生一种积极、乐观地看待能力的态度。第二，让学生意识到能力是一种用来解决问题的资源，可以随着知识和经验的增加而增加；第二，让学生知道能力是拥有多个维度、多种形式的。

第三节　学习动机的培养与激发

一、影响学生学习动机形成的因素

探讨影响学生学习动机的因素，有利于提高教师对学生学习动机的培养和激发的针对性，从而更有效地促进学生成功地学习。

(一)内部条件

1. 学生自身需要与目标结构

在社会实践中，由于每个人的生活和经历各不相同，形成了个人独特的需要和认知的方式。正是因为学生的求知需要在强度和水平上不尽相同，所以学生学习动机的强度和水平也有很大的差异。

2. 成熟与年龄特点

从学习动机的表现中可以发现：年幼的孩子对社会的影响、家长的过高要求常常是不予理睬的。按照马斯洛的需要层次理论，小孩子对生理需要和安全需要过分关注，而大孩子对社会影响比较在意。随着年龄的增长，社会性的动机作用才逐渐增长，如注意到自己在班级中的地位，渐渐地学会与其他同学比较等。

3. 学生的性格特征和个体差异

学生本人的兴趣爱好、好奇心及意志品质都影响着学习动机的形成。成功与失败对不同学生的作用不同，这就体现了个体差异。有人趋于进取，力求获得成就，有人则力求避免失败。

4. 学生的志向水平和价值观

学习动机与理想是紧密联系的。因此，学生人生观、世界观、价值观所直接反映的理想情况或志向水平影响着学习动机和目标结构的形成。理想水平高，学习动机就强。

5. 学生的焦虑程度

焦虑指学生在担心不能成功地完成任务时产生的不舒适、紧张、担忧的感觉。焦虑水平不仅影响着学习的动机，也会影响学生的学业成绩。大量调查表明，焦虑程度过高或过低，都会对任务的完成产生不良影响；中等程度的焦虑对学习有促进作用。

(二)外部条件

1. 家庭与社会舆论

不同的社会条件对学生有不同的要求。其一，社会要求通过家庭对学生的学习动机起影响作用；其二，在学生学习动机形成过程中，家庭的文化背景、精神面貌也起着极其重要的作用。

2. 教师的榜样作用

动机是有感染力的，教师在学生学习动机形成中是一个十分强有力的影响因素。一方面，教师本人是学生学习动机的榜样；另一方面，教师的期望也会对学生的动机和行为产生影响。

二、学生学习动机的培养与激发

教学过程中，学生是学习的主体，教师是学习的主导。为了促进学生的学习，在教学过程中，教师首先要做的工作就是培养和激发学生的学习动机。学习动机的激发是指在一定教学情境下，使已经形成的学习需要由潜在状态变为活动状态，形成学习的积极性。潜在的学习动机是指教师通过采用一些措施进行教育，把学生还没有或很少的学习动机发展起来。因此，培养学习动机是激发学习动机的前提，激发是进一步培养和加强已有的学习动机。

学生是一个逐步走向成熟的群体，他们刚开始的学习是无目的性的，随着年龄的增长和学习的深入，他们开始懂得学习究竟是为了什么。由此，每个学生都会形成一定的学习动机，学生的学习动机有一个逐步发展的过程。一般来说，学生学习动机的发展趋势是从外部学习动机逐步向内部学习动机发展，从近景的直接性动机逐渐向远景的间接性动机发展，从具体的学习动机逐步向富有原则性的、比较抽象的一般动机发展，从不稳定的学习动机逐步向比较稳定的学习动机发展。整个发展过程反映了学生学习行为的动机水平及其学习活动的水平。在学校教育中，激发学生的学习动机，一方面是帮助学生树立正确的学习目的，明确学习的意义与知识的价值；另一方面要因时、因地、因人采取适宜的方法和技术。根据影响学生学习动机的因素及有关理论观点，可以从以下几个方面来培养和激发学生的学习动机。

(一)加强学习目的教育，增强学生的自觉性

教学活动是以学生为主体的，只有让学生确切了解学习活动的性质，学生才会按教师设定的教学目标去用心学习。因此，在每一个单元教学之初，教师必须让学生了解以下内容，即他将学习的是什么？用什么方法去学习？怎样进行考核？学生们在对这些问题进行了解之后，就会对自己的学习有目标与方向，这种有准备的心理就会激发他们学习的兴趣。

更为重要的是，进行学习目的教育，能够帮助学生正确认识学习的社会意义和内在个人价值，使学生把当前的学习同参与未来的社会生活结合起来，把个人的理想同崇高的祖国建设事业结合起来，从而产生正确的学习态度，形成间接的远景性学习动机，提高学习的自觉性与主动性。学生的学习是为未来做准备的，因此，在学生还未意识到当前的学习与未来生活实践的关系时，学校必须经常进行学习目的教育，避免学生无所事事、无所追求，将学习视作可有可无，出现的学习松懈状态。进行学习目的教育，要使学生明确目标，一般来说，目标的明确程度决定了学生学习活动的动力性的强弱。

(二)利用学习动机与学习效果的互动关系培养学习动机

学习动机和学习效果的关系十分密切，一般而言，学习动机与学习效果是一致的，学习动机可以促进学习，提高成绩。

1. 学习动机与学习效果的关系

(1)学习动机影响学习效果。学习动机之所以能影响学习效果，是因为它直接制约学习积极性。所谓学习积极性，是指学生在学习活动中所表现出来的认真、紧张、主动和顽强的状态，这些状态主要体现在学生对待学习的注意状态、情绪倾向和意志三个方面，它们是学习动机的外在表现。

(2)学习效果反作用于学习动机。如果学习效果好，主体在学习中所付出的努力与所取得的收获成正比，主体的学习动机就会得到强化，从而巩固了新的学习需要，使学习更为有效。相反，不良的学习效果使主体的努力得不到相应的收获，从而削弱学习需要，降低学习积极性，导致更差的学习效果，最终形成了学习上的恶性循环。

2. 学习动机与学习效果良性循环的途径

要想使学习动机与学习效果的恶性循环转变成良性循环，关键在于：第一，要改变学生的成败体验，使他获得学习上的成就感；第二，改善学生的知识技能掌握情况，弥补其基础知识和基本技能方面的欠缺。

3. 教师教学中注意培养学生的成功感

在实际教学中，为保持学生在学习上的成功感，教师应注意：第一，学生的成败感与他们的自我标准有关，教师应注意这种个别差异，使每个学生都体验到成功；第二，课题难度要适当，经过努力可以完成，否则总不能正确完成，就会使学生丧失信心，产生失败感；第三，课题应由易到难呈现，以使学生不断获得成功感；第四，在某一课题失败时，可先完成相关的基础课题，使学生下次在原来失败的课题上获得成功感。但成功体验的获得最终必须依赖有效地掌握知识和技能，找出学习上的关键问题，填补知识技能掌握方面的欠缺，是获得真正成功感的先决条件。

(三)创设问题情境，启发学生积极思维

1. 要想实施启发式教学，关键在于创设问题情境。问题情境是指具有一定难度，需要学生努力克服，而又是力所能及的学习情境。能否成为问题情境，主要看学习任务与学生已有知识经验的适合度，完全适合(太容易)或完全不适合(太难)，均不能构成问题情境。只有在既适合又不适合(中等难度)的情况下才能构成问题情境。

2. 要想创设问题情境，应该注意以下几点：①要求教师熟悉教材，掌握教材的结构，了解新旧知识之间的内在联系；②要求教师充分了解学生已有的认知结构状态，使新的学习内容与学生已有知识水平构成一个适当的跨度。

3. 在教学中，创设问题情境应该遵循以下原则：①问题要小而具体；②与学生实际生活经验相关；③要有适当的难度(控制作业难度，恰当控制动机水平)；④要富有启发性。

(四)根据作业难度，恰当控制学习动机水平

美国心理学家耶克斯和多德森(Yerks & Dodson)认为，中等程度的动机唤醒水平最有利于学习效果的提高。同时，他们还发现最佳的动机唤醒水平与作业的难度密切相关：任务较容易，最佳唤醒动机水平较高；任务难度适中，最佳唤醒动机水平也适中；任务越困难，最佳唤醒动机水平越低。这便是有名的耶克斯—多德森定律，简称倒 U 曲线，如图 6-3 所示。

教师在教学时，要根据学习任务的不同难度，恰当控制学生学习动机的激起程度。在学习较容易、较简单的课题时，应尽量使学生集中注意力，使学生尽量紧张一点；在学习较复

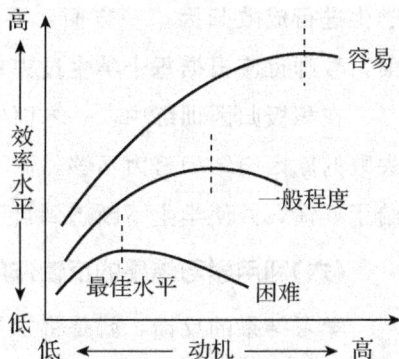

图 6-3　耶克斯-多德森定律

杂、较困难的课题时，则应尽量创造轻松自由的课堂气氛；在学生遇到困难问题时，要尽量心平气和地慢慢引导，以免学生过度紧张和焦虑。

(五)正确指导结果归因，促使学生继续努力

学生对学习结果的归因，不仅解释了以往学习结果产生的原因，而且更重要的是对以后的学习行为会产生影响。

1. 归因方式对学习动机的影响

(1)稳定维度会影响成功期待。将成功归因于稳定因素(能力高、任务简单)比将成功归因于不稳定因素(一时的努力、运气)对未来的成功会产生更高的期待。将失败归因于稳定因素(能力低、任务难)，比归因于不稳定因素(努力不够、运气不佳)对未来的成功期待会更低。

(2)内外维度会影响到个体的情感反应。将成功(失败)归因于内部因素比归因于外部因素更容易使个体体验到较强的自豪感(羞愧感)。当学生认为成功靠自己(能力、努力)，而不是外在力量(他人的帮助、任务 简单)时，会体验到更强的自豪感。

(3)可控性维度会产生多种不同的影响。可控感能够使学生更为积极地参与学业活动，对困难任务付出更多的努力，更具有坚持性，并取得较好的成绩。如果学生认为自己对学习结果没有控制力，就可能形成较低的成就动机。

2. 积极归因训练

既然不同的归因方式会影响到学生今后的行为，也就可以通过改变学生的归因方式来改变学生今后的行为。因此，在学生完成某一学习任务后，教师应指导学生进行成败归因。一方面，要引导学生找出成功或失败的真正原因；另一方面，教师也应根据每个学生过去一贯的成绩的优劣差异进行积极归因。

在积极归因训练中，一方面使学生感到自己的努力能够决定自己的成败，把失败的原因归结为努力不够，而不是缺乏能力；另一方面对学生的努力结果及时给予反馈，并使学生不断感到自己的努力是可行并且有效的。

(六)利用学习结果的反馈作用

学习结果的反馈，就是将学习结果信息提供给学生。在教学中教师及时让学生了解自己的学习结果，能有效地激发他们的学习动机。因为知道结果，能够让学生看到自己的进步，体验到成功的喜悦，求知欲得到满足，从而使学生的学习

态度和学习手段得到加强，激起进一步的学习愿望。同时，通过反馈又能看到自己的缺点，激发上进心，树立克服缺点的决心，勇往直前。反馈能够增强学习的积极性，提高学习效果，而且及时反馈比延时反馈效果更佳。在教学中，教师运用反馈时不仅要尽早地让学生知道自己的学习结果，而且要使学生了解自己是否达到了目标，离目标还有多远，在多大程度上偏离了目标，使学生知道什么是正确反应，让其看到自己的进步，以增强其自信心。

（七）教师正确评价，适当奖惩

正确评价，适当奖惩是激发学生学习动机的重要手段之一。表扬与批评作为教师常规教学中的一部分，是对学生学习成绩、学习态度的一种肯定或否定的强化方式，它可以激发学生上进心、自尊心和集体荣誉感。在对学生进行表扬与批评时应注意以下几点。

1. 要多表扬，少批评

注意从积极的方面把鼓励和批评两者结合起来，在表扬时指出进一步努力的方向，在批评时又肯定其进步的一面。即表扬应该与严格要求相结合，批评中又应带有鼓励。

2. 对不同成绩的学生区别对待

对于学习较差而且自卑心又很重的学生，可以通过表扬帮助他们树立学习自信心，可以用表扬学生某一方面的特长来带动其学习其他学科的积极性，在即将取得成功时要及时给予学生鼓励。对优秀学生，指责可以更好地激起他们的学习动机，过分夸奖会使他们产生骄傲和忽视自己缺点的倾向，从而引起消极的效果。

3. 要考虑学生受表扬与批评的历史状况

例如，对经常受表扬的学生，要适当地指出其缺点，让其知道自己的不足；而对于缺点较多的学生，当他们有了一些进步，虽然还微不足道，但也要及时肯定。

4. 运用表扬与批评时，应注意学生年龄特征和个体差异

对小学生应多采取赞扬方法，对中学生无论是表扬还是批评都要适当。对自信心差的学生，应更多地采用鼓励方法，对自信心过强的学生则应更多地提出严格的要求。

(八)适当地开展竞赛活动,激发学生的成就动机

竞赛是在满足人们自尊以及获得成就需要的基础上激发人们奋发努力、力求上进的一种手段。在学生的学习中,竞赛是激励学生学习积极性的一种有效手段。近来不少教育学家指出,在课堂中引入竞赛或竞争机制,确实有助于激发学生学习积极性,使学生之间形成一种你追我赶、力争上游的学习氛围,而且在竞争中学生们会看到自己的不足,对自己的要求也会更高。但是,也有研究表明,过度强调竞争的激励作用会造成以下的消极影响:第一,过多的竞赛会使个体产生过高的焦虑和紧张,有损学生的身心健康;第二,过多的竞赛不利于团结协作的集体主义精神的建立。由此看出,过度强调竞赛或者竞争在教育中的作用是不利的,它不仅不利于提高学生学习的积极性,而且会阻碍学生的全面发展,因此,竞赛后要注意对学生进行思想教育,以强化其正确的学习动机,纠正错误的学习动机。为保证竞赛的适度性,应注意以下几点。

1. 竞赛内容应多样化

从学校生活的各个方面开展竞赛,除了学科竞赛外,还应开展书法、歌舞、绘画、演讲等课余文化生活竞赛,以培养学生的广泛兴趣,使每个学生都有展现自己才能的机会。

2. 竞赛活动要适度、适量

竞赛本身在一定程度上会增加学生心理上的紧张感。因此,竞赛不能过于频繁,同时竞赛题目应考虑学生心理年龄特征和难易程度。

3. 增加获胜的机会

在进行个体竞赛时,可以按照能力的等级分组竞赛,如按高、中、低分组竞赛,使每个学生都有获胜的机会,体验到成功。此外每个项目可以多设置一些奖项,使参加竞赛的学生都能有所收获。

4. 倡导团体竞赛

团体竞赛能培养学生的合作精神和集体主义精神,在内部合作的氛围中能增进人际交往和友谊,促进个体的社会性发展。同时,教师要避免团体竞争的不利影响,如容易造成部分人产生依赖思想和责任分散等。

【练习题】

一、单向选择题

1. 进入初中后，小磊为了赢得在班级的地位和满足自尊需要而刻苦学习，根据奥苏贝尔的理论，小磊的学习动机属于（　　　）。

A. 认知内驱力

B. 自我提高内驱力

C. 附属内驱力

D. 生理内驱力

2. 最近，王华为了通过下个月的出国考试而刻苦学习外语，这种学习动机是（　　　）。

A. 外在远景动机

B. 内在远景动机

C. 外在近景动机

D. 内在近景动机

3. 耶克斯和多德森在研究动机强度与学习效率之间的关系时发现（　　　）。

A. 动机越低，学习效率越高

B. 动机越高，学习效率越高

C. 任务难度不同，其最佳动机强度不同

D. 任务难度不同，其最佳动机强度相同

4. 马斯洛需要层次理论中的最高层次的需要是（　　　）。

A. 生理与安全的需要

B. 社交与自尊的需要

C. 求知与审美的需要

D. 自我实现的需要

5. 口渴会促使人做出觅水的行为活动，这是动机中的（　　　）。

A. 指向功能

B. 激活功能

C. 强化功能

D. 调节与监督功能

6. 在韦纳的归因理论中，努力属于（　　　）。

A. 内部、稳定、可控

B. 内部、不稳定、可控

C. 外部、稳定、不可控

D. 外部、不稳定、不可控

7. 提出自我效能感理论的著名心理学家是（　　　）。

A. 奥苏贝尔　　　B. 斯金纳　　　C. 班杜拉　　　D. 韦纳

8. 国外有座收费的桥。当局规定，凡乘一人的车收费，乘两人以上的车可免收税，于是人们纷纷多人乘一辆车过桥。根据强化原理，这种行为最恰当的解释是（　　　）。

A. 受负强化加强

B. 受正强化加强

C. 受收税的影响而加强　　　　D. 人们怕罚款

9. 一个人认为自己考试失败是因为试题太难太偏，这种归因属（　　）。

A. 外部、不可控和不稳定归因　　　B. 外部、可控和稳定归因

C. 外部、不可控和稳定归因　　　D. 外部、可控和不稳定归因

二、判断题

1. 学习动机与学习效果总是一致的。（　　）

2. 将学习失败归因于自己努力不够，会提高学习的积极性。（　　）

3. 通常，将行为成败的原因归为外部和不可控的因素，会使个体的行为动机降低。（　　）

4. 耶克斯和多德森在研究动机强度与学习效率之间的关系时发现动机越高，学习效率越高。（　　）

5. 人们对学习本身的兴趣所引起的动机称为内部动机。（　　）

6. 在韦纳的归因理论中，运气属于外部、不稳定、可控的因素。（　　）

三、简答题

1. 简述马斯洛需要层次理论的主要内容。

2. 简述自我效能感的基本含义及其形成的主要影响因素。

四、观点评析

学习动机是学生进行学习活动的内部动力，学习动机越强，学习效率越好。

五、材料分析题

小美很喜欢唱歌，从小就希望自己在音乐方面有所成就，在她还没确定是否报考音乐学院前，她在众人面前能很好地展示自己的歌声。她确定报考音乐学院后，学习更加勤奋努力，希望实现自己的目标。但在音乐学院的专业课面试中，由于极度渴望有完美的表现，结果事与愿违，不但没有发挥出应有的水平，而且比平时更差，导致面试失利，这个结果让大家诧异，她自己也无法接受。

1. 请运用动机的相关知识解析小美专业课面试失利的原因。

2. 假如你是班主任，你如何利用归因理论的内容帮助小美在下次面试中发挥正常水平？

六、论述题

结合教学实际谈谈如何激发学生的学习动机。

第七章 学习迁移与学习策略

【学习目标】

1. 识记学习迁移的分类和学习策略的分类。

2. 理解主要学习迁移理论的观点；理解学习策略训练的原则与方法。

3. 结合实例分析影响学习迁移的因素；掌握应如何用有效的教学措施促进迁移；能运用学习策略训练学习方法，掌握复述策略、精细加工策略和组织策略。

第一节 学习迁移

迁移是学习的一种普遍现象，平时我们所说的举一反三、触类旁通、闻一知十等即是典型的迁移形式。由于迁移的作用，几乎所有的习得经验都是以各种方式相互联系起来的。心理学家比格(M. L. Bigge)指出："学校的效率大半依学生们所学材料迁移的数量和质量而定。因此，学习迁移是教育最后必须寄托的柱石。"学生的学习不仅是掌握知识、形成技能，还在于使学生能够在新问题或新情境中应用知识，产生预期的变化，达到触类旁通。正因如此，学习迁移始终是心理学家研究的中心问题。教师在教学中必须注意利用学习迁移的规律，有效地提高学生学习的效果和质量。

一、学习迁移概述

(一)学习迁移的定义

学习迁移也称训练迁移，指一种学习对另一种学习的影响，或已习得的经验对完成其他类似活动的影响。迁移广泛存在于各种知识、技能、行为规范与态度的学习中。比如，已掌握的数学学习中的审题技巧可能会促进物理、化学等其他学科的审题技巧的应用；平面几何的学习影响着立体几何的学习；在学校中形成的爱护公物的规范行为也影响到此类行为在校外时的表现。

迁移不仅存在于某种经验内部，而且也存在于不同的经验之间。比如，外语学习中，丰富的词汇知识的掌握将促进外语阅读技能的提高，而阅读技能的提高又可以促进更多的外语词汇知识的获得，知识与技能之间存在着相互迁移的关系。迁移表明了各种经验内部及其不同经验之间的相互影响，通过迁移，各种经验得以沟通，经验结构得以整合。

(二)迁移的类型

学习迁移现象是多种多样的。根据迁移的特点并结合教育实际可从不同的角度对迁移加以分类。

1. 正迁移和负迁移

根据迁移的性质不同(即迁移的影响效果不同)可分为正迁移和负迁移。

正迁移又称为积极迁移，是指一种学习对另一种学习起到积极的促进作用，如阅读技能的掌握有助于写作技能的形成。正迁移表现在个体对于新学习或解决某一问题具有积极的心理准备状态，从事某一活动所需的时间或练习次数减少，学习效率提高。

负迁移又称为消极迁移，是指两种学习之间相互干扰，相互阻碍，即一种学习对另一种学习产生消极的影响，如幼儿学习拼音后再学习英文字母就容易互相干扰。负迁移经常表现在产生僵化的思维定势，缺乏灵活性、变通性，使某种学习难以顺利进行，学习效率低下。

2. 水平迁移和垂直迁移

根据迁移内容抽象与概括的不同水平，学习迁移可分为水平迁移和垂直迁移。

水平迁移又称为横向迁移，是指处于同一概括水平的经验之间的相互影响。学习内容之间的逻辑关系是并列的，如化学中锂、钠、钾等金属元素之间的关系是并列的，都处于同一抽象和概括层次，各种概念学习之间的相互影响即为水平迁移。

垂直迁移又称纵向迁移，指处于不同概括水平的经验之间的相互影响。具体讲，是指具有较高的概括水平的上位经验与具有较低的概括水平的下位经验之间的相互影响。垂直迁移表现在两个方面：一是自下而上的迁移，二是自上而下的迁移。前者指下位的较低层次的经验影响着上位较高层次的经验的学习，例如，数学学习中由数字运算到字母运算的转化中即包含着自下而上的迁移；对具体事例的理解有助于相关概念和原理的掌握。此类迁移也常见于归纳式的学习中。后者指上位的较高层次的经验影响着下位的较低层次的经验的学习，如一般平行四边形有关内容的掌握影响着菱形的学习，其中即包含着自上而下的迁移。此类迁移也常见于演绎式的学习中。

3. 顺向迁移和逆向迁移

根据迁移的方向不同，学习迁移可分为顺向迁移和逆向迁移。

顺向迁移指先前学习对后来学习的影响。例如，学习了物理学的"平衡"概念，会对以后学习化学平衡、生态平衡、经济平衡产生影响。日常生活中的"举一反三"也是顺向迁移。

逆向迁移指后来的学习对先前学习的影响。后来的学习影响前面学习所形成的经验结构，使原有的经验结构发生一定的变化，使之得到充实、修正、重组或重构等。个体知识结构的不断完善也得益于各种水平的逆向迁移。例如，当学习者面临新的学习情境和学习问题时，学习者如果利用原有的知识或技能获得了新知识或解决了新问题，这种迁移就是顺向迁移；相反，学习者原有的知识技能不足以使其学习新知识或解决新问题，学习者需要对原有的知识进行补充、改组或修正，这种后来学习对先前学习的影响就是逆向的迁移。

4. 一般迁移与具体迁移

根据迁移内容的不同，学习迁移可分为一般迁移和具体迁移。

一般迁移也称为普遍迁移、非特殊迁移，是指一种学习中习得的一般原理、方法、策略和态度等迁移到另一种学习中去。如数学学习中形成的认真审题的态度及其审题的方法也将影响到化学、物理等学科中的审题。布鲁纳(1982)非常强调一般迁移，认为基本的原理、基本的态度具有广泛的适应性，能适用于许多表面特征不同、但结构特征相同的多种情境，并且能使以后的学习变得较容易。

具体迁移也称为特殊迁移，指一种学习中习得的具体的、特殊的经验直接迁移到另一种学习中去，或经过某种要素的重新组合迁移到新情境中去。如英语学习中，当学完单词 eye(眼睛)后，再学习 eyeball(眼球)时，即可以产生特殊迁移，也就是说，利用具体的相同字母组合的迁移来进行新的学习。特殊迁移的范围往往不如一般迁移广，仅适用于非常有限的情境中，但这并不意味着特殊迁移是不重要的；相反，它对于系统掌握某一领域的知识是非常必要的。

5.同化性迁移、顺应性迁移与重组性迁移

根据迁移过程中所需的内在心理机制的不同,学习迁移可分为同化性迁移、顺应性迁移和重组性迁移。

同化性迁移是指不改变原有的认知结构,直接将原有的认知经验应用到本质特征相同的一类事物中去。原有认知结构在迁移过程中不发生实质性的改变,只是得到某种充实。平时我们所讲的举一反三、闻一知十等都属于同化性迁移。

顺应性迁移指将原有认知经验应用于新情境中时,需调整原有的经验或对新旧经验加以概括,形成一种能包容新旧经验的更高一级的认知结构,以适应外界的变化。这也表明,迁移并非仅是先前的学习或经验对以后的影响,也包括后面对前面的影响。例如,学生头脑中有一些日常概念,当这些日常概念不能解释所遇到的事时,就要建立一个概括性更高的科学概念来标志某一现象或事物,新的科学概念的建立过程也是一种顺应的过程。

重组性迁移是指重新组合原有认知系统中某些构成要素或成分,调整各成分间的关系或建立新的联系,从而适应于新情境。在重组过程中,基本经验成分不变,但各成分间的结合关系发生了变化,即进行了调整或重新组合。比如,将已掌握的字母进行重新组合,形成新的单词;在操作技能形成过程中,许多不同成分的动作被结合成连续的整体动作,其中不涉及新的动作的增加,只是各动作成分的重新结合、重新排列。提高重组性迁移,可以提高经验的增值性,扩大了基本经验的适用范围。

(三)迁移的作用

许多教育专家认为,未来的文盲将不再仅仅是不识字的人,而是那些不会学习的人。显然,学会学习或进行有效的学习是适应未来社会生活的必要条件。而要真正地学会学习,其中最主要的条件就是要能够主动而有效地迁移。所以,迁移在个体的心理发展和社会适应中,具有非常重要的作用。具体来讲,其作用主要有以下三个方面。

1.迁移对于提高解决问题的能力具有直接的促进作用

学习的最终目的并不是将知识经验储存在头脑中,也不是仅用于解决书本上的问题,而是要应用于各种不同的实际情境中,解决现实中的各种问题。能否准确、有效地提取有关经验来分析、解决目前的问题,这实际上就是一个迁移的问题。在学校情境中，大部分的问题解决是通过迁移来实现的，迁移是学生进行问题解决的一种具体体现。要将校内所学的知识技能用于解决校外的现实问题，这同样也依赖于迁移。要培养解决问题的能力，就必须从迁移能力的培养入手，否则问题解决也就成为空谈。

2. 迁移是习得的经验得以概括化、系统化的有效途径，是能力与品德形成的关键环节

只有通过广泛的迁移，原有的经验才得以改造，才能够概括化、系统化，原有的经验结构才更为完善、充实，从而建立起能稳定地调节个体活动的心理结构，即能力与品德的心理结构。迁移是习得的知识、技能与行为规范向能力与品德转化的关键环节。

3. 迁移规律对于学习者、教育工作者以及有关的培训人员具有重要的指导作用

应用有效的迁移原则，学习者可以在有限的时间内学得更快、更好，并在适当的情境中主动、准确地应用原有的经验，防止原有经验的惰性化。教育工作者以及有关的培训人员应用迁移规律进行教学和培训系统的设计，在课程设置、教材的选择、编排、教学方法的确定、教学活动的安排、教学成效的考核等方面利用迁移规律，加快教学和培训的进程。

二、学习迁移的基本理论

学习迁移是人们很早就关心的一种现象，但是对这种现象进行系统的理论探讨和研究则开始于 16 世纪中叶以后。探讨学习的迁移规律，必须研究迁移是如何实现的，其基本的过程是怎样的？迁移是自动实现的，还是在一定条件下，通过一系列认知活动实现的？从早期的形式训练说到现代有关迁移的各种观点，都是围绕着这些基本问题进行的。

早期的迁移理论主要包括形式训练说、共同要素说、经验类化理论与关系转换理论等。现代迁移理论主要是在认知结构迁移理论上发展起来的。

(一)形式训练说

形式训练说是一种早期的迁移理论，其代表人物是 18 世纪的心理学家沃尔夫(C. Wolff)，其理论基础是官能心理学。

官能心理学认为，人的"心"由"注意""记忆""思维""推理""意志"等官能组成，它们是彼此分割的心理实体，分别从事不同的活动，如记忆官能进行记忆和回忆，思维官能从事思维活动等。各种官能可以像肌肉一样通过练习增强力量（能力）。由于心是由各种官能组成的整体，因此，一种官能的改进，也就无形中加强了其他所有的官能的改进。从形式训练说的观点来看，迁移就是通过训练各种官能，以提高观察能力、记忆能力、想象能力、推理能力等来实现的。总之，该学说认为心理官能只有通过训练才会得以发展，迁移就是心理官能得到训练而发展的结果。形式训练说认为，进行官能训练时，关键不在于训练的内容，而在于训练的形式。

形式训练说把训练和改进心理各种官能作为教学的最重要目标。它认为学习的内容不甚重要，重要的是所学习的东西的难度和训练价值。它重视形式的训练，不重视内容的学习，认为形式训练是永久的。它还认为，学习要收到最大的迁移效果，就要经历一个"痛苦的"过程。于是，难记的古典语言、数学和自然科学中的难题，被视为训练心理官能的最好材料。在这样的训练中，"学生学会观察、分析、比较、分类，学会想象、记忆、推理、判断，甚至于创造……有了这样的造诣，足以使学生们在日后的学习和工作中受益无穷"。反之，学生如果仅记住一些具体事实，其实用价值便十分有限。

形式训练说在欧美盛行了约200年之久，至今仍有一定的影响。但该理论因缺乏充分的科学依据而受到质疑和挑战。

(二)共同要素说

共同要素说是美国教育心理学家桑代克和伍德沃斯（Woodworth）提出的关于学习迁移的理论。1901年他进行的"形状知觉"实验是共同要素说的经典研究。

桑代克首先在知觉方面进行了一系列实验。1901年，他以大学生为被试，训练他们判断不同大小和形状的图形面积。研究表明：通过判断平行四边形面积的训练，被试判断矩形面积的成绩提高了；但他们对三角形、圆形和不规则图形的判断成绩并没有提高。之后，他对长度、重量等进行的实验也得到了类似的结论。也就是说知觉估计能力并没有随训练而得以提高，迁移也不可能无条件地在其他任务上发生。

在实验研究的基础上，桑代克提出只有当两种情境中有相同要素时才能产生迁移。其后，伍德沃斯把共同要素说修改为共同成分说，即两情境中有共同成分时才可以产生迁移。这种共同成分不仅包括内容或实质的相同，也包括程序的相同，如习惯、态度、情感、策略等。

共同要素说在某些方面对形式训练说进行了否定，也使迁移的研究有所深入。但仅将迁移视为相同联结的转移，这在某种程度上否认了迁移过程中复杂的认知活动。因此它具有一定的机械性和片面性。

(三)经验泛化说(概括化理论)

经验泛化说是美国心理学家贾德(C. H. Judd)提出的学习迁移理论。桑代克的迁移理论所涉及的迁移范围较小，他只关注先期和后期学习中是否具有相同因素。贾德的概括化理论则不同，认为先前学习的 A 之所以能迁移到后继的学习 B 中，是因为在学习 A 时掌握了一般原理，这一般原理的部分或全部将适用于 A、B 中。这一理论强调掌握一般原理的重要性，并认为两种学习中存在相同要素只是产生迁移的必要前提，即要产生迁移必须有相同因素，但有了相同因素若学习者未能发现它也是枉然。所以说产生迁移的关键是学习者能从两种学习(活动)中概括出它们的共同原理。

贾德在 1908 年所做的"水下击靶"实验，是概括化理论的经典实验。他以五年级和六年级学生为被试，分成两组，让他们练习用标枪投中水下的靶子。给一组被试充分解释光在水中的折射原理；另一组被试未给说明光在水的中折射原理，致使他们只能从尝试中获得一些经验。在开始投掷练习时，靶子置于水下 12 英寸*(约 30.48 厘米)处。结果，教过和未教过折射原理的学生，其成绩相同。接着改变条件，把水下 12 英寸处的靶子移到水下 4 英寸处，这时两组的成绩差异便明显地表现出来。没有学习折射原理的学生，表现出极大的混乱，他们投掷水下 12 英寸时的练习，不能帮助改进投掷水下 4 英寸靶的练习，错误持续发生。而学过折射原理的学生，迅速适应了水下 4 英寸的条件。

贾德在解释实验结果时说："理论把有关的全部经验——水外的、深水的和浅水的经验——组成了整个的思想体系。学生在理论知识的背景上，理解了实际情况以后，就能利用概括了的经验，迅速地解决需要按实际情况作分析和调整的

---

* 1 英寸≈2.54 厘米。

新问题。"

经验泛化说强调概括化的经验或原理在迁移中的作用，这一点比共同要素说有所进步。但我们要认识到概括化的经验仅是影响迁移成功与否的条件之一，并不是迁移的全部。

(四)关系转换理论

格式塔心理学家从理解事物关系的角度对经验类化的迁移理论进行了重新解释，并通过实验证明迁移产生的实质是个体对事物间的关系的理解。格式塔心理学家强调行为和经验的整体性，认为习得的经验能否迁移，并不取决于是否存在某些共同要素，也不取决于对原理的孤立的掌握，而是取决于能否理解各个要素之间形成的整体关系，能否理解原理与实际事物之间的关系。

该理论的代表人物是格式塔心理学家苛勒，支持该理论的经典实验是 1919 年苛勒进行的"小鸡觅食"实验。实验过程如下：先让小鸡学会辨别一种浅灰色纸和一种深灰色纸。小鸡在浅灰色纸上能啄到谷粒，在深灰色纸上不能啄到谷粒，两种纸常常交换位置。经过 40～60 次训练，小鸡学会了拣浅灰色纸啄米。以后变换条件，把深灰色纸换成更浅灰色纸，以观察小鸡对浅灰色和更浅灰色纸的反应。结果有 70% 的小鸡啄新的更浅的灰色纸，只有 30% 的小鸡仍啄原来的浅灰色纸。

苛勒根据上述实验认为，小鸡在实验中反应的是"更浅色的纸"，而不是原来的特殊的浅色纸；它们是根据灰色纸的深浅关系而发生反应的，是对整体情境中所包含的相对关系的反应，而不是对特殊刺激发生反应。

苛勒认为，如果它们是啄过去总放着食物的那一张纸(两个情境中的相同要素)，那么就可以证明迁移是由相同要素引起的。如果它们啄两张中的较浅的那一张纸，那就证明不是对相同要素做的反应，而是对关系做的反应，这是它们经过学习获得的。苛勒认为，像小鸡这样智力低的动物都能对含有关系的整体做出反应，说明这种反应是很原始的，也是根本的。它是对完形、格式塔的反应，而不是对特殊刺激的反应。根据这一迁移现象，他强调顿悟是学习迁移的一个决定因素。它们证明迁移产生的实质是个体对事物间的关系的理解。个体习得的经验能否发生迁移，取决于其能否理解各个要素之间形成的整体关系，能否理解原理与实际事物之间的关系。个体越能发现事物间的关系，则越能加以概括、推广、迁移就会越普遍。

(五)认知结构迁移理论

美国教育心理学家奥苏贝尔在有意义学习的基础上提出了认知结构迁移理论，认为任何有意义的学习都是在原有认知结构的基础之上进行的，有意义的学习中一定有迁移。奥苏贝尔的认知结构迁移理论代表了从认知观点来解释迁移的一种主流倾向。

奥苏贝尔认为，认知结构是实现学习迁移的"最关键因素"，是学生头脑中的知识结构，是学生头脑中全部观念的内容和组织。奥苏贝尔提出了三个主要的影响迁移的认知结构变量，即可利用性、可辨别性和稳定性及清晰性。

1. 可利用性

指学习新知识时，原有的认知结构中是否有适当的起固定作用的观念可以利用，也就是说，当学生面对新的学习任务时，其认知结构中应具有吸收并固定新观念的原有观念。认知结构中处于较高抽象、概括水平的起固定作用的原有观念，能为新的学习提供最佳联系和固着点。原有认知结构的相关概念或原理概括程度越高，能够起同化作用的范围越大，迁移的能力就越强。

2. 可辨别性

指新的潜在有意义的学习任务与同化它的原有知识之间可辨别的程度影响着有意义的学习与迁移。也就是说，当学生面对新的学习任务时，原有起固定作用的观念与要学习的新观念的差异应有清晰的可辨别性。可辨别性也是识别和区分原有认知结构中的有关观念和相似的新材料（或者容易混淆的新概念）之间的差异所达到的程度。如果新学习任务不能与学生认知结构中原有的观念有清晰的区分度，则新的意义很容易被原有意义所取代，从而表现为对新知识的遗忘。当新旧知识彼此相似又不完全相同，并且原先学习的知识又不牢固时，便会导致负迁移的发生。

3. 稳定性及清晰性

原有的起固定作用的观念的稳定性和清晰性影响有意义学习与迁移。也就是说，当学生面临新的学习任务时，他的认知结构中原有起固定作用的观念应十分巩固和清晰。学生原有认知结构中起固定作用的观念的巩固程度越强，越有助于学习迁移。利用及时纠正、反馈和过度学习的方法，可以改变原有的起固定作用的观念的稳定性和清晰性。

总之，认知结构迁移理论认为，学生学习新知识时，认知结构的可利用性越高、可辨别性越大、稳定性越强，就会促进新知识学习的迁移，在实际教学过程，可以通过改革教材内容和教材呈现方式来改进学生的原有的认知结构，进而达到促进学习迁移的目的。

在实际的学习情境中，上述几种迁移理论，对教育者都是有参考价值的，综合应用各种理论比单用其中任何一种可能会更有效。学习有不同的类型，宜用不同的理论来解释，这样才能更好地将迁移理论运用于指导实际的学习活动。

三、学习迁移及其教学

(一)影响迁移的主要因素

学习迁移不是自动产生的，而是受制于多种条件，如学习材料、学习环境等客观条件，学习者个体等诸多因素。概括起来，主要有以下三个方面的因素。

1. 相似性

相似性的大小主要是由两任务中所含有的共同成分决定的，较多的共同成分将产生较大的相似性，并导致迁移的产生。共同成分既可以是学习材料(如刺激)、学习中的环境因素、学习结果(如反应)、学习过程、学习目标等方面的，也可以是态度、情感等方面的。

(1)学习材料的相似性。桑代克的共同要素说实际上就是一种关于学习材料的相似性在迁移中发挥作用的经典说明。吉克和霍利约克认为学习材料的相似性包含结构特性的相似与表面特性的相似两种。学习材料在不同层次的相似性在迁移过程中所产生的作用有所不同。研究表明，只有在原理上相似的两种学习材料，表面内容、形式上的相同才有可能产生正迁移；而当原理不相同时，表面内容、形式上的相似很有可能对学习者产生干扰，导致负迁移的产生。这一点在年龄越小的儿童身上表现得越明显，例如，一年级儿童学习汉语拼音和英语单词经常会混淆发音。

(2)学习目标与学习过程的相似性。不同学习任务的目标要求是否一致、相似，将在一定程度上决定不同任务间的加工过程是否相似，进而决定它们之间能否产生迁移。

（3）学习情境的相似性。学习的情境如学习时的场所、环境的布置、教学或测验人员等越相似，学生就越能利用有关的线索，促进学习或问题解决中迁移的出现。例如，体育运动比赛前，运动员提前在比赛场地进行热身；在法学学习中，通过模拟法庭学习如何解决法律纠纷。

2. 原有的认知结构

原有认知结构的特征直接决定了迁移发生的可能性及迁移的程度。原有的认知结构对迁移的影响主要表现在以下几个方面。

（1）学习者掌握的背景知识。学习者是否掌握相应的背景知识，这是迁移产生的基本前提条件。专家之所以具有较强的迁移能力，原因之一就是他们具有解决某一问题的丰富的背景经验或认知结构。但有时即使个体具有迁移所需的某种经验，然而由于这些经验不能被学习者主动地加以应用，它们在头脑中处于一种惰性状态，因此，也无助于迁移的产生。

（2）学习者原有认知结构的概括水平。一般而言，经验的概括水平越高，迁移发生的可能性越大，效果就会越好。贾德的"水下击靶"实验表明，掌握光的折射原理的学生，能够在不同深度的水面下准确投掷，即能够适应不同的问题情境。当然，强调概括经验在迁移中的作用，并非意味着只掌握抽象的概念、原理就可以广泛地迁移，如果脱离具体实例而孤立地学习抽象的概念、原理，这在一定程度上无助于有效迁移的发生。教师在教学时有意识地引导学生发现不同知识之间的共同点，启发学生去概括总结，有利于积极迁移的发生。

（3）学习者的学习策略水平。有些情况下，学习者虽然掌握了某种迁移所必需的知识，且学习对象也具有了相似性，但仍不能产生迁移，其原因之一就是学习者缺乏必要的认知策略和元认知策略。拥有认知和元认知策略，可以使学习者沿着正确合理的程序分析问题，使其注意力集中到迁移问题上，使个体知道于何时、何处如何迁移某种经验，也可以在一定程度上增强学习过程的相似性。如果教师能在策略运用上给学生以清晰的指导，指导学生监控自己的学习或教会学生如何学习，都会对学生的学习和迁移产生良好的影响。

3. 学习的心向与定势

学习心向或定势指的是同一种现象，是指先于一定的活动而又指向该活动的一种动力准备状态，或先前的活动给后面的活动带来的心理准备状态。

陆钦斯（A. S. Luchins）的"量杯实验"是定势影响迁移的一个典型例证。在这一实验中，研究者要求被试用容积不同的量杯（A、B、C）来量一定的水。量杯与要量的水量见表 7-1。

表 7-1　陆钦斯量杯实验

问题	A	B	C	要量的水	方法
1	29	3	/	20	A－3B
2	21	127	3	100	B－A－2C
3	14	163	25	99	B－A－2C
4	18	43	10	5	B－A－2C
5	9	42	6	21	B－A－2C
6	20	59	4	31	B－A－2C
7	23	49	3	20	B－A－2C，A－C
8	15	39	3	18	B－A－2C，A＋C
9	28	76	3	25	A－C
10	18	48	4	22	B－A－2C，A＋C
11	14	36	8	6	B－A－2C，A－C

实验开始时实验组与控制组都先做一道练习题，研究者对被试做如下说明："把 29 夸脱①（32.95 升）的杯子装满水，再从它中倒出 3 夸脱水（3.44 升），这样倒 3 次，即 29－3－3－3＝20 夸脱（22.73 升）。"然后要求被试独立解决其他几道题目。实验组做全部的题目，而控制组只做 7～11 题。两组被试在 7、8 两题上的成绩见表 7-2。

表 7-2　两组被试在第 7、8 题上的成绩比较

组别	被试人数	B－A－2C	A－C 或 A＋C	其他方法或失败
实验组	78	81%	17%	2%
控制组	57	0	100%	0

这一实验结果表明，实验组的被试，无论是小学生还是大学生，大多数都具有强烈的用三杯量法的思维定势，而控制组的被试，通常继续用两杯量法。实验组被试通常坚持用三杯量法去做这一系列题目，有的题（如第 9 题）竟花了许多时间还不得其解，却忽视了更简单的可能解法。实验者企图用各种方法提醒他的被

① 1 夸脱≈1.1365 升。

试，使他们避免这种可怜的盲目，但是很难成功。

定势对迁移的影响表现在促进和阻碍两方面。定势会对问题解决产生积极影响，前面问题解决的过程迁移到后面可以使后面解题的速度加快，问题变得比较容易。定势阻碍作用的一个明显表现是功能固着，即把某种功能、作用赋予某种物体的心理倾向。定势对迁移究竟是积极的影响还是消极的影响，取决于许多因素，但关键要使学生首先能意识到定势的这种双重性，具体分析学习情境，既要考虑如何充分利用积极的定势解决问题，同时又要打破已形成的僵化定势，灵活地、创造性地解决问题。

除上述提到的影响迁移的一些基本因素外，诸如年龄、智力、学习者的态度、教师的指导、迁移的媒体等都在不同程度上影响着迁移的产生。

(二)促进学习迁移的教学措施

教学的目的是为了尽可能地促进迁移，迁移的发生要受制于各种条件。学习者原有的特点、学习材料的特性以及各因素的相互作用共同影响着迁移。在实际教学中，教师要注意以下几点。

1. 关注学生原有的认知结构

关注学生原有的认知结构是指学生原有知识对新知识的影响。主要包括原有知识经验的丰富性、原有知识经验的概括组织性和原有知识经验的可利用性。原有知识经验越丰富，新知识的固着点越多，越有利于新知识的学习，迁移就越容易发生。因此，教师在教新知识之前，要关注学生原有相关知识的储备。学生原有的知识经验越概括，在学习时就越不容易受事物表面特点的制约，从结构型着手，对新情况、新问题的适应性就越广，也就越能够产生广泛的迁移。教师在教学中，要特别注意学科知识的基本概念与基本原理的掌握。原有经验的可利用性是指学习新知识时，原有经验是否可以被激活加以应用。决定原有经验可利用性的关键因素是学习者的认知技能与元认知技能。在教学过程中，教师需要使学生明白何时、何处以及如何迁移的经验。

2. 精选教材、合理编排教学内容

教师不可能也没有必要把一门学科所有的内容都教给学生。要想使学生在有限的时间内掌握大量有用的经验，教学内容就必须精选。精选的标准就是教材内容具有广泛迁移价值，即对其他领域有潜在的迁移意义。因此应选择那些具有广

泛迁移价值的科学成果作为教材的基本内容，要突出学科的基本结构（基本概念、基本原理等），当然在选择这些基本经验作为教材内容的同时，还必须包括基本的、典型的事实材料，脱离事实材料的概念和原理是空洞的，无法进行有效迁移。

精选的教材只有合理编排才能发挥其迁移的效能。从迁移的角度来看，合理编排教学内容的标准就是使教材达到结构化、一体化、网络化。结构化是指教材内容的各构成要素具有科学的、合理的逻辑联系，能体现事物的各种内在联系，如上下、并列、交叉等关系。只有结构化的教材，才能在教学中促进学生重构教材结构，进而构建合理的心理结构。一体化是指教材的各构成要素能被整合为具有内在联系的有机整体。只有一体化的教材，才能通过同化、顺应和重组的相互作用，不断构建心理结构。因此，既要防止教材中各要素之间相互割裂、支离破碎，又要防止相互干扰或机械重复。网络化是一体化的延伸，指教材中要素之间上下左右、纵横交叉联系要畅通，要突出各种基本经验的连接点、连接线，这既有助于了解原有学习中存在的断裂带及断裂点，也有助于预测以后学习的发展带、发展点，为迁移的产生提供直接的支撑。

3. 合理安排教学程序

合理编排的教学内容是通过合理的教学程序得以体现和实施的，教学程序是使有效的教材发挥功效的最直接的环节。无论是宏观的整体的教学规划还是微观的每一节课的教学活动，都应体现迁移规律。

在宏观上，教师在教学中应将基本的知识、技能和态度作为教学的主干结构，并依此进行教学。在安排这些基本内容的教学顺序时，应该既考虑到学科知识本身的内在逻辑顺序，又要考虑到学生的心理发展顺序及其可接受性。综合兼顾，从整体上科学有效地安排教学程序。

在微观上，教师在教学中应注重学习目标与学习过程的相似性，或有意识地沟通具有相似性的学习。教师应该帮助学生对所学的内容进行整理、提炼，将新旧知识加以沟通和融会贯通，真正提高学生学习的质量，在激发学习动机、引入新内容、揭示重点难点、反馈等学习过程的每一个环节上都应精心设计。

4. 教授学习策略，提高迁移意识性

"授之以鱼，不如授之以渔"，教师仅教给学生知识是不够的，还要让学生了解在什么条件下迁移所学的内容，理解迁移有效性的方法。掌握必要的学习策略及元认知策略是达到这一目标的有效手段。

布朗等人在阅读理解的实验中，用矫正性反馈训练法教给学生元认知策略，结果不仅使学生对阅读理解问题的正确反应的百分数明显提高，而且使其学到的元认知策略能够迁移到其他的学习中。大部分研究表明，结合实际学科的教学来教授学习策略，不仅可以促进学生对所学内容的掌握，而且可以提高学生的学习能力，使学生学会学习。为了达到这一目标，教师要充分发挥指导作用，首先要善于把各种学习方法教给学生。同时要把教师的指导与学生自己的概括总结结合起来，改善学生的学习能力，提高迁移的意识，从根本上促进迁移的产生。

第二节　学习策略

教学不仅要教给学生知识，更重要的是让学生在掌握知识的过程中学会学习，即学会运用一系列的学习策略，解决实际问题。因此，学习策略的获得与知识的习得、技能的形成一样，是教学的一个重要目标，也是教育心理学研究的一个重要领域。本章根据教育心理学有关学习策略研究的成果，对学习策略的含义、特征、分类与典型的学习策略做了重点阐述，并介绍了儿童学习策略的发展，以及学习策略训练的原则与方法。

一、学习策略概述

(一)学习策略的含义

1956年，布鲁纳等人开始进行人工概念学习的研究工作，他们发现，如果人们运用一定的策略进行学习，其学习效果会得到极大的提高，从此以后，关于学习策略的研究就活跃而丰富起来。目前学术界对学习策略的定义主要有以下几种观点。

其一，学习策略是具体的学习方法或技能。许多研究者认为，学习策略就是那些影响信息加工过程、用于提高学习效率的方法。里格尼（Rigney，1978）认为，学习策略是学生用于获得、保持与提取知识的各种操作与程序。梅耶（Mayer，1988）则对学习策略做出了更明确的定义，认为学习策略是指影响学习者怎样加工信息的各种行为，包括画线、概述、复述等行为方法的使用。他认为人类的学习体现在量和质两方面，即学多少和学什么。学习策略也就是从这两个角度作用于信息加工过程的各个阶段，引起不同深度和广度的认知加工，从而导致不同数量和质量的学习结果。

其二，学习策略是学习的调节和控制技能。一些研究者强调学习策略是学习者对信息的编码、储存、提取等加工活动全过程的调控技能。如尼斯比特（Nisbet，1986）等认为，学习策略是一系列选择、协调与运用技能的执行过程。认知心理学家认为，学生的学习过程就是一个信息加工过程，学习策略在这里被看作是认知策略。

其三，学习策略是学习方法与学习的调控技能的统一体。许多学者认为，有效的学习策略能够促进获得、存储和使用信息的一系列过程或步骤。学习方法和学习的调节与控制同属于学习策略的范畴，是相互联系的，是具有不同功能的学习策略。如丹瑟洛（Dansereau，1985）认为，信息加工过程的方法是学习策略，对信息加工进行调控的技能也是学习策略，前者是主要策略，后者是辅助策略。斯腾伯格（Sternberg，1983）在构想学生学习的智力模型的过程中区分了两种不同层次的智力技能，一是执行技能，是用来对信息加工进行规划、监控和修正的高级技能；二是非执行的技能，是用于对学习任务进行实际操作的技能，即信息加工的具体方法。斯腾伯格强调，在高质量的学习中，两种技能缺一不可，任何期望提高智力水平的训练都应当注意这两者及其相互作用。

在此，我们倾向于认为，学习策略是学习者为了提高学习效果和效率、有目的有意识地制订的有关学习过程的复杂的方案。学习策略是个体学习能力的重要尺度，是制约学习效果的重要因素。学习策略有内隐和外显之分，既可以是内隐的思维方式，也可以是外显的程序步骤。学习策略还有水平层次之分，如同样的复述策略，可能是简单的按顺序复述，也可能是选择陌生或重点内容复述。

(二)学习策略的特征

学习策略有以下三个方面的特征。

1. 学习策略是学习者为了完成学习目标而积极主动使用的

学习者采用学习策略是有意识的心理过程。学习时，首先分析学习任务和自己的特点，然后根据这些条件，制订适当的学习计划，因此使用学习策略体现了学习者的主动性。

2. 学习策略是有效学习所需的

策略是相对于效果和效率而言的,如果一个人在做事时,使用最原始的方法,最终也可能达到目的,但效果不好,效率也不会高,因此,我们需要学习策略,以增强学习效果,提高学习效率。每个人的学习动机水平、学习能力和学习风格都不尽相同,各类学习者要选择适合自己的、行之有效的学习策略。

3. 学习策略是学习者制订的学习计划

计划性是学习策略的核心,它规定学习时做什么不做什么、先做什么后做什么、用什么方式做、做到什么程度等问题,将学习转化为程序性方案。

严格来说,所有学习活动的计划都是不相同的,每一次学习都有相应的计划,但相对而言,同一种类型的学习存在基本相同的计划,这些基本相同的计划就是常见的一些学习策略,如阅读策略等。

(三)学习策略的分类

许多研究者对学习策略的分类提出了自己的看法,比较有代表性的有以下两种。

1. 麦卡尔的分类

麦卡尔(Mckeachie,1990)将学习策略分为三类:认知策略、元认知策略和资源管理策略(见图 7-1)。

认知策略是从学习者的认知过程来说的,是加工信息的一些方法和技术,有助于有效地从记忆中提取信息。一般而言,认知策略因所学知识的类型而有所不同,复述策略、精细加工策略和组织策略主要是针对陈述性知识的,针对程序性知识的则有模式再认策略和动作系列学习策略等。

元认知策略是学生对自己认知过程的认知策略,包括对自己认知过程的了解和控制策略,有助于学生有效地安排和调节学习过程,包括计划策略、监视策略和调节策略。

资源管理策略是辅助学生管理环境和资源的策略,有助于学生适应环境并调节环境以满足自己的需要,对学生的动机具有重要的作用,包括时间管理策略、学习环境管理策略、努力管理策略、社会资源利用策略。

```
                     ┌── 复述策略(如分段识记、画线与抄写等)
         ┌── 认知策略 ┤── 精细加工策略(如编歌诀、做笔记、提问等)
         │           └── 组织策略(如列提纲、制作图形、利用表格)
         │           ┌── 计划策略(如设置学习目标、分析学习任务等)
学习策略 ┤── 元认知策略 ┤── 监视策略(如集中注意、自我提问等)
         │           └── 调节策略(如调整阅读速度、调整做题顺序等)
         │               ┌── 时间管理策略
         └── 资源管理策略 ┤── 学习环境管理策略
                         ├── 努力管理策略
                         └── 社会资源利用策略
```

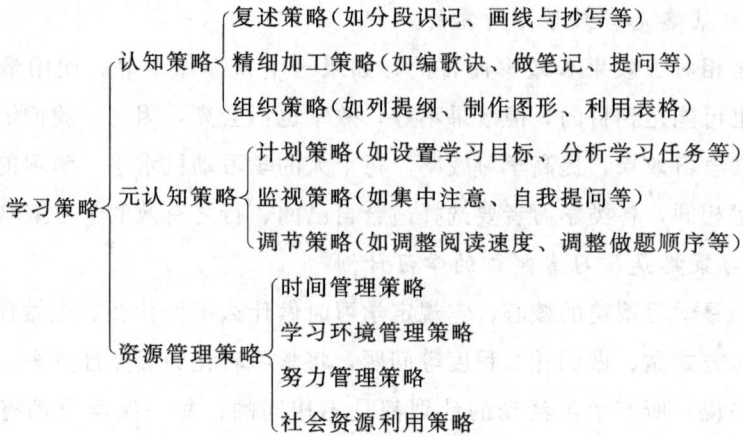

图 7-1　学习策略的分类

2. 丹瑟洛的分类

丹瑟洛(Dansereau，1985)认为学习活动是一个由多种内容紧密关联的活动构成的复杂的活动系统。在学习过程中，认知活动是最为关键的角色，但与此同时，还需要适宜的认知气氛来支持认知活动的进行，使之更有效。因此，他们认为学习策略由两个策略系统构成，一是主要策略系统，包括理解—保持策略、检索—应用策略；二是辅助策略系统，包括目标确定与时间规划策略、心绪调控策略、检查与诊断策略，两个策略系统又有各自不同的亚策略结构。主要策略系统直接作用于学生的认知活动，是学生学习过程中赖以应用的主导性策略。辅助策略系统则是帮助学生在学习过程中形成适宜的认知气氛，使学习活动得以顺利进行的保证性策略。

二、典型的学习策略

麦卡尔等人对学习策略的分类受到较多学者的认可，在此就按他们的分类来介绍各种典型的学习策略。

(一)认知策略

1. 复述策略

复述策略是在工作记忆中为了保持信息，运用内部语言在大脑中重现学习材料或刺激，以便将注意力维持在学习材料上的方法。在学习中，复述是一种主要的记忆手段，许多新信息，如地名、人名、外语单词等，只有经过多次复述后，才能在短时间内记住。常用的复述策略有以下一些方法。

（1）识记阶段的复述策略。

①利用随意识记和有意识记。随意识记是指没有预定目的、不需要经过努力的识记。这种识记也是有条件的，凡是对人有重大意义的、与人的需要和兴趣密切相关的、给人以强烈情绪反应的或形象生动鲜明的人或事，就容易随意识记。在学习中，要尽量运用这些条件来加强学生的随意识记。有意识记是指有目的、有意识的识记。学习时明确识记的任务，有意识地、用心地记住材料，再尝试着自己复述一遍，这样有利于记忆。②排除相互干扰。人之所以没记住某一信息，有一个重要原因，就是这一信息受到了干扰，或是被其他信息搞混了，或是被其他信息挤到一边去了。在进行其他活动之前，一定要花时间在头脑中复述刚刚获得的新信息。一般来说，前后所学习的信息之间存在相互干扰，先前所学信息对后面所学信息的干扰是前摄抑制，后面所学信息对先前所学信息的干扰是倒摄抑制。在安排复习时，要考虑预防两种抑制的影响，尽量错开学习两种容易混淆的内容，如英语和拼音，避免相互干扰。心理学家研究还发现，当人学完一系列词汇后，马上进行测验，开始和结尾的几个词一般要比中间的词记得牢。这就是所谓的首位效应和近位效应。因此，要把最重要的新概念放在学习的开头，并在最后对它们进行复习。不要把首尾时间花在处理课堂纪律问题、整理材料之类的事上。③整体识记和分段识记。对于篇幅短小或者内在联系密切的材料，适于采用整体识记，即整篇阅读，直到记牢为止。对于篇幅较长、较难，或者内在联系不强的材料，适于采用分段识记，即将整篇材料分为若干段，先一段一段地记，然后合成整篇识记。至于段的长短，要根据自己对材料的熟悉程度而定。④多种感官参与。进行识记时，要学会同时运用多种感官，如用眼睛看、用耳朵听、用嘴巴说、用手写等。有心理学家证明，人的学习83％通过视觉，11％通过听觉，3.5％通过嗅觉，1.5％通过触觉，1％通过味觉。而且，人一般可记住自己阅读的10％，自己听到的20％，自己看到的30％，自己看到和听到的50％，交谈时自己所说的70％。这一结果说明，多种感官的参与能有效地增强记忆。⑤画线与抄写。画线是阅读中常用的一种复述策略，能使学生快速找到并理解重要信息。在教学生画线时，首先解释在一个段落中什么是重要的，如主题句等；其次教学生谨慎地画线，只画少量句子；最后，教学生用自己的话解释这些画线部分。此外，还可以教学生一些圈点批注的方法，如圈出不知道的词、标明定义和

例子、列出观点原因或事件序号、在重要的段落前加上星号、在混乱的章节前面画上问号、自己作注释、标出可能的测验项目、画箭头表明关系、注上评论、标出总结性的陈述等,与画线策略一起使用。抄写要识记的内容也是一种很好的复述策略,虽然耗时略多,但是抄写过的内容往往印象更深刻一些。

(2)保持阶段的复述策略。

①及时复习。艾宾浩斯的遗忘曲线说明,遗忘是从识记之后就开始了,遗忘的速度是先快后慢,在识记之后的 20 分钟,就遗忘了 40% 左右,再过几天,就忘记得更多了,尤其是那些意义性不强的材料,在识记之后会迅速地遗忘。因此,新学习的内容一定要及时复习,才能减缓遗忘。②复习形式多样化。在实践中应用所学知识是对知识的最好复习。采用多种形式进行复习,如将所学的知识再用实验证明、写成报告、做出总结、与人讨论以及向别人讲解等,比单调的重复更有利于理解和记忆。某一领域的专家之所以能记得住许多专业知识,就是因为他们在反复地应用这些知识。因此,要善于在不同的情境下反复应用所学的知识,以便加深对知识的理解和保持。

2. 精细加工策略

精细加工策略是一种将新学材料与头脑中已有知识联系起来从而增加新信息的意义的深层加工策略。一个新信息与原有知识联系得越多,能回忆出该信息的途径就越多,回忆也就越容易。因此,精细加工策略是一种理解性的记忆策略,和复述策略结合使用,可以显著提高记忆效果。常用的精细加工策略有以下几种。

(1)记忆术。记忆术主要有:①位置记忆法。位置记忆法是一种传统的记忆术,这种技术在古代不用演讲稿的讲演中曾被广泛使用,而且沿用至今。使用位置记忆法,就是学习者在头脑中创建一幅熟悉的场景,在这个场景中确定一条明确的路线,在这条路线上确定一些特定的点,然后将所要记忆的项目全都视觉化,并按顺序和这条路线上的各个点联系起来。回忆时,按这条路线上的各个点提取所记项目。②缩简和编歌诀。缩简就是将识记材料的每条内容简化成一个关键性的字,然后变成自己所熟悉的事物,从而将材料与已有经验联系起来。例如,《辛丑条约》内容为:要清政府赔款、要清政府保证禁止人民反抗、允许外国在中国驻兵、划分租界并建立领事馆,这可用"钱禁兵馆"来帮助记忆。缩简时也可以是首字连词,即利用每个词句的第一字形成缩写。例如,计算机 BASIC 语言程序就是 Beginner's All-purpose Symbolic Instruction Code（初学者通用符号指令代码）各词首字母的连词。有时，可以将记忆材料缩编成歌诀，歌诀韵律和谐，抑扬顿挫，非常有助于记忆。如《二十四节气歌》："春雨惊春清谷天，夏满芒夏暑相连，秋处露秋寒霜降，冬雪雪冬大小寒。"在缩编材料编成歌诀时，要力求精练准确，富有韵律，最好是自己创造，这样印象才深刻。③谐音联想法。学习一种新材料时运用联想，假借意义，对记忆也很有帮助，这种方法被称为谐音联想法。在记忆历史年代和常数时，这种方法行之有效。例如，有人记忆马克思的生日"1818 年 5 月 5 日"时，联想为"马克思—巴掌—巴掌打得资产阶级呜呜地哭"；又如，记忆圆周率时，有人将 3.14159 编成顺口溜"山巅一寺一壶酒"来记忆。④关键词法。关键词法就是将新词或概念与相似的声音线索词，通过视觉表象联系起来。如英文单词"Tiger"可以联想成"泰山上一只虎"，这种方法在教外语词汇时非常有用。有研究表明，这种记忆术也同样适用于其他信息的学习，如省首府名、地理信息等。⑤视觉想象。视觉想象就是通过心理想象来帮助记忆。如前述位置记忆法实际上就是一种视觉联想法，利用了心理表象。运用视觉想象时，想象越奇特而又合理，形象越是鲜明具体，形象间的逻辑联系越是紧密，记忆就越牢固。可以使用夸张、动态、奇异的手段进行联想，例如，记忆"飞机—箱子"这一组词时可以想象为"飞机穿过箱子"。还有一种用想象来增强记忆的古老方法，就是创造一个故事，将所要记忆的信息编在一起。⑥语义联想。通过联想，将新材料与头脑中的旧知识联系在一起，赋予新材料更多的意义。实际上，就是要在理解的基础上，把过去的旧知识当作"钩子"来"挂住"所要记住的新材料。因此，要设法找出新旧材料之间的内在逻辑联系。例如，在记一个公式或原理时，要想一想，新公式或原理是如何从以前的公式或原理推导出来的。

（2）做笔记。做笔记是阅读和听讲中用得较为普遍的精细加工策略，研究表明，学生借助笔记既可以有效地控制自己的认知过程，又能维持学习注意和兴趣，还有助于概括新的知识和建立新旧知识之间的联系。教师促使学生做好笔记时要注意：讲授慢一点；重复复杂的主题材料；在黑板上写出重要的信息；提供结构式的辅助手段，如提纲或二维表；给学生提供一套完整的笔记做参考等。学生做笔记时，不要写得密密麻麻，可以在笔记本的右边留出 3～6 厘米的空白，用以随时记下教师讲的关键词、例子、证据以及自己的疑问和感想。学生不仅要做好笔记，还应及时复习笔记，积极思考笔记中的观点，并与其所学的知识进行联系，如 5R 笔记法：记录（record）、简化（reduce）、背诵（recite）、反省（reflect）、复习（review）。

（3）提问。阅读或者听讲时，学生要经常评估自己的理解状况，思考这一新信息意味着什么？它与课文中的其他信息以及以前所学信息有什么联系？还可以用什么例子来说明这个新信息？心中有了问题，就会想知道答案，这便驱使人集中精力阅读和理解所学内容，以便找出答案。例如，教师可以给学生一张问题清单帮助他们思考，这些问题包括：我写给谁看的？要解释什么？有什么步骤？等等。自己给自己提问，同学之间相互提问，老师向学生提问，都是有助于记忆的。提问还能使学习者寻找和区分资料的重要程度，巩固和扩大原有的知识结构。

（4）生成性学习。生成性学习就是要训练学生对他们所阅读的东西产生类比或表象，如图形、图像、表格和图解等，以加强其深层理解。这种方法最重要的一点，就是需要积极的加工，不只是简单的记录和记忆信息，更不是从书中寻章摘句或稍加改动，而是在真正理解了所学内容的基础上，产生书中没有的句子，或产生与书中某几句重要信息相关的句子，又或者产生用自己的话组成的句子，从而把所学的信息和自身的知识经验联系起来，形成自己的理解。

（5）利用背景知识，联系实际。精细加工策略强调在新学信息和已有知识之间建立联系，因此背景知识的多少在学习中非常重要。对于某一事物，我们到底能学会多少，最重要的一个决定因素就是我们对这一方面的事物已经知道多少。教师一定要把新的学习和学生已有的背景知识联系起来，并要能联系实际生活，帮助学生理解这些信息的意义，还要帮助他们把这些信息在实际生活中运用起来。

3. 组织策略

组织策略是整合所学新知识之间、新旧知识之间的内在联系，形成新的知识结构。当然，组织策略和精细加工策略是密不可分的，如写提要和做笔记实际上就是组织策略和精细加工策略的结合。下面是一些常用的组织策略。

（1）列提纲。列提纲是以简要而关键的词语写下主要和次要观点，也就是以金字塔的形式组织材料的要点，每一具体的细节都包含在高一级水平的类别之下，以此对材料进行简化。提纲一般是材料中的精华部分，它可以减轻记忆负担，提高记忆效率。学习列提纲的一个有效方法是让学生每读完一段后用一句话做概括，另一种方法是让学生拟定提纲以帮助别人学习这一材料，这会使得学习者不得不认真考虑所学内容中什么重要，什么不重要。

(2)制作图形。制作图形用以图解各种知识点之间的联系，非常有助于理解和记忆。①系统结构图。指学完一系列知识后，对学习材料进行归类整理，将主要信息归纳成不同水平或不同部分，然后形成一个系统结构图。复杂的信息一旦被整理成一个金字塔式的层次结构，就容易理解和记忆了。美国心理学家布卢姆认为，人类记忆的首要问题不是储存而是检索，而检索的关键在于组织。系统结构图就是一种最好的知识组织方式，制作系统结构图的过程就是组织材料、建立记忆检索框架的过程。②流程图。流程图可用来表现步骤、事件和阶段的顺序。流程图一般是从左向右展开，用箭头连接各个部分。③模式图或模型示意图。模式图就是利用图解的方式来说明在某个过程中各要素之间是如何相互联系的。模型示意图是用简图表示事物的位置(静态关系)，以及各部分的操作过程(动态关系)。④网络关系图。网络关系图也称概念图(concept map)，目前越来越受到重视，在学习、教学和测评中被广泛运用。在做关系图时，应先识别主要知识点，然后识别这些知识点之间的关系，再用适当的图解来标明这些知识点之间的内在联系。在关系图中，主要观点位于正中，支持性的观点位于主要观点的周围。网络关系图比提纲更简明、形象，更能体现上下层次之外的各种复杂关系。

(3)利用表格。学习中用各种表格对学习内容进行重新归纳与组织，也是我们常用的方法。常用的表格有一览表和双向表。①一览表。首先对材料进行全面的综合分析，然后抽取主要信息，并从某一角度出发，将这些信息全部陈列出来，力求反映材料的整体面貌。例如，学习中国历史时，可以时间为轴，将朝代、主要历史人物、历史事件全部展现出来，制成一幅中国历史发展一览图。②双向表。双向表是从纵横两个维度罗列材料中的主要信息。系统结构图和流程图都可以衍变成双向表。

(二)元认知策略

当学生读一篇文章或一本书时，遇到读不懂的地方，可能会再读一遍，或者退回前面的部分寻找线索，从而发现自己哪里不懂，为什么不懂，怎么才能弄懂，以及继续读下去时要注意哪些问题，这就是元认知策略。

元认知是对认知的认知，是个体对自己认知过程的认识和调节这些过程的能力，它具有两个独立但又相互联系的成分：关于认知过程的知识和观念、对认知行为的调节和控制。

元认知知识是对有效完成任务所需的技能、策略及其来源的意识——知道做什么，是在完成任务之前的一种认识。它主要包括：对个人作为学习者的认识、对任务的认知、对有关学习策略及其使用方法的认识。

元认知控制则是运用自我监视机制确保任务能成功地完成——知道何时、如何做什么，是对认知行为的管理和控制，是主体在进行认知活动的全过程中，将自己正在进行的认知活动作为意识对象，不断地对其进行自觉的监视、控制和调节的过程。元认知控制过程包括制订认知计划、监控计划执行以及调整和修改认知过程，因此，元认知策略包括计划策略、监视策略、调节策略。

1. 计划策略

元认知计划是根据认知活动的特定目标，在一项认知活动之前计划各种活动，预计结果，选择策略，想出各种解决问题的方法，并预估其有效性。元认知计划策略包括设置学习目标、浏览阅读材料、产生需要回答的问题以及分析如何完成学习任务。计划可以是长期的，也可以短期的，可以是整体的，也可以是针对某一具体任务的。计划策略在元认知策略中是非常重要的，没有计划就没有了评价学习效果的标准，没有了调节学习活动的依据。一个好的学习者不只是被动地听课、被动地完成教师布置的任务，而是会根据自己的学习基础和学习特点，预测自己的学习时间和学习成效，从而计划自己的学习方式与方法。

2. 监视策略

元认知监视是在认知活动进行的实际过程中，根据认知目标及时评价、反馈认知活动的结果与不足，正确估计自己达到认知目标的程度、水平；并且根据有效性标准评价各种认知行动、策略的效果。例如，阅读时对自己的注意力加以跟踪、进行自我提问，考试时监视自己的速度和时间等。

领会监控、集中注意、自我提问是三种具体的监视策略。

领会监控一般在阅读中使用，通常某些读者在阅读时会预设一个领会的目标（如明了主旨、找出要点、发现细节等），随着这一策略的执行，达到目标会体验到满意感，反之就会体验到挫折感。如果领会监控最终显示目标没有达到，读者就会采取补救措施。领会监控策略可以通过一些练习得到提高（见表7-3）。

表 7-3　领会监控方法一览表

方法	解　释
变化阅读的速度	以适应对不同课文领会能力的差异。对于比较容易的章节读快点，抓住作者的整体观点；对于较难的章节，则要放慢阅读速度。
中止判断	如果某些事不太明白，继续读下去。作者可能会在后面填补这一空隙、增加更多的信息或在后文中后有明确说明。
猜测	当所读的某些事不明白时，养成猜测的习惯。猜测不清楚段落的含义，并且读下去，看看自己的猜测是否正确。
重读较难的段落	重新阅读较难的段落，尤其是当信息仿佛自相矛盾或模棱两可时。最简单的策略往往是最有效的。

〔陈琦，刘儒德．当代教育心理学（第 2 版）〔M〕．北京：北京师范大学出版社．2007，386.〕

集中注意则是非常普遍和常用的策略，因为人的注意力是有限的，而信息是无限的，学习者必须选择与学习相关的重要信息加以注意，并有效控制注意力分散，才能较好地完成学习。作为教师，则要帮助学生挑选重要的学习材料，想方设法让学生的注意力集中在学习材料上，尽量减少让学生分心的事物，并且教会学生如何集中注意力，如何克服注意力的分散。

自我提问是一种简单有效的监视策略，学习者可以通过问自己一系列问题，促进自己反省，提高学习和解决问题的能力。这些问题可以包括：新的知识和自己原有知识有什么联系吗？原有知识能帮助我学习新的知识吗？我应该用哪种方法来学习新知识？这种方法是有效的吗？我能达到学习目标吗？最后我达到学习目标了吗？等等。

3．调节策略

元认知调节是根据对认知活动结果的检查所做出的调整，也是根据对认知策略效果的检查所做出的调整，如发现问题，应及时修正或采取相应的补救措施，或调整认知策略。元认知调节策略与监控策略有关。例如，当学习者意识到他不理解学习内容的某一部分时，他们就会退回去重读；在阅读困难或不熟的材料时放慢速度；测验时跳过某个难题，先做简单的题目等。调节策略能帮助学生矫正其学习行为，使他们能补救理解上的不足。

元认知策略的这三个方面总是相互联系着起作用的。学习者一般先认识自己当前的学习任务，然后确定一些达到学习目标的标准，预计学习时间，选择有效的计划，再开始学习，同时监视自己的进展情况，并根据监视的结果采取补救措施。

(三)资源管理策略

资源管理策略就是帮助学生有效管理和利用资源，以提高学习效率的策略。常用的资源管理策略主要有以下几种。

1. 时间管理策略

(1)统筹安排学习时间。学习者应当根据自己的总体目标，对时间做出总体安排，并通过阶段性的时间表来落实。对每一天的活动，都要列出一张活动优先表。安排学习时间时，可以通过"紧急"与"重要"两个维度，把事情分为四种类型(见图7-2)，然后再进行时间分配，尽量将时间用于重要的事情上。那些不重要又不紧急的事情，如削铅笔、整理文具等，由于没有任务压力，常常容易吸引人们的注意力，因此学习者要善于控制和安排，不要花太多时间在不重要的事情上面。在制订学习计划时，要注意将学习计划落实在学习成果上。在执行学习计划时，要注意防止拖拉。

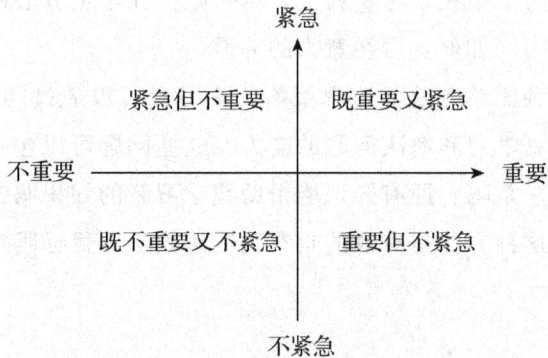

图 7-2 时间管理象限

(2)高效利用最佳时间。在不同的时间里，人的体力、情绪和智力状态是不一样的，也就是说各个学习时间里的学习质量是不一样的。因此学习者要根据自己的生物钟安排学习活动，留意自己一周内学习效率的变化、一天内学习效率的变化，并根据这些变化的规律来安排学习活动。随着学习活动的进行，人的精神状态和注意力会发生变化，一般来说有三种模式：先高后低，或中间高两头低，或先低后高。每个人要根据自己的精神状态和注意力变化模式来安排学习内容，确保状态最佳时学习最重要的内容。

（3）灵活利用零碎时间。学习者可以利用零碎时间进行小规模的学习，例如，等车时可以读短篇文章或看报纸杂志，坐车时默默背诵诗词和外文单词等，不浪费时间，还可以在学习上积少成多。

2. 学习环境管理策略

学习环境会影响学习心境，从而影响到学习效率，因此，为学习创设适宜的环境很重要。要注意调节自然条件，如新鲜的空气、适宜的温度、明亮的光线以及和谐的色彩等，还要设计好学习的空间，如室内布置、用具摆放等。

3. 努力管理策略

学习者要维持努力，就需要不断进行自我激励，包括激发内在动机，树立学习自信心，选择有挑战性的任务，调节成败的标准，正确认识成败原因，自我奖励等。

4. 社会资源利用策略

社会资源利用策略主要包括两方面：一是学习工具的利用，指善于利用参考资料、工具书、图书馆、广播电视以及电脑和网络等为学习服务；二是社会性人力资源的利用，指善于利用教师的帮助，以及通过同学间的合作与讨论来加深对所学内容的理解。

三、学习策略及其教学

（一）儿童学习策略的发展

儿童学习策略的发展要经过以下三个阶段。

第一阶段：儿童不仅不能自发地产生策略，而且即使别人教给他们某种策略，他们也不能有效地使用。雷斯（Reese）将这种情况称作调节的缺乏，即指年幼儿童因缺少产生策略及有效地应用策略的心理装置，而不能对认知活动进行合理的调节。

第二阶段：虽然儿童仍不能自发地产生某种策略，但却可以在他人的指导下学会某种策略，从而提高认知活动的反应水平。弗拉维尔（Flavell，1970）将这种情况称为产生的缺乏（Production Deficiency），即指儿童已具有使用某种策略的能力，但如果离开外力的帮助，自己不能产生策略。

第三阶段：儿童可以自发地产生并有效地使用策略。初、高中时期，某些青少年在他们熟悉的知识领域，可以在无人指导的情况下，自觉运用适当的策略改进学习，而且能根据任务的需要来调整策略。

学习者掌握和运用学习策略的能力是在学习中随经验的增长而逐渐发展起来的。学习者对自己学习系统的了解及对进入学习系统的信息怎样处理做出决定，是有效运用学习策略的基础和前提。研究发现，儿童的认知发展水平制约着他们对学习策略的运用。在记忆图片能使用复述策略的儿童中，5 岁儿童仅占 10％，7 岁的为 60％，10 岁的可达 85％。一项有关名词学习的调查发现，五年级学生中的 47％、七年级学生中的 74％、九年级学生中的 93％能采用一些较为复杂的策略。

学生对学习策略的掌握和选择存在明显的个体差异。研究发现，智力水平较高的学生比智力水平较低的更能自发地获得有效的学习策略。学习动机则决定学习者选择何种策略，动机强的学生倾向于经常使用已习得的策略，动机弱的则对策略使用不敏感；具有内部动机的学生较多使用意义学习的策略，而具有外部动机的学生更多采用机械学习的策略。

(二)学习策略训练的原则

人们在学习、阅读时常常使用各种不同的策略，但很少有什么学习策略总是有效，也很少有什么策略总是无效。学习策略的使用受学习内容的制约和具体情况的影响。在进行学习策略的训练时，可以遵循一定的基本原则。

1. 主体性原则

主体性原则指任何学习策略的使用都依赖于学生主动性和能动性的充分发挥。因此，教师对学生进行学习策略的训练时，要向学生阐明训练的目的和原理，教他们何时、何地、如何使用策略，给他们充分运用学习策略的机会，并指导他们分析和反思策略使用的过程与效果。

2. 内化性原则

学习策略只有内化到学生的思想里，才能真正起到作用。因此教师要训练学生不断实践各种学习策略，逐步将其内化成自己的学习能力，并能在新的情境中加以灵活应用。

3. 特定性原则

学习策略一定要适合学习目标、学习内容和学生的具体特点。研究发现，同样一个策略，年长和年幼的学生，学习基础较好和学习基础薄弱的学生，用起来效果是不一样的。阅读时写提要对于成人来说可能是一种有效的学习方法，但对于幼儿则可能相当困难。

年幼的儿童没有反思他们自己思维过程的能力，但是一年级的学生知道某些学习任务比其他学习任务难，三年级的学生通常知道什么时候他们已经不能理解某些事物。直到儿童晚期和青少年时期，学生才有能力评价某个学习问题，选择一个策略去解决这一问题，并且评价他们的成功（Flavell，1985）。但这并不意味着学习策略对这些年幼的儿童不重要，而仅仅意味着针对学习者的发展水平，要确定哪些策略是最有用的。同时，还要考虑学习策略的层次，给学生各种各样的策略，不仅有一般策略，而且还要有非常具体的策略，如前面所讲的画线策略，供他们选择使用。

4. 生成性原则

生成性原则是学习策略最重要的原则之一，是指在学习过程中要利用学习策略对学习的材料重新进行加工，生成某种新的东西，这会使学习者对学习材料认识更加深刻，学习效果更好。生成性程度高的策略有写内容提要、提问、列提纲、图解要点之间的关系、向同伴讲授等；生成性程度低的策略有不加区分的划线、不抓要点的记录、不抓重要信息的肤浅的提要等，这些方法对学习都是无益的。

5. 有效监控原则

有效监控指学生应当知道何时、如何应用学习策略并能反思和描述自己对学习策略的运用过程。尽管这非常重要，但教师却常常忽视这一点，这可能是因为他们没有意识到其重要性，也可能是因为他们认为学生自己能行。其实如果学生能交代清楚何时何地与如何使用一个策略，那他们就更有可能记住和应用它。

6. 个人自我效能感原则

个人自我效能感指教师要给学生一些机会使他们感觉到策略的效力以及自己使用策略的能力。个人自我效能感对学习策略的影响很大，学生可能知道何时、如何使用策略，但是如果他们不愿意使用这些策略，其学习能力是不会得到提高的，因此教师要给学生一些机会使他们感觉到策略的效力，以促使其运用学习策略。

(三)学习策略训练的模式

1. 指导教学模式

指导教学模式与传统的讲授法十分相似，由激发、讲演、练习、反馈和迁移等环节构成。在教学中，教师先向学生解释所选定学习策略的具体步骤和条件，并在应用中不断给以提示，让学生口头叙述和明确解释所操作的每一个步骤以及报告自己应用学习策略时的思维，通过不断重复这种内部思维，加强学生对学习策略的感知与理解。同时，教师在教学中依据每种策略来选择许多恰当的事例来说明其应用的多种可能性，使学生形成对策略的概括化认识；提供的事例应从学生的认知水平出发，由简到繁，使学生从单一策略的应用发展到多种策略的综合应用，从而形成一种综合应用能力。

2. 程序化训练模式

所谓程序化训练就是将活动的基本技能，如解题技能、阅读技能、记忆技能等，分解成若干有条理的小步骤，在其适宜的范围内，作为固定程序，要求学生按此进行活动，并经过反复练习使之达到自动化程度。程序化训练的基本步骤是：首先，将某一活动技能按有关原理分解成若干易操作的小步骤，而且使用简练的词语来标记每个步骤的含义。例如，PQ4R阅读策略，包括预览（preview）、提问（question）、阅读（read）、反思（reflect）、背诵（recite）、复习（review）6个步骤。其次，通过活动实例示范各个步骤，并要求学生按步骤进行阅读。最后，要求学生记忆各步骤，并坚持练习，直至使其达到自动化程度。

3. 完形训练模式

完形训练就是在直接讲解策略之后，提供不同程度的完整性材料促使学生练习策略的某一个成分或步骤，然后逐步降低完整性程度，直至完全由学生自己完成所有成分或步骤。例如，在教学生列提纲时，教师可先提供一个列得比较好的提纲，然后解释这些提纲是如何统领材料的，接着可以利用各种不完整提纲，逐步对学生进行训练。可以提供一个几乎完整的提纲，让学生听课或阅读时补充一些支持性细节；也可以提供一个只有主题的提纲，让学生补充所有支持性细节；还可以只提供支持性细节，让学生写出主要提纲。只要给以适当的练习，学生就能学会写提纲。完形训练的好处就在于能够使学生有意识地注意每一个成分或步骤，而且每一步训练所需的心理努力都是学生能够胜任的，更为重要的是，每一步训练都给学生以策略应用的整体印象。

4. 交互式教学模式

交互式训练是一种教师与学生轮流承担"教"的角色的课堂教学形式。一般由教师和一个小组学生（大约 6 人）一起，进行学习策略的训练。教师可以先做示范，然后指定一个学生扮演"教师"，彼此提问，如总结段落内容，提问与要点有关的问题，明确材料中的难点，预测下文会出现什么等。

在交互教学中，教师提供运用学习策略的示范和指导，学生轮流承担"教"的角色和责任，积极模仿教师，教师则不断根据学生的活动情况，灵活调整指导，对学生的活动给予及时反馈。

由于交互教学通过变换角色将教师示范活动和学生学习、实践学习策略活动置于自然的情境中，因此十分有利于学生学习、实践和掌握有关的学习策略。帕林克萨和布朗 1984 年的阅读交互教学实验结果表明，交互教学对学生的成绩产生了显著影响。实验表明，随着教学的进行，学生能够迅速地澄清他们遇到的不熟悉或不理解的信息，阅读的自我监控能力得到明显提高。

5. 合作学习模式

许多学生可能已经发现，和别人讨论自己所学习的材料后，会进一步加深自己对这个材料的认识，合作学习就是基于这一原理。关于合作学习的研究证明，以这种方式学习的学生比独自学习或简单阅读材料的学生，其学习效果和保持效果都好得多。

合作学习的方法有很多，较简单的一种是学生两两配对合作学习法，操作方式为：两个学生一组，一节一节地轮流总结材料，当一个学生主讲时，另一个学生听，并纠正错误和遗漏，然后两个学生变换角色，直到学完材料为止。实施步骤为：第一步，学习者相互配对，确定学习任务，建立合作学习情境，引发积极的学习状态。第二步，每对合作学习者选择学习的具体内容，如阅读一篇文章中的部分内容或解一道数学题等，并首次进行角色分工，其中一人扮演操作者，另一人则扮演检查者。第三步，操作者进行口头报告，口头报告的内容和方式根据具体的学习任务而定。如果学习任务是阅读记忆，操作者就要一边学习，一边抓住主要观点和事实，阅读之后合上课本，对阅读的内容做出总结；如果学习任务是解题，操作者就要在解题过程之中或之后，报告解题的思维过程和结果。第四步，检查者进行检查和评价，指出操作者口头报告中存在的错误和遗漏之处，并做出评价和建议，以促进操作者的学习活动。第五步，交换角色，继续学习，重复第三、第四步。

　　在实际教学中，教师不管采用什么方法进行学习策略的教学，都要结合具体的学科知识来进行，因为学习策略知识不是孤立的，不能脱离学科知识。专门领域的基础知识是有效利用学习策略的前提条件，脱离知识内容的单纯训练容易导致形式化，很难让学生提高学习策略水平。

【练习题】

一、选择题

1. 一种学习对另一种学习起到积极的促进作用的迁移称为（　　　）。

A. 正迁移　　　　B. 负迁移　　　　C. 横向迁移　　　　D. 纵向迁移

2. 两种学习之间发生相互干扰、阻碍的迁移称为（　　）。

A. 正迁移　　　　B. 负迁移　　　　C. 横向迁移　　　　D. 纵向迁移

3. 由处于同一概括水平的经验之间的相互影响而发生的迁移称为（　　　）。

A. 顺向迁移　　　B. 逆向迁移　　　C. 水平迁移　　　D. 垂直迁移

4. 由具有较高的概括水平的上位经验与具有较低的概括水平的下位经验之间的相互影响而发生的迁移称为（　　）。

A. 顺向迁移　　　B. 逆向迁移　　　C. 水平迁移　　　D. 垂直迁移

5. 由于先前活动而形成的心理的一种特殊准备状态称为（　　）。

A. 迁移　　　B. 变式　　　C. 定势　　　D. 原型启发

6. 数学学习中形成的认真审题的态度及审题的方法将影响到化学、物理等学科中的审题活动，这称为（　　）。

A. 负迁移　　　B. 垂直迁移　　　C. 一般迁移　　　D. 具体迁移

7. 经验类化说强调哪种因素在学习迁移中的作用（　　）。

A. 心理官能的发展　　　　　　B. 两种任务的共同要素

C. 概括化的原理　　　　　　　D. 对各要素间关系的理解

8. 强调迁移就是心理官能发展的结果，这一理论是（　　）。

A. 形式训练说　　B. 共同要素说　　C. 经验类化说　　D. 关系转化说

9. "举一反三""闻一知十"是指（　　）。

A. 定势　　　B. 迁移　　　C. 应用　　　D. 技能

10. 共同要素说强调（　　）在学习迁移中的作用。

A. 心理官能的发展　　　　　　　B. 两种任务的共同要素

C. 概括化的原理　　　　　　　　D. 对各要素间整体关系的理解

11. 奥苏贝尔接受了布鲁纳有关迁移的思想，提出了（　　）迁移理论。

A. 概括说　　　　B. 认知结构　　　C. 共同要素说　　　D. 关系转换

12. 学生小辉由于会打羽毛球，很快学会了打网球，这种现象为（　　）。

A. 顺向正迁移　　B. 逆向正迁移　　C. 顺向负迁移　　D. 逆向负迁移

13. 处于概括水平同等层次的两种学习之间的影响属于（　　）。

A. 水平迁移　　　B. 垂直迁移　　　C. 顺向迁移　　　D. 逆向迁移

14. 心理定势对解决问题具有（　　）。

A. 消极作用　　　　　　　　　　B. 既有积极作用也有消极作用

C. 没有作用　　　　　　　　　　D. 积极作用

15. 认为迁移是无条件的、自动发生的，这是（　　）的观点。

A. 形式训练说　　　　　　　　　B. 共同要素说

C. 经验类化理论　　　　　　　　D. 关系转换理论

16. 地理教师教学生记忆"乞力马扎罗山"时，为方便学生记忆，将之称为"骑着马打着锣"。这种学习策略属于（　　）。

A. 组织策略　　　　　　　　　　B. 精细加工策略

C. 复述策略　　　　　　　　　　D. 元认知策略

17. 在教师的指导下，学生采用画示意图的方式对知识进行归纳整理，以促进自己对所学知识的掌握。学生采用的这种学习策略是（　　）。

A. 复述策略　　　　　　　　　　B. 精细加工策略

C. 监控策略　　　　　　　　　　D. 组织策略

18. 小丽在学习时为了记住数字、年代等枯燥无味的知识，常对其赋予意义，使记忆过程生动有趣。小丽使用的学习策略是（　　）。

A. 复述策略　　　　　　　　　　B. 精细加工策略

C. 组织策略　　　　　　　　　　D. 计划策略

19. 小学教师引导学生按偏旁部首归类识字，他所运用的学习策略是（　　）。

A. 精细加工策略　B. 资源管理策略　C. 组织策略　　　D. 复述策略

20. 林琳在听课时，经常将学习内容要点以画线的方式在书上做标记，这种学习策略属于（　　）。

　　A. 复述策略　　　　B. 调节策略　　　　C. 监控策略　　　　D. 计划策略

二、判断题

1. 归纳式学习属于自上而下的迁移。（　　）

2. 特殊迁移的范围往往比一般迁移广。（　　）

3. 迁移的可能性的大小与经验的概括水平成反比例关系。（　　）

4. 一般说负迁移是暂时性的，经过练习可以消除。（　　）

5. "举一反三"是负迁移。（　　）

6. 经验泛化说认为两个学习活动存在共同成分是学习迁移产生的关键。（　　）

7. 根据形式训练说，电话接线员经过长期训练，记忆数字的能力会大大提高，但不能保证他们记忆外语词汇的能力也会相应提高。（　　）

8. 定势对迁移只起阻碍作用。（　　）

三、简答题

1. 简述影响迁移的主要因素。

2. 简述促进迁移的教学。

四、观点评析

1. 迁移仅存在于某种经验内部。

2. 学习迁移是学习过程中常见的现象，它对新知识、新技能的学习起促进作用。

3. 一般平行四边形有关内容的掌握影响菱形的学习，属于自上而下的垂直迁移。

4. 学习迁移就是先前的学习对后来学习的影响。

5. 迁移的形式训练说是完全错误的。

五、材料分析

有的学生在语文测验中能正确填空，但是不能给朋友写一封语句通顺的信；有的学生能在数学测验中进行小数和百分数的乘法运算，但却不会计算收入所得税。

请分析此现象，并联系实际说明促进迁移的有效教学策略。

第八章　分类学习

【学习目标】

1. 识记陈述性知识、程序性知识、技能、操作技能、心智技能等概念。

2. 理解知识和知识学习的分类；理解操作技能和心智技能的基本特征与形成阶段；理解品德的实质及结构。

3. 掌握皮亚杰与柯尔伯格的道德发展阶段理论。

第一节　知识的学习

一、知识的类型

根据现代认知心理学的观点，知识就是个体通过与环境相互作用后获得的信息及其组织。其实质是人脑对客观事物的特征与联系的反映，是客观事物的主观表征。贮存于个体内的是个体的知识，贮存于个体之外的，即为人类的知识。因此，知识可以分为以下类型。

(一)感性知识与理性知识

根据知识反映活动的深度不同，知识可分为感性知识和理性知识。

感性知识是对活动的外表特征和外部联系的反映，可分为感知和表象两个水平。

理性知识反映的是活动的本质特征与内在联系，包括概念和命题两种形式。

(二)陈述性知识与程序性知识

以安德森(J. R. Andersen)为代表的一些西方心理学家根据知识反映活动的不同形式，将知识分为陈述性知识和程序性知识。

1. 陈述性知识

陈述性知识主要反映事物的状态、内容及事物发展变化的原因。这类知识主要用来说明事物是什么、为什么和怎么样，可用来区别和辨别事物。一般可以用口头或书面语言进行清楚明白地陈述，它主要用来描述一个事实（如"北京是中国的首都"），或陈述一种观点（如"生命在于运动"），因此也被称为描述性知识。这类知识一般通过记忆获得，可以称之为记忆性知识或语义性知识，与加涅分类中的"言语信息"相一致。

2. 程序性知识

程序性知识主要反映活动的具体过程和操作步骤，说明做什么和怎么做。它是一种实践知识，主要用于实际操作，也被称为操作性知识。由于它还涉及做事的策略和方法，因此也被称为策略性知识或方法性知识。例如，操作某一机器，怎样解答数学题等。

程序性知识是一套办事的步骤，在本质上，它们由概念和法则构成。由于运用概念和规则办事的指向性不同，加涅认为，程序性知识包括心智技能和认知策略两个亚类。心智技能是运用概念和规则对外办事的程序性知识，主要用来加工外来信息。认知策略是运用概念和规则对内调控的程序性知识，主要用来调节和控制自己的加工活动。

由此可见，知识概念有广义和狭义两种，狭义的知识概念仅指陈述性知识；广义的知识概念包含陈述性知识和程序性知识。我们平常说，学校教育既要传授知识，也要形成技能。这里所说的"知识"实际是指狭义的知识，即陈述性知识，它们在历史、生物、地理课程中占有很大的比重。这里所说的"技能"，从广义的知识观来看，实际上是个人习得的一套程序性知识并按这套程序去办事的能力。

二、知识学习的类型

（一）符号学习、概念学习和命题学习

根据知识本身的存在形式和复杂程度，知识学习可以分为符号学习、概念学习和命题学习。

1. 符号学习

指学习单个符号或一组符号的意义，或者说学习符号本身代表什么。符号学

习的心理机制是使符号和它们所代表的具体事物或观念之间建立起等值的关系，比如"猫"这个符号代表的是猫这种动物。符号学习的主要内容是词汇学习。但是符号不限于语言符号，也包括非语言符号（如实物、图像、图表、图形等）。符号学习还包括事实性知识的学习，如历史课中历史事件和历史人物的学习，地理课中地形地貌和地理位置的学习，均属于事实性知识的学习。

2. 概念学习

指掌握概念的一般意义，实质上是掌握同类事物的共同的关键特征和本质属性，如"鸟"有"前肢为翼"和"无齿有喙"这样两个共同的关键特征。如果掌握了这两个关键特征，就掌握了这个概念的一般意义，这就是概念学习。中小学生在掌握概念时，其学习往往是分步的，一般是先达到符号学习水平，再提高至概念学习水平。

3. 命题学习

是指学习若干概念组成的句子的复合意义，即学习若干概念之间的关系。学习命题，必先获得组成命题的有关概念的意义。例如，学习"圆的直径是它的半径的两倍"这一命题时，如果没有获得"圆""直径"和"半径"等概念，便不能获得这一命题的意义。可见，命题学习必须以符号学习和概念学习为基础，这是一种更加复杂的学习。

（二）下位学习、上位学习和并列结合学习

学习的信息加工过程显示，新旧知识在记忆系统编码、贮存和提取时的过程，是新旧知识相互作用的过程。奥苏贝尔对此提出了学习的同化理论。他认为，学习的实质是新知识与学习者认知结构中已有的适当观念建立非人为的和实质性的联系。新知识与原有知识网络中可以利用的适当观念可以构成三种关系：第一种，原有观念是上位的，新知识是下位的；第二种，原有观念是下位的，新知识是上位的；第三种，原有观念是并列的。新旧知识的三种关系就导致了知识学习的三种形式：下位学习、上位学习和并列结合学习。

1. 下位学习

又称类属学习，是一种把新的观念归属于认知结构中原有观念的某一部位，并使之相互联系的过程。下位学习包括两种形式：派生类属学习和相关类属学习。派生类属学习指的是新知识是已有知识的一个具体例证，可以直接从已有的

上位知识中派生出来，比如，学习者已经知道"所有圆的圆心到圆上各点距离相等"，再学习"某一特定的圆的任意两条半径等长"的定理。这种学习就是派生类属学习。相关类属学习指新知识命题不能直接从已有的上位知识中派生出来，而要对上位知识做某种特殊的扩展、修正或限制才能得出，如在学习了"三角形"之后又学习"直角三角形"就是对相关类属学习。

2. 上位学习

也称总括学习，即通过综合归纳获得意义的学习。当认知结构中已经形成某些概括程度较低的观念，在这些原有观念的基础上学习一个概括和包容程度更高的概念或命题时，便产生上位学习。比如，学生在学会了"铜能导电""铁能导电"等命题之后，再学习"金属都是能导电的"这一新命题时，就是在进行上位学习。

3. 并列结合学习

并列结合学习是指，在新知识与认知结构中的原有观念既非类属关系又非总括关系时产生的学习。学生学习过程中大量的命题之间都只具有并列关系，比如，遗传与环境之间的关系，三角形的高与平行四边形的高之间的关系等。它们虽然不能形成包含与被包含的关系，但它们之间仍存在种种意义联系或某些共同的关键特征，可以根据这些并列组合的关系使新命题与已有命题建立起意义联系，从而理解新命题的意义。

三、知识学习的过程

知识学习主要是学生对知识的内在加工的过程，现代认知心理学认为这一过程包括知识的获得、知识的保持与知识的应用三个阶段。知识的获得不是一次性完成的，知识的获得与知识的应用也不是绝对依次进行的。知识往往是在应用的过程被获得、理解、深化和整合的。但为了叙述的方便，我们把知识的学习分为获得、保持和应用三个阶段。所有阶段的知识学习都遵循知识的双向建构的过程。

(一)知识的获得

知识获得是知识学习的第一个阶段。在这个阶段，首先通过直观获得充分的感性经验，其次必须对所获得的感性经验进行充分的理解、分析、加工和概括。

1. 知识直观

直观是主体通过对直接感知到的教学材料的表层意义、表面特征进行加工，从而形成对有关事物具体的、特殊的、感性的认识的加工过程。直观是理解科学知识的起点，是学生由不知到知的开端，是知识获得的首要环节。在实际教学过程中，主要有三种直观方式，即实物直观、模像直观和言语直观。

实物直观即通过直接感知要学习的实际事物而进行的一种直观方式。例如，观察各种实物、演示各种实验、进行实地参观访问等都属于实物直观。

模像直观，所谓模像直观即通过对事物的模像（模像即事物模拟性形象）的直接感知而进行的一种直观方式。例如，各种图片、图表、模型、幻灯片和教学电影电视等的观察和演示。

言语直观，言语观是在形象化的语言作用下，通过对语言的物质形式（语音、字形）的感知及对语义的理解而进行的一种直观形式。例如，在语文教学中，文艺作品的阅读、有关情境与人物形象的领会。在史地教学中，有关历史生活、历史事件、历史人物和有关地形地貌、地理位置的领会，均少不了言语直观。

言语直观的优点是不受时间、地点和设备条件的限制，可以广泛使用，能运用语调和生动形象的事例去激发学生的感情，唤起学生的想象。但是，言语直观所引起的表象，往往不如实物直观和模像直观鲜明、完整、稳定。因此，在可能的情况下，应尽量配合实物直观和模像直观。

2. 知识概括

概括是主体通过对感性材料的分析、综合、比较、抽象、概括等深度加工改造，从而获得对一类事物的本质特征与内在联系的抽象的、一般的、理性的认识的活动过程。在实际的教学过程中，学生对于知识的概括存在抽象程度不同的两种类型——感性概括和理性概括。

感性概括即直觉概括，它是在直观的基础上自发进行的一种低级的概括形式。

理性概括是一种在前人认识的指导下，通过对感性经验进行自觉加工改造，来揭示事物的一般的、本质的特征与联系的过程。

（二）知识的保持

人们利用头脑中已有的知识同化了新知识，使其得到理解，并在认知结构的适当位置固定下来之后，接下来就是如何使这些获得的知识在记忆系统中保持和巩固的问题。知识的保持，又称知识的巩固，是指把新建构的意义储存于长时记忆中。关于记忆系统及其特点以及利用记忆规律促进知识的保持在本书第二章已涉及，这里就不展开阐述。

(三)知识的应用

知识的应用就是把学到的知识应用于作业和解决相关问题，这个过程是把理性知识具体化的过程。知识的应用是知识学习的最后一个环节，它与知识的获得、知识的保持紧密相连，共同构成知识学习过程。

知识应用形式可分为课堂应用和实际应用。

1. 课堂应用

课堂应用在学校教学中十分普遍，如课堂提问、讨论、课堂练习都是常见的课堂应用。通过这些课堂应用可使学生进一步理解所学知识内容和效果，并使学生做到举一反三。

2. 实际应用

实际应用主要是指将所学知识用于解决实际问题，使理论知识和实际相联系，其既可以培养学生的动手能力，又可以激发学生的学习兴趣。通过知识的实际应用可赋予知识生命力，使学生与社会生活直接接触，从而开阔视野，增长见识。

三、知识学习的作用

知识历来是教育，尤其是学校教育的重要内容。知识学习是增长经验、形成技能、发展创造力的重要前提。

(一)知识的学习和掌握是学校教学的主要任务之一

教师通过有计划、有组织、有目的地向学生传授人类长期积累的宝贵的知识经验，有助于学生的成长，有助于学生更好地适应现代化生活。

(二)知识的学习和掌握是学生各种技能形成和能力发展的重要基础

心智技能作为通过学习而形成的合乎法则的活动方式，其掌握是以知识学习为前提的，即心智技能包含有程序性知识的成分，心智技能的掌握需结合知识的学习才能有效实现。例如，若不知道三角形面积公式，而要求三角形的面积是十分困难的。研究表明，知识掌握水平越高，越有助于心智技能的形成。

(三)知识学习是创造性产生的必要前提

创造态度和创造能力是个体创造性的两个主要标志，通过知识的学习，个体体验着前人的创造成果，这对于创造态度的获得起到了积极作用。同时，缺乏知识的头脑是不可能有创造性的，脱离知识的学习而空谈创造性的开发，是不可能有结果的。

第二节 技能的形成

一、技能的概述

(一)技能的特点

在日常生活，人们经常使用技能这一术语，如阅读技能、运动技能、计算技能等。所谓技能，一般认为是通过练习而形成的合乎法则的活动方式。它具有以下几个基本特点。

第一，技能是通过学习或练习而形成的。技能不同于本能行为，技能是在后天的不断练习的过程中逐步完善的，而不是通过遗传而来的。学生在技能学习过程中，活动动作方式的掌握总是要经历一个由不会到会，由会到熟练的逐步发展完善的过程。练习是实现这一过程的必由之路。

第二，技能是一种活动方式，是由一系列动作及其执行方式构成的。技能属于动作经验，不同于认知经验的知识。知识的学习要解决的是事物是什么、做什么、怎么样等问题，即知与不知的问题。知识虽对活动起定向作用，但它本身并不是活动。而技能是控制动作执行的工具，要解决的问题是动作能否做出来，会不会做，熟不熟练。

第三，技能中的各动作要素及其执行顺序要体现活动本身的客观法则的要求。技能不是一般的习惯动作。习惯是自然习得的，它既可能符合规律，也可能不符合法则；而技能是通过系统的学习与教学而形成的，是在主客体相互作用的基础上，通过动作经验的不断内化而形成的。

(二)技能的种类

对技能进行分类有助于深入探讨技能的结构与规律，也可为有效形成技能提供依据。技能按其本身的性质和特点通常可分为操作技能和心智技能两种。

1. 操作技能

操作技能也叫动作技能、运动技能，是通过学习而形成的合乎法则的操作活动方式。如音乐方面的吹拉弹唱，体育方面的球类、体操、田径等。

操作技能除了具有技能的一般特点外，还具有与心智技能不同的特点。

(1)动作对象具有客观性。操作技能的活动对象是物质性客体或肌肉。

(2)执行具有外显性。操作动作的执行是通过肢体运动实现的。

(3)结构具有展开性。操作活动的每个动作必须切实执行，不能合并、省略。

2. 心智技能

心智技能也称为智力技能、认知技能，是通过学习而形成的合乎法则的心智活动方式。如阅读技能、运算技能、记忆技能等。

心智技能与操作技能相比，具有以下三个特点。

(1)对象具有观念性。心智活动是客体在人脑中的主观映像，是客观事物的主观表征，是知识、信息。

(2)执行具有内潜性。心智活动的执行既不像操作活动那样以外显的形式通过肢体运动来实现，也不像言语活动那样可以借助于言语器官或口腔肌肉的运动信号觉察活动的存在，它是借助于内部言语在头脑内部默默地进行的，只能通过其作用对象的变化而判断其存在。

(3)结构具有简缩性。心智活动不像操作活动那样必须将每一个实际动作做出，也不像外部言语那样必须把每一个字词一一说出，而是不完全的、片段的，是高度省略和简化的。

3. 动作技能与心智技能的关系

动作技能与心智技能既有区别又有联系。它们的不同之处在于动作技能具有客观性、外显性和展开性的特点，而心智技能则具有观念性、内隐性和简缩性等特点。换言之，前者主要表现为外显的肌肉骨骼的操作活动，后者主要为内隐的思维操作活动。

同时，它们又密切地联系在一起。心智技能是动作技能的调节者和必要的组成部分，动作技能又是心智技能形成的最初依据和外部表现的标志。两者是相辅相成、互相制约和相互促进的。例如，在学生的学习活动中，不仅需要心智技能参与，也需要动作技能参与，常常是两种技能的有机统一。因此，在确定某种技能到底是属于心智技能还是动作技能时，关键取决于其活动的主导成分。如打字、体操主要是肌肉骨骼的动作，虽然这种动作也受到人的思维的调节支配，但它属于动作技能。而阅读、写作和计算主要是人脑内的思维活动，虽然也借助于发音器官和手的动作来实现，但它们仍属于心智技能。

(三)技能的作用

技能是合乎法则的活动方式，不是一般的随意动作或无规则的动作，正是由于这种特性，它能够对活动进行调节与控制。它可以控制动作的执行顺序和执行方式，从而可以使个体的活动表现出稳定性、灵活性，能够适应各种变化的情境。

技能还是获得经验、解决问题、变革现实的前提条件。经验获得的过程是通过一系列的心智动作实现的。通过心智活动，对感性经验进行加工，形成更高级的理性经验。技能调节着经验获得的过程，决定着经验获得的速度、水平，是经验获得的手段。解决问题的过程也包含着一系列的心智活动和外部操作活动，从形成问题表征、确定问题的性质与类型、探索解决问题的可能的方法、到实施解决问题的方案，都是通过各种心智与操作动作实现的。技能保证了问题的顺利解决，也达到了变革现实的目的。

二、操作技能的形成

(一)操作技能形成的阶段

1. 操作定向

操作定向即了解操作活动的结构与要求，在头脑中建立起操作活动的定向映像的过程。虽然操作技能表现为一系列的操作活动，但在形成之初，学习者必须了解做什么、怎么做的有关信息与要求，形成对动作的初步认识，即首先要掌握与动作有关的陈述性知识与程序性知识。有了这种定向映像，学习者在以后实际操作时就可以受到该映像的调节，知道做什么、怎么做。

2. 操作的模仿

操作的模仿即实际再现出特定的动作方式或行为模式。个体在定向阶段了解了一些基本的动作机制，而在模仿阶段则试图尝试做出某种动作。模仿的实质是将头脑中形成的定向映像以外显的实际动作表现出来。因此，模仿是在定向的基础上进行的，缺乏定向映像的模仿是机械的模仿。就有效的操作技能的形成而言，模仿需要以认知为基础。

3. 操作的整合

操作的整合即把模仿阶段习得的动作固定下来，并使各动作成分相互结合，成为定型的、一体化的动作。学习者在模仿阶段只是初步再现出定向阶段所提供的动作方式，只有通过整合，各动作成分之间才能协调联系，动作结构才逐步趋于合理，动作的初步概括化才得以实现。

4. 操作的熟练

操作的熟练指所形成的动作方式对各种变化的条件具有高度的适应性，动作的执行达到高度的完善化和自动化。自动化并非无意识，而是指它的执行过程不需要意识地高度控制，可以将注意分配与其他活动。操作的熟练的内在机制是在大脑皮层中建立动力定型，即大脑皮层的概括的、巩固的暂时神经联系。

（二）操作技能的训练要求

1. 准确地示范与讲解

示范、讲解在操作技能形成过程中是不可缺少的，准确地示范与讲解有利于学习者不断地调解头脑中的动作表象，形成准确地定向映像，进而在实际操作活动中可以调节动作的执行。示范可以促进操作技能的形成，但示范的有效性取决于许多因素，如示范者的身份、示范的准确性、示范的时机等。言语讲解在技能形成过程也起到重要的作用。进行讲解与指导时，要注意言语的简洁、概括与形象化；不仅要讲解动作的结构与具体要求，也要讲解动作所包含的基本原理；不仅要讲解动作的物理特性，也要指导学生注意、体验执行动作时的肌肉运动知觉。

2. 必要而适当的练习

练习是形成各种操作技能所不可缺少的关键环节。练习是以形成某种技能为目的的学习活动，是以掌握一定的动作方式为目标而进行的反复操作过程，练习包括重复和反馈，不是单纯的反复操作或机械重复，而是以掌握一定的活动方式为目标的反复。一般说来，随着练习次数的增多，动作的精确性、速度、协调性等会逐步提高。在练习过程中技能进步的情况可以用练习曲线来表示。虽然不同的学习者的练习曲线存在差异，但也具有共同点，表现在：第一，开始进步快；

第二，中间有一个明显的、暂时的停顿期，即高原期；第三，后期进步较慢；第四，总趋势是进步的，但有时出现暂时的退步。

在学生动作技能形成过程中，练习到一定阶段出现的进步暂时停顿的现象，称为高原现象。最早用实验方法证明高原现象的是布瑞安等人的研究，他们在对收发电报动作技能进行研究中发现，在练习 15～28 天，成绩一度停顿下来，虽有练习，但成绩不见提高。高原现象产生的原因主要有两个方面：一是当练习成绩已经达到一定水平时，继续进步需要改变现有的活动结构和完成活动的方式方法，而代之以新的活动结构和完成活动的新的方式方法。在没有完成这种改造之前，练习成绩只会处于停顿或暂时下降的状态。二是经过较长时间的练习，学生的练习兴趣有所下降，甚至产生厌倦情绪，或者由身体疲劳等原因而导致练习成绩出现暂时停顿的现象。

3. 充分而有效的反馈

一般来讲，反馈来自两个方面：一是内部反馈，即操作者自身的感觉系统提供的感觉反馈；二是外部反馈，即操作者自身以外的人和事给予的反馈。前者是个体通过自身的视觉、听觉、触觉、动觉等获取的反馈信息，尤其是动觉反馈信息最有代表性。后者是教师、教练、示范者、录像、计算机等外部信息源对学习者的操作结果及其操作过程的反馈。毫无疑问，反馈在操作技能学习过程中的作用是非常关键的，其中结果反馈的作用尤为明显。准确的结果反馈可以引导学生矫正错误动作，强化正确动作，并鼓励学生努力改善其操作。

4. 建立稳定清晰的内部运动觉

动觉是复杂的内部运动，它反映的主要是身体运动时的各种肌肉活动的特性，如紧张、放松等，而不是外界事物的特性。这些有关肌肉活动的各种感知觉等与视觉、听觉有所不同，如果不经过训练，它们很难为个体明确意识到，并经常受到外部因素的影响，处于被掩盖的地位。由于运动知觉的模糊性，经常会发生学习者对自己的错误动作不能意识到的现象，当然也就很难对动作进行有意识的调节或控制。这样就容易导致技术水平不稳定，很难找出动作失误的确切原因，从而使操作技能的学习陷入盲目状态。因此，有必要进行专门的动觉训练，以提高其稳定性和清晰性，充分发挥动觉在技能学习中的作用。

三、心智技能的形成

(一)心智技能形成的阶段

有关心智动作技能的形成的理论主要有苏联心理学家加里培林（Gary Perrin）的心智动作阶段形成理论和美国认知心理学家安德森的心智技能形成的三阶段论。加里培林认为，心智技能是由一系列的心智动作构成的，加里培林将心智动作的形成分成五个阶段：一是动作的定向阶段；二是物质与物质化阶段；三是出声的外部言语动作阶段；四是不出声的外部言语动作阶段；五是内部言语动作阶段。安德森认为心智技能的形成要经过三个阶段：认知阶段、联结阶段和自动化阶段。

我国教育心理学家通过教学实验，在加里培林和安德森等学者研究的基础上提出原型定向、原型操作和原型内化的三阶段论。这一理论目前已对我国的中小学的学校教育产生了积极影响。

1. 原型定向

原型定向就是了解心智活动的实践模式，了解"外化"或"物化"了的心智活动方式或操作活动程序，了解原型的活动结构（动作构成要素，动作执行次序和动作的执行要求），从而使主体知道该做哪些动作和怎样去完成这些动作，明确活动的方向。原型定向阶段也就是主体掌握操作性知识（即程序性知识）的阶段。这一阶段相当于加里培林的"活动的定向阶段"。

在原型定向阶段，主体的主要学习任务可以归结为两点：首先要确定所学心智技能的实践模式（操作活动程序），其次要使这种实践模式的动作结构在头脑中得到清晰的反映。

2. 原型操作

所谓原型操作，就是依据心智技能的实践模式，把主体在头脑中建立起来的活动程序计划，以外显的操作方式付诸实施。

这一阶段相当于加里培林的"物质或物质化活动阶段"。其实，活动的最初形式可以是物质的，也可以是物质化的。在物质的活动形式中，动作的客体是实际事物，是对象本身。在物质化的活动形式中，动作的客体不再是对象本身，而是它的代替物。但不论哪种情况，都是对原型的操作，因而此阶段又被称为"原型操作"。

3. 原型内化

所谓原型内化，即心智活动的实践模式向头脑内部转化，由物质的、外显的、展开的形式变成观念的、内潜的、简缩的形式的过程。这一过程又可划分为三个小的阶段，即出声的外部言语阶段，不出声的外部言语阶段和内部言语阶段。

(二)心智技能的培养要求

1. 激发学习的积极性与主动性

学习的积极主动性取决于主体对学习任务的自觉需要。由于心智技能本身难以认识的特点，主体难以体验其必要性。因而，在主体完成这一学习任务时，往往缺乏相应的学习动机及积极性。为此，在培养工作中，教师应采取适当措施，以激发主体的学习动机，调动其学习的积极性。

2. 注意原型的完备性、独立性与概括性

心智技能的培养，开始于主体所建立起来的原型定向映象。在原型建立阶段，一切教学措施都要考虑有利于建立完备、独立而具有概括性的定向映象。所谓完备性，指对活动结构(动作的构成要素、执行顺序和字形要求)要有清楚的了解，不能模糊或缺漏。所谓独立性，指应从学生的已有经验出发，让学生独立地来确定或理解活动的结构及其操作方式，而不能是教师给予学生现成的模式。所谓概括性，是指要不断变更操作对象，提高活动原型的概括程度，使之具有广泛的适用性，扩大其迁移价值。有关研究表明，定向映象的完备性、独立性与概括性不同，则活动的定向基础就有差异，就会影响到心智技能的最终形成的水平。

3. 适应培养的阶段特征，正确使用言语

心智技能是借助于内部言语实现的，注重言语的使用能帮助技能实现从外部的物质活动向内部的智力活动的转化，在不同的阶段，言语所起到的作用也会不同。

言语在原型定向与原型操作阶段，其作用在于描述并表征动作，并对活动的进行起组织作用。这时的培养重点在于使学生了解动作本身，利用言语来标志动作，并巩固对动作的认知。教师要在学生熟悉动作的基础上再提出言语的要求，以言语来指导所学动作的操作，并组织动作的进行。在原型内化阶段，言语的作用是巩固形成中的动作表象，使动作表象得以进一步概括，并逐步完成内化的过

程，这时言语已转变成为动作的体现者，成为加工动作对象所使用的工具。这时教师的培养重点应放在考察言语的动作效应上。这一阶段不仅要注意主体的言语动作是否正确，而且还要检查动作的结果是否使观念性对象发生了应有的变化。随着心智技能形成的进展程度，要不断改变言语形式，如由出声到不出声，由展开到简缩，由外部言语转向内部言语。

第三节 品德的学习

一、品德的实质与结构

(一)品德的实质

品德是道德品质的简称，是社会道德在个人身上的体现，是个体依据一定的社会道德行为规范行动时表现出来的比较稳定的心理特征和倾向。在理解这一定义时，应把握下面几点。

第一，品德反映了人的社会特性，是将外在于个体的社会规范的要求转化为个体的内在需要的复杂过程。它不是个体的先天禀赋，是通过后天学习形成的。

第二，品德具有相对的稳定性，若只是此一时、彼一时地偶然表现，则不能称之为品德，只有经常地表现出一贯的规范行为时，才标志着品德已经形成。

第三，品德是在道德观念的控制下，进行某种活动、参与某件事情或完成某个任务的自觉行为，也就是说，是认识与行为的统一。如果没有形成道德观念或道德认识，那么，即使个体的行为符合社会规范，也不能说是有品德的。反之亦然。比如，精神病患者的行为尽管可能不符合社会规范，但也不能说是不道德的。

(二)品德的结构

品德的结构是指品德这种个体心理现象的组成要素及其相互关系。由于品德的结构非常复杂，加之不同研究者的研究角度不同，便产生了种种不同的研究结构。一般认为品德心理是由道德认识、道德情感、道德意志和道德行为四个成分构成。

1.道德认识

道德认识是人们对道德规范及其执行意义的认识。通常表现为人对道德现象或道德行为的是非、善恶及其意义的认识。如学生对爱祖国、爱人民、爱劳动、爱公物和爱社会主义的重要意义，都有了较好的了解和理解，就表明他们的道德认识达到了一定的水平。道德认识包括道德观念(即道德表象)、道德概念、道德信念、道德评价等方面。其中，道德概念的掌握、道德信念的形成和道德评价能力的发展是衡量学生道德认识形成和发展的主要标志。

2. 道德情感

道德情感是在道德认识的基础上，对客观现实是否符合自己的道德需要而产生的一种态度体验。例如，我们对英雄模范人物产生敬佩之情，对损人利己的人产生厌恶的情感，对自己的舍己为人的行为感到欣慰，对自己的过失言行感到羞愧，等等。

3. 道德意志

道德意志是人们自觉地确定道德行为目的，支配自己的道德行为，克服各种困难，以实现既定目的的心理过程。它体现在实现道德目标过程中的支持与控制行为的力量，如有的学生长年帮助走路困难的同学上学就是意志支持的结果。

道德意志还能使人抵御现实中的各种诱惑，不以外界环境为转移，始终坚持道德行为。道德意志的作用就在于发动与既定目的相符的行动，制止与既定目的相悖的行动。这种作用常常表现为积极进取或坚韧自制。

4. 道德行为

道德行为是指一个人遵照道德规范所采取的言论和行动。它是品德的外显成分，是实现道德动机达到道德目的的手段。道德行为包括道德行为技能和道德行为习惯，它们与一般的技能、习惯并无本质的区别，只是在完成一定的道德任务时，它们便具有了道德的性质。道德技能的掌握有助于实现道德目的，它将指导道德行为做出对他人和社会具有道德意义的事情。道德意志调节和控制着人的道德行为，使其贯彻始终，经过多次反复和实践，便形成道德行为习惯。道德行为习惯的形成则是品德形成的客观标志。例如，一个人做点好事并不难，难的是一辈子做好事。因此，只有学生具有良好的道德行为及其习惯，才能使学校的品德教育具有社会价值。

在品德结构中，各种心理要素是彼此联系、相互影响的，在人的道德生活中起着不同的作用。道德认识是道德情感产生的基础，道德情感又影响道德认知的倾向和深度。道德认识和道德情感的深化和交融的结果就是产生了道德动机。道德动机是内部动力，推动个人产生道德行为，它驱动人以道德意志来实行道德行为。道德行为又可以巩固发展道德认知、加深和丰富道德情感，促进道德意志的锻炼。总之，品德虽然在结构上可以区分为各种心理要素，但它在人的社会生活中又是一个由这些要素有机结合而成的整体。因此，在德育活动中，必须全面兼顾品德的各个侧面，不能简单让学生记忆各种社会规范，也不能只是靠纪律和惩罚等约束学生的行为，必须将道德认知、道德情感、道德意志和道德行为结合起来。

二、品德发展的阶段理论

在品德发展研究中，皮亚杰、柯尔伯格（L. Kohlberg）等人有关品德发展的理论是最具代表性的两种理论。

（一）皮亚杰的道德发展阶段论

皮亚杰关于儿童道德判断问题的研究，为儿童道德发展研究提供了一个理论框架和一套研究方法，初步奠定了品德心理研究的科学基础。

皮亚杰在研究中采用他独创的临床研究法（谈话法），在观察和实验过程中向儿童提出一些事先设计好的问题，然后分析儿童的回答，从中找出规律性的东西。他设计了许多包含道德价值内容的对偶故事。例如，在研究儿童对过失行为的判断时，他向儿童提供了下面一则故事，要求儿童对主人公的行为进行评价，并说出理由。如，一个小男孩约翰，听到有人叫他吃饭，就去开饭厅的门，他不知道门外有一把椅子，椅子上放着一只盘子，盘内有 15 只茶杯，结果撞翻了盘子，打碎了 15 只茶杯。另一个小男孩亨利，有一天趁妈妈外出时，想吃橱柜里的果酱，他爬上椅子伸手去拿，由于果酱放得太高，手够不着，结果碰翻了一只杯子，杯子掉在地上碎了。从这些方面的实证研究中，他揭示了儿童道德判断的发展进程，皮亚杰在 1930 年出版的《儿童的道德判断》等著作中，把儿童的道德发展划分为四个阶段。

（1）自我中心阶段（2～5 岁）。在自我中心阶段，规则对儿童来说还没有约束力，没有把规则看成是应该遵守的。儿童按照想象去执行规则，把外在环境看作自我的延伸，还没有把主体与客体分离，不能将自己与周围环境区别。他们的游戏活动只是个人独立活动的任意行为，与成人、同伴之间还没有形成合作关系。

（2）权威阶段（6～7、8 岁），又称他律阶段。儿童的道德判断受外部的价值标准所支配和制约。他们对外在权威表现出绝对尊敬和顺从的愿望，表现之一是绝对遵从父母、权威者或年龄较大的人；认为服从权威就是好孩子；否则就是错误的，是坏孩子。另外一个表现是对规则本身的尊敬和顺从，即把成人规定的准则，看成是固定不变的。这个阶段的儿童对行为的判断是根据客观的效果，而不考虑主观动机。

（3）可逆性阶段（8～10 岁），又称自律阶段。儿童的思维发展进入具体运算阶段，突出的特点就是具有守恒性和可逆性。他们达到了基于遵从的新的道德关系，从而导致一定程度的自律。此时儿童已不把规则看成是一成不变的东西，而是同伴间共同约定的，并且可以修改。这个阶段的儿童开始意识到同伴间的一种社会关系，即意识到应当相互尊重共同约定的规定，规则对儿童来说具有一种保证相互行动、相互取予的可逆特性，这标志着儿童道德认识的形成。

（4）公正阶段（10～12 岁）。10 岁左右的儿童的公正观念或正义感是在可逆性的自律阶段上发展起来的。它是互敬互惠的产物。儿童的公正感往往是从抛弃父母的意见而获得的，因此儿童与成人的关系，从权威性过渡到了平等性。在这一阶段，儿童的道德观念倾向于主持公道、平等，儿童体验到公正和平等应当符合各个人的特殊情况，公正感成为情感领域的核心、规范。皮亚杰认为，从可逆性关系转变到公正关系的主要原因是利他主义因素。

（二）柯尔伯格的道德发展阶段论

美国发展心理学家柯尔伯格是皮亚杰道德认识发展理论的追随者，并在此基础上进一步修改、提炼和扩充，依据不同年龄儿童进行道德判断的思维结构提出了人类道德发展的顺序，并认为道德认知是可以通过教育过程加以培养的。

柯尔伯格研究道德发展的方法是设计了类似"海因兹两难判断"的道德两难故事。故事中包含一个在道德价值上具有矛盾冲突的情境，让被试听完故事对故事中的人物行为进行评论，从而了解被试的道德发展水平。

"海因兹两难判断"故事

欧洲有个妇女患了癌症，生命垂危。医生认为只有一种药才能救她，它是本城一个药剂师最近发明的一种药。制造这种药要花很多钱，药剂师索价还要高过成本 10 倍。他花了 200 元制造这种药，而他竟索价 2000 元。病妇的丈夫海因兹到处向熟人借钱，总共才借到 1000 元，只够药费的一半；海因兹不得已，只好告诉药剂师，他的妻子快要死了，请求药剂师便宜一点卖给他，或者允许他赊欠。但药剂师说："不成！我发明此药就是为了赚钱。"海因兹走投无路在夜晚竟撬开药店的门，为妻子偷来了药。

讲完这个故事，主试就向被试提出了一系列的问题：这个丈夫应该这样做吗？为什么说应该？为什么说不应该？法官该不该判他的刑？为什么？等等。

柯尔伯格对被试的陈述进行了仔细的研究，分出 30 个不同的道德观念维度，比如是非观念、权利义务观念、责任观念、赏罚观念、道德动机与行为后果等。根据不同年龄的儿童和青少年所做出的反应，柯尔伯格把儿童道德发展划分为三个水平六个阶段。每个水平包括两个阶段。

1. 前习俗水平

这一水平的道德观念纯然是外在的(或称前道德水平)。儿童为了免受处罚或获得个人奖赏而顺从权威人物规定的准则。它包括两个阶段。

第一阶段：惩罚和服从取向。这阶段的儿童根据行为的后果来判断行为是好是坏及严重程度。他们服从权威或规则只是为了避免处罚。认为受赞扬的行为就是好的，受惩罚的行为就是坏的。他们没有真正的准则概念。属于这一阶段的儿童认为海因兹偷药是坏的，因为"偷药会坐牢"。即使有一些儿童支持海因兹偷药，推理性质也是同样的。如有的说："他可以偷药，因为他不去偷药就会受到小舅子的打骂。"

第二阶段：朴素的享乐主义或工具性取向。这阶段的儿童为了获得奖赏或满足个人需要而遵从准则，偶尔也包括满足他人需要的行动，他们认为如果行为者最终得益，那么为别人效劳就是对的。人际关系被看作交易场中的低级相互对等的关系。儿童不再把规则看成是绝对的、固定不变的东西。他们能部分地根据行为者的意向来判断过错行为的严重程度。有的孩子认为："海因兹妻子常为他做饭、洗衣服，因此海因兹去偷药是对的。"也有的认为："偷药是不对的。因为做生意是正当的，这样药剂师就赚不到钱了。"柯尔伯格认为大多数 9 岁以下的儿童和许多青少年犯罪，在道德认识上都属于第一级水平。

2. 习俗水平

这一水平的儿童为了得到赞赏和表扬或维护社会秩序而服从父母、同伴、社会集体所确立的准则。他们都能顺从现有的社会秩序，而且有维持这种秩序的内在欲望；规则已被内化，自己感到是正确的。因此，行为价值是根据遵守那些维护社会秩序的规则所达到的程度。它包括两个阶段。

第三阶段：好孩子取向。这一阶段的儿童尊重大多数人的意见和惯常的角色行为，避免非议以赢得赞赏，重视顺从和做好孩子。儿童心目中的道德行为就是取决于人的，有助于人的或为别人所赞赏的行为。他们希望保持人与人之间良好的、和谐的关系，希望被人看作好人，要求自己不辜负父母、教师、朋友的期望，保持相互尊重、信任。这时儿童已能根据行为的动机和感情来评价行为。这个阶段的少年在读到海因兹偷药的故事时，有的说"偷药不对，好孩子是不偷的"，或强调"海因兹爱他的妻子，因为已经走投无路才去偷的，这是可以原谅的"。

第四阶段：权威和社会秩序取向。这个阶段的儿童注意的中心是维护社会秩序，认为每个人应当承担社会的义务和职责。判断某一行为的好坏，要看他是否符合维护社会秩序的准则。这个阶段的青少年在回答海因兹的问题时，一方面很同情他，但同时又认为他不应触犯法律，必须偿还药剂师的钱并去坐牢。他们认为如果人人都去违法，那社会就会一片混乱了。另有一些人认为，药剂师见死不救是不应该的，他应受到法律的制裁。柯尔伯格认为，大多数青少年和成人的道德推理属这级水平。

3. 后习俗水平

这一水平的特点是道德行为由共同承担的社会责任和普遍的道德准则支配，道德标准已被内化为他们自己内部的道德命令了，也称原则水平。它包括两个阶段。

第五阶段：社会契约取向。这一阶段的道德推理具有灵活性。他们认为法律是为了使人们能和睦相处，如果法律不符合人们的需要，可以通过共同协商和民主的程序加以改变，认为反映大多数人意愿或最大社会福利的行为就是道德行为。那些按民主程序产生的、公正无私的准则是可接受的，强加于人或者损害大多数人权益的法律是不公正的，应给予拒绝。这一阶段的青少年回答海因兹的问题时，主张"应该"去偷药的人说："当然，破窗而入店内的行为，法律是不允许的，但任何人在这种情况下去偷药又是可以理解的。"认为"不应该"的人说，"我知道不合法地去偷药是可以理解的，但是目的正当并不能证明手段的无伤。你不能说海因兹去偷药是完全错误的，但在这种处境下也不能说他这种行为是对的。"

海因兹偷药是一件不道德的事，但他的意图是善良的。

第六阶段：良心或原则取向。他们认为应运用适合各种情况的抽象的道德准则和普遍的公正原则作为道德判断的根据。背离了一个人自选的道德标准或原则就会产生内疚或自我谴责感。在对海因兹事件的反应中，认为"应该"去偷药的人的理由是，当一个人在服从法律与拯救生命之间必须做出选择时，保全生命较之偷药就是更正确的更高的原则。主张"不应该"的人则认为，癌症患者很多、药物有限、不足以满足所有需要它的人；应该是所有的人都认为是"对"的才是正确的行为。海因兹不应从情感或法律出发去行动，而应按照一个理念上公正的人在这一情况下该做的去做。柯尔伯格认为，只有少数人在 20 岁后能达到第三级水平。

柯尔伯格确定了儿童道德发展的三个水平、六个阶段。每一阶段的划分不仅考虑到儿童是选择服从，还是选择需要，还要看儿童对这种选择的说明和公正性。柯尔伯格认为，道德发展的顺序是固定的，可是并不是所有的人都在同样的年龄达到同样的发展水平，事实上有许多人永远无法达到道德判断的最高水平。

柯尔伯格认为，个体的道德认知是由低级阶段到高级阶段发展的，而且年龄与道德发展阶段有一定的关系，但不完全对应。研究表明，大多数 9 岁以下的儿童以及少数青少年处于前习俗水平，大部分青年和成年人都处于习俗水平，后习俗水平一般要到 20 岁以后才能出现，而且只有少数人才能达到。

道德发展阶段理论较为科学地解释了儿童品德发展的过程，为我们了解儿童品德的发展过程提供了很好的视角，对偶故事法和道德两难故事可以有效鉴别儿童品德发展的水平，已经成为心理学工作者和教师了解和研究学生的普及性工具。道德发展阶段理论把儿童的道德发展过程和他们的认知发展进程联系在一起，强调道德认知在品德发展中的基础作用，这就提示我们要注意从儿童做出的道德判断来考察其道德观念和道德准则。同时道德发展阶段理论揭示了不同年龄阶段儿童在品德发展上的差异，要求我们要重视儿童品德发展的年龄特征，对不同发展水平的儿童实施不同的教育。

三、品德形成的过程

正像个体品德从他律到自律的发展那样，品德的发展过程也经历从外到内的转化过程，它是社会规范的接受和内化过程，大致经历了以下三个阶段。

(一)社会规范依从阶段

依从指表面上接受规范，按照规范的要求来行动，但对规范的必要性或根据缺乏认识，甚至有抵触情绪。依从具有一定的盲目性、被动性、不稳定性，随情境的变化而变化，此时个体对道德规范行为的必要性尚缺乏充分的认识，也缺乏情感体验，行为主要受控于外在压力（如奖惩），而不是内在的需要，依从则可能得到安全，否则将受到惩罚。可以说，处于依从阶段品德，其水平较低，但却是一个不可缺少的阶段，是品德建立的开端环节。因为在反复实践的基础上，个体可以学习到各种具体的行为方式，逐渐获得做出某些行为的必要性的认识与体验，从而使品德的学习逐步向深入发展。

(二)社会规范的认同阶段

认同是在思想、情感、态度和行为上主动接受他人的影响，使自己的态度和行为与他人相接近。认同实质上就是对榜样的模仿，其出发点就是试图与榜样一致。与依从相比，认同更深入一些，它不受外界压力控制，行为具有一定的自觉性、主动性和稳定性等特点。主体虽然对道德行为规范本身仍缺乏清楚而深刻的认识与体验，但由于对榜样的仰慕，在行为上就试图与榜样一致。认同的愿望越强烈，对榜样的模仿就越主动，在困难面前就越能表现出坚强的意志和毅力。榜样的特点、榜样行为的性质、示范的方式等都影响着认同。

(三)社会规范的内化阶段

内化指在思想观点上与他人保持一致，将自己所认同的思想和自己原有的观点、信念融为一体，构成一个完整的价值体系。由于在内化过程中解决了各种价值的矛盾和冲突，当个人按自己内化了的价值行动时，会感到愉快和满意；而当出现了与自己的价值标准相反的行动时，会感到内疚、不安。在内化阶段，个体的行为具有高度的自觉性和主动性，并具有坚定性，表现为"富贵不能淫，贫贱不能移，威武不能屈"。此时，稳定的态度和品德就形成了。

四、影响品德形成的因素

(一)家庭环境因素

家庭环境包括家庭教养方式、父母的价值观念、文化、经济、政治背景、人员构成和父母的道德修养等。它们对学生品德的形成和发展有着奠基作用。

首先，家庭的教养方式会影响儿童品德的发展。若家庭教养方式是民主、信任、容忍，则有助于儿童品德的形成与发展。若家长对待子女过分严格或放任，则孩子更容易产生不良的、敌对的行为。其次，父母的道德观念会影响儿童品德的发展。父母的道德观念会体现在他们待人接物的方式和态度中，而父母是儿童最早认同和模仿的对象，儿童会以观察学习的方式受到父母的影响。

(二)社会风气

社会风气由社会舆论、大众媒介传播的信息、各种榜样的作用等构成。作为社会的一个成员，学生不可能与社会隔绝，也无力控制、净化社会环境，再加上自身的选择、判断能力有限，因此，社会上的良好与不良的风气都有可能影响其道德信念与道德价值观的形成，这也使得德育工作的难度加大。

(三)班集体与同伴群体

归属于某一个团体的需要是个体的一种基本需要，因此，正式的班集体、非正式的小团体等对学生都具有一定的吸引力，他们试图使自己的言行态度与同伴群体保持一致，以得到同伴群体的接纳和认可。可以说，学生的态度与道德行为在很大程度上受到他们所归属的同伴群体的行为准则和风气影响。

此外，个体的智力水平、受教育程度、年龄等因素也对品德的形成有不同程度的影响。

五、品德培养的思路与方法

品德的形成主要表现在道德认识、道德情感、道德意志和道德行为的形成和发展方面。品德的培养可以从不同的方面去进行。有时可以从提高道德认识做起，有时可从激发道德情感入手，有时可以从培养道德行为习惯开始，但是只有这些基本心理成分都得到相应的发展时，良好的品德才能形成。

(一)提高道德认识水平的方法

1. 有效的说服

教师经常要通过言语讲解和说服使学生理解和接受一定的道德观念和道德准则。在说服的过程中，教师要向学生提供某些证据或信息，以支持或改变学生的态度。对于理解能力有限的低年级学生，教师最好只提供正面论据，以免学生产生困惑，无所适从。对于理解能力较强的高年级学生，教师可以考虑提供正反两方面的论据，使学生产生客观、公正的感觉，从而相信教师所言，改变态度。当学生没有相反的观点时，教师应只呈现正面观点，不宜提出反面观点，以免转移学生的注意，误导学生怀疑正面观点。当学生原本就有反面观点时，教师应该主动呈现两方面观点，以增强学生对错误观点的免疫力。当说服的任务是解决当务之急的问题时，应只提出正面观点，以免延误时间。当说服的任务是培养学生长期稳定的态度时，应提出正反两方面的材料。

教师的说服不仅要以理服人，还要以情动人。一般而言，说服开始时，富于情感色彩的说服内容容易引起兴趣，然后再用充分的材料进行说理论证，比较容易产生稳定的、长期的说服效果。对于低年级的学生来说，情感因素作用更大些。通过说服也可以引发学生产生某些负向的情绪体验，如恐惧、焦虑等，这对改变作弊、吸烟、酗酒等简单的态度有一定的效果。教师进行说服时，还应考虑学生原有的态度。若原有的态度与教师所希望达到的态度之间的差距较大，教师不要急于求成，不要提出过高的不切实际的要求，否则将难以改变态度，而且还容易产生对立情绪。教师应该以学生原有的态度为基础，逐步提高要求。

2. 小组道德讨论

小组道德讨论即让学生在小组中就某个有关道德的典型事件进行讨论，以提高他们的道德判断水平。这是基于柯尔伯格道德发展理论而设计的德育模式。

小组讨论的内容一般是能引起学生争议的道德两难故事，通常是根据学生家庭和学校中人与人之间或群体之间各种权利义务的矛盾冲突关系，编成一个个的道德情境故事，也可能是各种媒体报道的一些社会道德问题。小组成员的构成最好把道德判断、思想认识不同的学生编在一组中，使他们能面对不同的观点。讨论时，让每个人都公开表示自己的意见，了解其他人持某种价值观的理由，以促进学生的道德认知和做出正确的道德抉择。小组道德讨论方法基本是诱导性的，而不是灌输性、说教性的，因此，教师的作用就在于设计各种活动，运用各种策略来诱发学生暴露、陈述、思考、体验并实现某种价值观。教师自己的观点只能作为一个范例，而不是唯一正确的答案。教师必须诱发学生的态度和价值陈述，接受学生的思想、感情和信念，向学生提问或组织集体讨论，帮助学生思考自己的价值观念，但一切抉择都得由学生自己做出。当然，教育者不仅要帮助学生去辨析各种价值观念，而且还要引导学生自觉、自愿地选择符合社会道德原则的价值观念。

(二)道德情感的培养

道德情感是品德结构中重要的组成部分,道德情感对道德认识有引导和深化的作用,对道德行为有引发和支持的作用。

1. 道德情感的类型

道德情感从形式上分析,主要有三类:

(1)直觉的道德情感。直觉的道德情感是指由某种情境直接引起而迅速发生的道德情感。例如,由于某种情境而引起一种突如其来的羞愧感,抑制了自己不正当的行为,或在万分危急的情况下采取见义勇为的行为。这种道德情感看上去似乎缺乏明显的自觉性,但实质上,它是已有的道德认识和经验的直接反映,与人们过去在道德实践中受到的舆论影响和取得的行为成败的经验有关。

(2)形象性的道德情感。形象性的道德情感是与具体的道德形象相联系的情感体验。它包括由直接感知的具体的道德形象(如身边的榜样)所引起的道德体验;由想象某些具有道德意义的人或事而激起的情感体验。

(3)伦理性的道德情感。伦理性的道德情感是指意识到社会道德要求和意义所产生的情感体验。它是与人们的道德信念、道德理想紧密联系的,具有清晰的意识性和明确的自觉性,它是在许多道德经验、情感体验和一定的道德理论基础上形成的,具有较强的概括性。它不仅概括了许多具体的情感和经验,而且把个人的感性认识和理性认识有机结合起来,对伦理道德有较深刻的认识。

2. 移情能力的培养

移情是个体由真实或臆想的他人情绪、情感状态引起的并与之一致的情绪与情感体验,是一种替代性的情绪、情感反应,是一种无意识地,有时又是十分强烈的对他人的情绪状态的体验。移情作用是维系积极的社会关系、促进亲社会行为的重要因素,是人们内心世界相互沟通的桥梁。当看到他人处于困难、痛苦境地是,个体是否会做出帮助他人的行为,这依赖于个体是否能知觉并体验到对方的情绪体验。如果对对方的痛苦情绪毫无知觉,他就可能冷漠无情,置之不理。

发展移情能力可以从以下几个方面着手:

(1)表情识别:即通过对方的表情来判断对方的态度、需求和情绪、情感体验。这可以通过照片和图片等来训练。

(2)情境理解:理解当事人的处境,从他的处境去感受他的情绪体验,考虑他需要的帮助。这可以用故事讨论的方式，让学生分析故事中人物的处境和体验。

（3）情绪追忆：针对一定的情境，通过言语提示唤醒学生以往与此有关的感受，并对这种情绪体验产生的情境、原因、事件进行追忆，加强情绪体验与特定情境之间的联系。这样可以以自己切身的体验来理解他人的感受。

（三）道德行为的培养

1. 树立良好的榜样

班杜拉的社会学习理论以及大量的实践经验都证明，社会学习是通过观察、模仿而完成的，品德作为社会学习的一项内容，也可以通过观察、模仿榜样的行为而习得。

榜样行为的示范有多种方式，既可以通过直接的行为表现来示范，也可以通过言语讲解来描述某种行为方式；既可以是身边的真人真事的现身说法的示范，也可以借助于各种传播媒介象征性地示范。教师可以根据实际情况，选择和充分利用恰当的示范方式。一般而言，多种示范方式的结合是比较有效的。教师作为学生的榜样，也应注意其示范作用，必须言行一致才能取得良好的教育效果，而且身教重于言教。此外，各种大众传播媒介也应发挥其独特的作用，为学生提供良好的榜样示范，坚决杜绝消极的、不健康的内容。

由于观察学习受到多种因素的影响，因此即便呈现最引人注目的榜样，也不一定使观察者产生相同的行为。为了使学生能够最大限度地做出与榜样的示范行为相匹配的反应，教师需要反复示范榜样行为，并给予指导。当学生表现出符合要求的行为时，应给予鼓励。

2. 给予恰当的奖励与惩罚

奖励和惩罚作为外部的调控手段，不仅影响着认知、技能或策略的学习，而且对个体的态度与品德的形成也起到一定的作用。

奖励有物质的（如奖品），也有精神的（如言语鼓励）；有内部的（如自豪、满足感），也有外部的。给予奖励时，首先要选择、确定可以得到奖励的道德行为。一般来讲，应奖励诸如爱护公物、拾金不昧、尊老爱幼等一些具体的道德行为，而不是奖励一些概括性的行为。其次应选择、给予恰当的奖励物。同一种奖励物，其效用可能因人而异，应考虑个体的实际情况，选用最有效的奖励物。最后应强调内部奖励。外部的物质奖励只是权宜之计，不可过多使用，应引导学生进行自我强化，让学生亲身体验做出道德行为后的愉快感、自豪感、欣慰感，以此转化为产生道德行为的持久的内部动力。虽然对惩罚的教育效果有不同看法，但从抑制不良行为的角度来看，惩罚还是有必要的，也是有助于良好的态度与品德形成的。当不良行为出现时，可以用两种惩罚方式，一是给予某种厌恶刺激，如批评、处分、舆论谴责等；二是取消个体喜爱的刺激或剥夺某种特权等，如不许参加某种娱乐性活动。应严格避免体罚或变相体罚，否则将损害学生的自尊或导致更严重的不良行为，如攻击性行为。惩罚不是最终目的，给予惩罚时，教师应让学生认识到惩罚与错误的行为的关系，使学生从心理上能接受，口服心服。同时还要给学生指明改正的方向，或提供正确的、可替代的行为。

(三)综合性的培养方法

上面分别针对道德认识、道德情感和道德行为介绍了相应的培养方法，有些方法是综合性的，对知情意行诸方面都有一定的培养效果。

1. 角色扮演

在一个社会中，不同的人有不同的角色(如父母、孩子、教师等)，不同的角色具有相应的地位和身份，人们对不同的角色有相应的期望、要求和评价标准。角色扮演是指让儿童在团体的活动中扮演一定角色，按照相应的角色规范进行活动。例如，让不太关心班集体的学生在班中担当一定的职务，在担当一定角色的过程中，儿童可以充分理解体现在这一角色身上的规范要求，感受到相应的情绪体验，练习相应的行为方式。而且，这可以进一步改变别人对他的印象，也改变自己对自己的评价和印象，从而导致整个行为系统的改变。

2. 群体约定

研究发现，经集体成员共同讨论决定的规则、协定，对其成员有一定的约束力，使成员承担执行的责任。一旦某成员出现越轨或违反约定的行为一则会受到其他成员的有形或无形的压力，迫使其做出改变，教师则可以利用集体讨论后做出集体约定的方法。具体可按如下程序操作。

(1)清晰而客观地介绍问题的性质。

(2)唤起班集体对问题的意识，使他们明白只有改变态度才能更令人满意。

(3)清楚而客观地说明要形成的新态度。

（4）引导集体讨论改变态度的具体方法。

（5）使全体学生一致同意把计划付诸实施，每位学生都承担执行计划的任务。

（6）学生在执行计划的过程中改变态度。

（7）引导大家对改变的态度进行评价，使态度进一步概括化和稳定化。

如果态度改变未获成功，则应鼓励学生从第四阶段开始，重新制订方法，直至态度改变。

【练习题】

一、单项选择题

1.“中国的首都是北京”属于什么知识？（　　　）。

　A. 陈述性知识　　　B. 条件性知识　　　C. 程序性知识　　　D. 感性知识

2. 学习三角形和四边形的关系，这种学习属于（　　　）。

　A. 词汇学习　　　　B. 符号学习　　　　C. 概念学习　　　　D. 原理学习

3. 下列对技能描述正确的是（　　　）。

　A. 技能就是活动程序　　　　　　　B. 技能就是潜能

　C. 技能是通过练习能提高的　　　　D. 技能一下子就能学会

4. 了解操作活动的结构与要求，在头脑中建立起操作活动的定向映象的过程，称为（　　　）。

　A. 操作定向　　　B. 操作模仿　　　C. 操作整合　　　D. 操作熟练

5. 下列属于常见的心智技能是（　　　）。

　A. 驾驶汽车　　　B. 洗衣服　　　　C. 解两步应用题　D. 听到声音

6. 下列不属于心智技能的特点的是（　　　）。

　A. 内潜性　　　　B. 物质性　　　　C. 简缩性　　　　D. 观念性

7. 皮亚杰认为约在 10 岁以后，儿童的道德行为处于（　　　）。

　A. 他律阶段　　　　　　　　　　　B. 无道德规则阶段

　C. 自律阶段　　　　　　　　　　　D. 独立阶段

8. 品德形成过程经历的第二阶段是（　　　）。

　A. 依从　　　　B. 接受　　　　　C. 认同　　　　　D. 内化

9. 道德判断处于相对功利取向阶段表明道德德认识的发展水平是（　　　）。

　A. 前习俗水平　　B. 习俗水平　　　C. 后习俗水平　　　D. 超习俗水平

10. 衡量一个人思想品德水平高低的根本标准是( )。

A. 道德认识　　B. 道德情感　　C. 道德意志　　D. 道德行为

11. 首倡两难故事法研究道德发展阶段的心理学家是( )。

A. 皮亚杰　　B. 斯金纳　　C. 柯尔伯格　　D. 班杜拉

12. 义务感、责任感和羞愧感属于( )。

A. 道德认识　　B. 道德情感　　C. 道德意志　　D. 道德行为

13. 内化是指在思想观点上与他人的思想观点一致，将自己所认同的思想和自己原有的观点、信念融为一体，构成一个完整的( )。

A. 新观点　　B. 认知结构　　C. 策略系统　　D. 价值体系

14. 刘老师与学生一起讨论"网络语言的危害"，形成了"拒绝网络语言"的认识，共同提出了相应的具体要求，并被全班同学所认可，这种品德培养的方法是( )。

A. 有效说服　　B. 树立榜样　　C. 群体约定　　D. 价值辨析

15. 一老人摔倒在而路人纷纷避让无人帮扶时，一中学生看到后，不禁想如果是自己的爷爷摔倒了，他会希望别人帮着扶他起来的。于是把老人扶了起来。此时，该学生表现出来的道德情感属于( )。

A. 从众　　B. 想象　　C. 移情　　D. 态度定势

二、辨析题

1. 实物直观的效果比言语直观好。

2. 技能就是我们通常说的习惯动作。

3. 练习中出现的高原现象表明技能练习不可能再有进步。

4. 衡量一个人思想品德水平高低的根本标准是道德认识。

5. 个体的道德认知与道德行为是一致的。

三、简答题

1. 简述操作技能形成的基本阶段。

2. 简述心智技能的形成阶段。

3. 说一说操作技能的培训要求。

4. 简述品德的形成过程。

5. 简述品德的心理结构。

第九章　教师心理

【学习目标】

1. 了解教师特殊的职业角色、其应具备的职业能力和人格特质，了解教师成为专家型教师的成长过程。

2. 识记角色、教学效能感、微格教学、教学反思、课堂管理等概念。

3. 掌握教师威信的形成与发展、教师的职业素质、教师专业成长的途径、专家型教师与新教师的区别，掌握皮亚杰与柯尔伯格的道德发展阶段理论。

4. 理解影响课堂管理和课堂气氛的因素。

教师心理决定其教育教学效果，是教师在长期的教学和教育工作实践中逐渐形成和发展起来的，是对学生身心发展有直接而显著影响的心理品质的总和。

第一节　教师的职业角色

一、教师的角色意识

(一)教师角色意识的内涵

角色，是人在社会关系中的特定位置和与之相关联的行为模式，反映了社会赋予个人的身份和责任。

教师的角色意识，是指教师对自己所扮演的社会角色规范的认知和体验。教师的角色意识是教师自我意识的一项重要内容，只有形成明确的角色意识，教师群体才能形成一个符合社会要求的职业行为规范，教师个体也才能不断地调节、完善自己的职业行为，很好地完成教师的社会职责。

(二)教师角色意识的心理结构

1. 角色认知

角色认知是指角色扮演者对角色的社会地位、作用及行为规范的认识和对与社会的其他角色的关系的认识。角色认知是角色扮演的先决条件，一个人能否成功地扮演某种角色，取决于他对这一角色的认知程度。作为一个认识过程，角色认知贯穿于角色行为的整个过程中。对于教师来说，只有具有清晰的角色认知才能在各种社会情境中恰当地行事，达到良好的社会适应。教师角色认知是教师通过学习、职业训练、社会交往等途径实现的，有助于了解社会对教师角色的期望和要求。

2. 角色体验

角色体验是指个体在扮演一定角色的过程中，由于受到各方面的评价与期待而产生的情绪体验。一般来说，这种体验因主体行为是否符合角色规范并因此受到不同评价而有积极与消极之分。例如，责任感、自尊感或自卑感都是教师在角色扮演过程中产生的情绪体验。

3. 角色期待

角色期待是指角色扮演者对自己和对别人应表现出什么样的行为的看法和期望。它是因具体人和情境的不同而变化的。教师的角色期待是教师自己和他人对其行为的期望。角色期待包括两方面：一是自我形象，即个人对自己的行为期望；二是公众形象，指他人对某一特殊角色的期望。这两者是相互作用和相互影响的。教师只有对教师角色的社会期待不断地认同与内化才能尽快地把社会期望转化为自我期待，从而减少角色混淆与角色冲突。

(三)教师扮演的社会角色

作为社会的成员，任何一名教师在社会生活中都拥有多种社会身份与地位，同时扮演着多种社会角色。但是，在学校生活与教育情景中，教师的主导与基本的角色是教育者。这要求教师必须具有明确而强烈的教书育人的角色意识，担负教育、指导、管理等角色职责，表现出与角色相适应的行为方式，形成与角色作用相适应的角色技能。由于社会对教师期望的多变性，学校教育活动的开放性，决定了教师社会角色的多样性。在现代教育条件下，教师只有顺应教育现代化的要求，应答其挑战，不断完善自身素质，才能成为现代社会中合格的新型教师。

新课程对教师的角色定位主要为：

- 教师是学生学习活动的促进者；
- 教师是学生学习能力的培养者；
- 教师是学生人生的引路者；
- 教师是教育教学的研究者；
- 教师是课程的建设者和开发者；
- 教师是把课堂引向社会的开放者。

二、教师的威信

(一)教师威信的含义及意义

教师威信是教师的教育教学行为对学生所产生的众望所归的心理效应，教师威信体现着对学生的凝聚力、吸引力、号召力，是教师对学生在心理上和行为上所产生的一种崇高的影响力，是师生间的一种积极肯定的人际关系的表现。

教师威信是教师在教书育人中起主导作用，提高教育质量的可靠保证。教师威信对于学生和教师自身都起到重要的作用。对学生来说，教师的威信是一种巨大的教育力量，它能促使学生自觉实现教师的要求。对教师来说，威信对自身素养的提高有着不可忽视的促进作用。教师威信越高，主导作用就发挥得越好，教育和教学效果也越好，教师威信之所以能使教师发挥更大的教育作用，产生巨大的威力，就是因为有威信的教师具有促进学生效法的地方，学生对有威信的教师的课，认真学习；对他的劝导，言听计从。教师威信能起榜样作用，学生最听有威信的教师的话，最喜欢模仿他们所尊重、爱护的教师的行为，最爱学教得好的教师的学科。反之，对那些没有威信的教师则会持相反的态度。因此，教师要善于建立自己的威信。

(二)教师威信形成的过程

教师威信的形成是由"不自觉威信"向"自觉威信"发展的过程。一般来说，教师威信形成的过程包括三个阶段。

1. 开始阶段——学生对教师认同感的产生

学生对未接触过的新教师，开始出于好奇和期望，总是乐于接近的。新教师在学生心目中是有一定的吸引力的，是有一定的"威信"的。但是，这是一种短暂的、不自觉的威信。

2. 形成阶段——教师的榜样性与学生的向师性

随着学生对教师德才诸方面逐渐了解，师生之间情感的日益加深和融洽，以及教师工作的渐见成绩，学生对教师尊敬和信赖的程度会越来越高，教师威信也就从开始的"不自觉威信"发展成为"自觉威信"了，这才算是真正的威信。

3. 巩固阶段——教师与学生的长期交往和共同活动

影响威信发展的因素是很复杂的，有时一开始新教师态度和蔼可亲，第一堂课上得很不错，或者某方面的特长给学生以较好印象，引起学生"不自觉威信"，它可能发展成为"自觉威信"，也可能逐渐消失；如果一个新教师随后工作马虎，敷衍塞责，对学生不关心、不亲近，甚至粗暴、蛮横，一句话，德才表现不好，就不仅难以建立起真正的威信，而且会越来越降低或失去威信。因此，教师威信的巩固，需要教师在与学生的长期交往和共同活动中不断加强。

(三)影响教师威信形成的主要因素

1. 客观因素

影响教师威信形成的客观因素是多方面的，其中最为主要的是社会对待教师职业的态度和教师职业的社会地位。国家和社会对教育工作的重视，对教师劳动的尊重，教师社会地位和物质待遇的提高等，都是有助于教师威信形成的社会条件。教育行政部门和校长支持教师的工作，关怀他们政治、业务水平的提高，认真解决他们工作、学习、生活上的实际困难等也是建立教师威信的重要条件。学生家长对教师工作的尊重，能有助于协调教师教好学生。此外，学生对教师工作的尊重和希望，教师与教师之间互相尊重，特别是在学生面前，不应该多议论别人的短处，更不应该打击别人，抬高自己，这些对建立教师威信都会有影响。其中，最主要的是社会对教师职业的态度和教师职业的社会地位。如果全社会都形成尊师重教的氛围，必会提升教师职业的威信。

2. 主观因素

影响教师威信的主观因素是多方面的，它对教师威信的形成起着根本性的作用。主要包括以下四方面。

(1)崇高的思想、良好的道德品质、广博的知识、高超的教育和教学艺术是教师获得威信的基本条件。在教学中，教师能深入浅出侃侃而谈，能帮助学生解决难点，能结合教学内容谈古论今，能介绍学科发展的新成果，有很高的智力、应付能力以及教育艺术和教育机智，就是学生理想的榜样，能被青少年看成是智慧的化身，自然能在学生中享有崇高的威望。

(2)在与学生长期交往中能适当满足学生的需要，对教师威信形成具有重大影响。教师的威信是在与学生长期交往中形成的。教师经常不断地满足学生各种合理需要，是教师能在学生中建立威信的心理基础。教师如果能爱护、关心、体贴学生，师生情感很融洽，教师威信能迅速地在学生中建立起来。有威信的教师如果对自己要求不严，或是在与学生交往中犯有过错而又不认真改正，威信就会因此下降，甚至丧失。相反，威信不高的教师，由于努力改正与学生交往的办法，能很好地满足学生各种合理的需要，威信也就随之提高。

(3)教师的仪表、生活、作风和习惯对获得威信有重要影响。教师的仪表指教师的穿着、仪态、举止，它是教师精神面貌的体现，在一定程度上，也影响了教师在学生中的威信。教师不良的生活习惯，如上课举止随便、喜欢敲桌子、挠头、玩粉笔、衣着过分华丽等，都有损教师形象。

(4)教师给学生的第一印象，对教师威信的形成有一定影响。教师与学生第一次见面时，学生对新来的教师满怀热切期望和充满新奇感，这个时候，学生对教师的一言一行都特别敏感。由此而产生的先入为主的印象以及有关的态度，往往成为影响教师威信的重要心理条件。如果教师开头几次课都做好了充分准备、态度沉着、自然而亲切、教学内容丰富、教育方法得当，能取得"第一次感知效果"，就能初步树立起威信，反之，如果没有充分准备，上课时表现过度紧张、语无伦次、举止呆板或精神不振，不善于控制课堂纪律，不能机智地处理班级突发事件，就会使学生大失所望。在大多数情况下，恢复丧失的威信，要比获得威信困难得多。

总之，教师的威信只能依靠教师个人的学识才智、育人成果、社会贡献而获得，重在通过教育实践活动进行自我培养和提高。同时，任何威信都有人际心理关系的内容，教师建立和提高了自己的威信，有助于疏通与学生的心理关系，建立融洽和谐的人际心理关系。

(四)维护教师威信的策略

因为形成教师威信的主客观条件是处于不断变化之中的，只要某一方面的条件发生了较大的变化，教师的威信就会受到影响。因此，教师威信形成之后，维护和发展已形成的威信也十分重要。

1. 教师要有坦荡的胸怀、实事求是的态度

有威信的教师并不是说必须是没有一点错误、缺点的完人。教师存在这样那样的问题是难免的，关键在于是否有坦荡的胸怀，是否敢于实事求是地承认并及时纠正自己的缺点错误。教师勇于向学生承认自己的缺点、错误，不但不会降低威信，还会提高在学生心目中的威信。

2. 教师要正确认识和合理运用自己的威信

教师要维护和发展自己的威信，很重要的一点是必须对威信有正确的认识，把威信与威严区分开来。只有这样，教师才能正确维护自己的威信。否则，就可能出现教师为了维护自己的威信而不恰当地运用威信，损害学生的自尊心，挫伤学生的积极性和对教师的亲近感，这样最终势必导致教师威信的降低。

3. 不断进取，言行一致

教师的职责是向学生"传道""授业""解惑"，这要求教师根据社会要求和教育对象的变化，不断更新自己的知识、观点，提高自己的科学文化素质，满足学生不断发展变化的需要，使他们顺利成才。一般来说，在学生的心目中，教师是有丰富知识的人，是守纪律、讲文明、懂礼貌、有道德的典范。如果一个教师的言谈举止与学生心目中"教师形象"不相符，他在学生中的威信就会降低。因此，教师要长期坚持，从多方面完善自我。

三、教师的期望

(一)教师期望的含义

期望就是个人根据对自己以往的经验和期望对象能力大小的感知，在一定时间里预期其能够达到某种目标或满足某种需要的期待和向往。期望会产生期望效应，著名的期望效应就是"皮格马利翁效应"。这个效应源于古希腊一个美丽的传说。相传古希腊雕刻家皮格马利翁深深地爱上了自己用象牙雕刻的美丽少女，并希望少女能够变成活生生的真人。他真挚的爱感动了爱神阿佛洛狄忒，爱神赋予了少女雕像生命，最终皮格马利翁与自己钟爱的少女结为伉俪。该传说表明，期望就是一种神奇的力量，能产生令人难以想象的结果。

（二）教师期望效应——"罗森塔尔效应"

教师期望效应是指老师的期望能够激发学生的潜能，从而使学生取得教师所期望的进步。教师期望效应来源于美国哈佛大学的心理学家罗森塔尔的一个实验研究，1968年，罗森塔尔等人来到旧金山奥克学校，在各个年级抽出一个班，进行未来发展的预测。测验之后，他们将一份最佳发展前途者名单悄悄地交给老师们。并再三叮嘱不可向学生们泄露。8个月后，心理学家返回学校进行了一次切实的测验。结果表明，名单上的学生的成绩和智力发展有了明显的进步，而且精神开朗、活泼，个个充满自信与幸福感，并与任课老师建立了融洽的感情，尤其是原来一些后进学生的进步更为明显。难道是心理学家料事如神？出乎意料的是，两位专家坦率地宣布，上次名单上的学生是随机抽取的。这是利用"皮格马利翁效应"在学校教育中的实验研究，被称为"罗森塔尔效应"。罗森塔尔等人所进行的一系列研究证明，学生的智力发展与教师对其关注程度成正比关系，受教师喜爱或关注的学生，一段时间内学习成绩或其他方面都有很大进步，而受教师漠视甚至是歧视的学生就有可能从此一蹶不振。

产生"罗森塔尔效应"的主要原理是，当教师对学生寄予某种希望时，他首先认为某学生是个好学生，那个学生的所作所为，他都用赞赏的目光看待，因此就在不知不觉中给予肯定与鼓励，这样日积月累，学生也会产生对教师更深的信赖，会对自己提出更高的要求，做出更大的主观努力，从而使教师和所期待的学生在接触中发生了某种微妙作用，师生之间造成一种默契，因而提高了成绩。当然，当教师对学生有了期待之后，就会对他们更多的更加有意识地、细致地指导，当然也会对学习成绩的提高起促进作用。

"罗森塔尔效应"留给我们这样一个启示：赞美、信任和期待具有一种能量，它能改变人的行为，当一个人获得另一个人的信任、赞美时，他便感觉获得了社会支持，从而增强了自我价值，变得自信、自尊，获得一种积极向上的动力，并尽力达到对方的期待，以避免对方失望，从而维持这种社会支持的连续性。当然，并不是所有的受教育者都能按教育者的期望发展。学生的气质、个性特点不同，原有经历不同，知识基础、智力水平各有差异，对自己的要求也有高有低。教师要因材施教，对学生提出恰如其分的希望与要求，要切合学生已有的知识、智力水平，既不过高，又不偏低。这样才能增强学生学习的自觉性，取得良好的学习效果。

(三)教师如何合理地实施期望效应

1. 确立期望教育的基本理念

每个教师应该对每个学生抱有期望,使每个学生对自己的发展和提高满怀期望。教师正确的期望应包括:

(1)人性善,人可以教育,人可以变得更完善,这是教育学的逻辑起点。

(2)每个学生都是独特的,有价值的,有发展潜力的,充满希望的。

(3)教育是有着深厚和执着的人文关怀的活动,是理想推动的活动。

(4)教育的根本目的是使人类明天变得更美好。应抛弃只重知识不重能力,只重智育不重其他教育的片面的教育观,树立全面发展的教育观。

2. 确立对学生期望的性质

(1)教师的期望应是积极的、向上的。应符合教育的目的,符合社会发展的需要,适应生产力发展和科技进步的要求,符合先进文化的发展方向。

(2)教师的期望应立足于学生知识、技能、能力、品德和心理品质的实际。要承认差异,容忍多样,鼓励超越,寻求发展。期望应随学生主体不同而不同,在性质上有区别,在水平上有差异。应属于学生的最近发展区,学生在教师帮助下通过努力有实现的可能。

(3)教师的期望应具有一定的超前性和挑战性。这样才能对学生有足够压力和动力。

(4)教师的期望应是具体的、可操作性强的。期望明确具体,才能对学生行为有重要推动。

(5)教师的期望应体现个人需要和社会需要的统一。期望忽视个人需要,片面强调社会价值,这种期望由于脱离实际而易流于虚伪,对个人不会有很大激励作用。期望忽视社会需要,片面强调个人需要,强调个人奋斗、自我设计和自我实现,期望教育也会迷失方向。我们培养的人也会由于缺乏社会关怀而变得冷酷和可怕。只有将期望立足于个人需要和社会需要的统一,才能培养出身心健康、个性完美、生气勃勃的人。

(6)教师的期望应是动态的、发展的。随着学生的成长,期望水平应不断提高,性质应不断深化。应遵循循序渐进的原则,遵循由低级向高级、由具体到抽象、由外到内的顺序。如应逐步深化学生的社会责任感，按照"关心自己，孝敬父母，尊重他人，报效国家，造福人类"的顺序逐步深化。

第二节　教师的职业素质

教师的职业素质是指教师在教育和教学实践中获得的、在教育活动中体现出来并直接作用于教育过程的、具有专门性、指向性和不可期待性的心理品质，是教师从事教育工作的基本条件。包括教师的专业知识、专业能力、专业情意等。

一、教师的专业知识

教师的专业知识包括广博的科学文化知识、精深的学科专业知识、系统的条件性知识和丰富的实践性知识。

(一)教师要具有广博的科学文化知识

广博的科学文化知识，主要包括人文素养和科学素养方面的人文社会知识、科技类知识、工具类知识、艺体类知识、劳技类知识等。基础教育课程改革加强了学科间的联系，加强了科学精神与人文精神的渗透与融合。这就要求教师具有求真务实、理性批判的科学精神与善待自己、关爱他人、服务社会的人文素养，也就是我们所期望的创新型教师的特征。

实施素质教育，培养学生的综合素质和创新能力，教师的博学多才是至关重要的。随着教材的改革，相邻学科的联系日益加强，文理相互渗透，因此，教师应注重与其他学科的沟通，形成"大教学观"，为学生创设开放的教学情境，培养学生的创新意识和能力。教师的知识越渊博，越能启迪学生的创新思维。

(二)教师要有精深的学科专业知识

精深的学科专业知识，即本体性知识。主要包括学科基础理论知识、学科教育知识、教学策略知识等，是教师从事教育工作的基础。马卡连柯说过："学生可以原谅老师的严厉、刻板甚至吹毛求疵，但不能原谅他的不学无术。"苏霍姆林斯基也指出："只有教师的知识面比学校教学大纲宽广得多，他才能成为教学过程的精工巧匠。"对教师来说，不仅要熟悉所教教材的基本内容，形成完整的知识体系，还要加强业务进修和广泛的学习，跟踪学科学术动态，了解新观点，掌握新信息，不断更新知识，站在学科的前沿，才能实现由经验型到科研型的转化。

(三)教师要具有系统的条件性知识

条件性知识即教育形态的知识。包括教育学和心理学知识、学生身心发展知识、教与学知识和教育评价知识等，它是教师从事职业行为的重要保障。教师必须把学科知识心理学化才能让学生理解知识、掌握知识，也才能发展教师的个人智慧。苏霍姆林斯基说："教师不懂心理学，这就如同一个心脏专业医生不了解心脏的构造。"科学的教学需要教育、教学理论的指导，教师要实施素质教育，必须掌握教育学、心理学和学科教学法等基本知识。教师不仅知道教什么，还要知道怎样教和为什么选择这样教，用科学的理论去指导自己的教学。

(四)教师要有丰富的实践性知识

实践性知识是教师在教育教学行为中所具有的课堂情境知识以及与之相关的知识，也就是教师教学经验的积累。实践性知识是思想教育知识、文化知识、教育理论知识和教师职业情感与职业技能的综合表现，是对教师各种知识和能力的综合实践训练和检验。

教育专业知识与学科专业知识属于描述性知识，可以让教师知道是什么、为什么的问题，但不能解决如何做的问题，它们只有与教育教学活动中解决具体问题的知识即实践性知识进行整合，才能被激活、催化，才能赋予教师个体新的生命与意义。

二、教师的专业能力

(一)教学认知能力

教师的教学认知能力主要是指教师以教学系统作为认知对象，不断创构新的认知因式，批判性地认识与反思教学系统的特性及要素之间的联系或关系，理解和概括学科的定理法则和概念，洞察和把握学生心理特点，深度了解所采用的教学策略的能力。具体而言，其反映着"教师对教学目标、教学任务、学习者特点、教学方法与策略以及教学情境的分析判断能力。"教学认知能力直接影响了教师对所教学科内容的选择和分析。知识的有效组织和呈现方式，是提高教学工作效能的前提。作为教师教学能力的核心成分，教学认知能力是教师在长期教学过程中创生出的知识与经验的积淀，以及在此基础上孕育出的有效组织教育教学活动的能力。主要体现为：（1）知识建构。通过对教材的研究，将教材知识融会贯通，转化成自身的知识。（2）形成教学的指导思想。根据大纲、教学目的、教材内容和学生的实际情况，明确教材的重点、难点。（3）探讨适应学生接受能力，又能促进学生智力发展，完成教学任务的可行的教学方法和步骤。

(二)教学操作能力

教师的教学操作能力指教师在教学中使用策略的水平。表现为以下几个方面。

1. 言语表达能力

教师将准确的普通话作为口头教学语言，把丰富的科学知识、人文素养通过口头传递给学生。因此，教师就要从教学语言的基本要求出发，不断提高自己的语言素养。注意运用发音准确，吐字清晰，声音洪亮，注意停顿、重音、语调、节奏等表达技巧，努力使自己的课堂语言准确、严密、规范、优美。

2. 组织教学的能力

教师组织教学的能力是多方面的，但主要应该表现在以下四个方面：设计能力、施教能力、控制能力和应变能力。

（1）设计能力，是指制订课时授课计划（即编写教案）的能力。在教案中，教师要对一节课的教学过程精心设计，做出详细的具体的安排：一节课如何开头，如何导入新课；教材重点如何突出，教材难点如何突破；什么时候演示，什么时候出示板书、板图；哪些问题在课上练习巩固，哪些问题留作课后思考解答；采用什么方法活跃课堂气氛，运用什么手段激发学生的学习积极性；怎样完美地结束一节课等。

（2）施教能力，是指把拟订的教学计划付诸实施的能力。教师的施教能力首先应表现在教师要具备讲课基本功上，即具备口头表达基本功、板书板图基本功、教态动作基本功和演示操作基本功。其次，教师的施教能力表现在能把课堂上的教学进度和教学节奏紧密结合起来。最后，教师的施教能力还表现在课堂上对学生的因材施教上。同一个班级的学生，有着很大差异，因而，教师应该实施不同的教学对策。

（3）控制能力，是指驾驭课堂形势的能力。由于青少年生理和心理的特点，学生的注意力不易集中，也不容易长久保持。因而，教师应该采取灵活多变的教惩，善于运用学生"有意注意"和"无意注意"相互转化的规律来组织教学，将两种"注意"有机地结合起来，促使学生保持最佳的"注意"状态。

3. 教学媒体的使用能力

现代教学媒体是相对于传统教学媒体而言的，传统教学媒体主要包括教科书、粉笔、黑板、挂图、标本、仪器等，现代教学媒体包括幻灯机、投影仪、电影、录音、电视、语言实验室、电子计算机等。现代教育技术把多媒体为核心的教育技术在学校中进行普及和应用，最大限度地激起了学生的学习热情，学生理解、分析问题的能力在增强，学生的视野更开阔，思维能力也得以很大提高。这是当今课改的必经之路，也是提高教学质量的重要保证。因此，教师在教学中应具备教学媒体的使用能力，充分运用现有的教学媒体，使学生在现代教学媒体的帮助下，轻松地掌握学习内容，开阔视野，扩大学生的知识层面。

(三)教学监控能力

教师的教学监控能力指教师为了保证教学达到预期的目的而在教学的全过程中，将教学活动本身作为意识对象，不断地对其进行积极主动地计划、检查、评价、反馈、控制和调节的能力。包括以下几个方面。

1. 课前的计划和准备

根据学生的情况以及教学的需要，确定内容的组织实施以及采用的方法，并预测教学中可能出现的问题和教学结果。

2. 课堂的反馈与评价

教师对于课堂的状况、学生反应的敏感程度以及对所发现的问题进行及时解释和分析。

3. 课堂的调节与控制

根据对问题的解释和分析进行及时的教学行为调节。

4. 课后的反省

分析哪些方面成功，哪些方面需要改进，分析是否适合学生的水平，能否有效地促进学生的发展。

三、教师的专业情意

教师的专业情意是教师个体对自我从事教育教学工作的感受、接纳和肯定的心理，包括专业理想、专业情操、专业性向和专业自我四个方面。

(一)专业理想

教师的专业理想是教师成为一个成熟的教育教学专业工作者的向往和追求，是教师依据其价值观，在对教育现实批判和否定的基础上，对教育现实总体把握后的主体思考和超前构建，对自己专业美好发展状态的预设与期待、对未来美好专业图景的构想与展望。专业理想是教师专业素质的核心和灵魂，它是教师对从事的教育事业的一种向往和追求，是指导教师行动的精神动力，是指引教师专业成长的明灯。教师的专业理想为教师提供奋斗目标，是推动教师专业发展，并献身于教育工作的根本动力。

(二)专业情操

教师的专业情操是教师对教育教学工作带有理智性的价值评价的情感体验，它是构成教师价值观的基础，是构成优秀教师个性的重要因素，也是教师专业情意发展成熟的标志。从内容上看，教师的专业情操包括：①理智的情操，是由对教育功能和作用的深刻认识而产生和光荣感和使命感；②道德的情操，是由对教师职业道德规范的认同而产生的责任感和义务感。由此可以看出，教师的专业情操也就是我们所说的师德，其核心是对学生的爱，包括诸如事业心、责任感和积极性等内容。

(三)专业性向

教师的专业性向是教师成功从事教学工作所具备的人格特征，或者说适合教学工作的个性倾向。优秀的教师的专业性向应该具有如下特征：有见识；有奉献精神；有敏锐的洞察力和分析力，见微知著，富有预见性；有独立性。不囿于教学的刻板教条、清规戒律，勇于实验与创新；在人际关系中，耿直、坦率、幽默、诙谐。

(四)专业自我

教师的专业自我是教师个体对自我从事教学工作的感受、接纳和肯定的心理倾向。在教师专业素质的情意领域，随着教师专业化的不断发展，人们教师的自我意识或自我价值越来越得到重视。教师的专业自我情意对教师的教学行为和教学效果具有显著的影响。一名优秀的教师首先应该是一个有着独立人格的人，以积极的方式看待自己，能够准确地、现实地领悟到自己所处的环境，对自己具有深切的认同感、自我满足感、自我信赖感和自我价值感，从而有效地作为独特的个性"自我"来进行教育教学，提高教育效果。作为一名现代中小学教师，需要做到不断在教育教学过程中反思与建构自身的职业角色，形成从事教师职业的专业情意。

第三节　教师的成长与发展

一、教师的职业发展阶段

从一名新教师成长为一名合格教师需要经历一个过程，一个主动成长的教师在不同的成长时期，所关注的问题也不尽相同，也就形成了教师职业发展的阶段性。

(一)教师成长的阶段

1. 教师成长的三阶段论

福勒和布朗根据教师的需要和不同时期所关注的焦点问题，把教师的成长划分为关注生存、关注情境和关注学生三个阶段。

(1)关注生存阶段。处于这一阶段的教师，非常关注自己的生存适应性，他们经常关心的问题是：学生喜欢我吗？同事们怎么看我？领导是否觉得我干得不错？等等。一般来说，师范生和新教师比老教师更关注这些问题。由于这种生存的忧虑，某些教师可能会把大量的时间都花在如何与学生搞好个人关系上，而不是如何教他们；有些教师则可能想方设法控制学生，而不是让学生获得学习上的进步。这种情况有可能是由于教师对学校的社会化过程而造成的。

(2)关注情境阶段。当教师感到自己完全能生存时，他们将越来越关注学生的成绩而进入第二阶段——关注情境阶段。在这一阶段，教师所关注的是如何教好每一堂课的内容，他们总是关心诸如班级大小、时间的压力和核对材料是否充分等与教学情境有关的问题。一般来说，在职教师比师范生更关心这一类问题。

(3)关注学生阶段。当教师顺利地适应了前两个阶段后，将进入第三个阶段——关注学生阶段。在这一阶段，教师将考虑学生的个别差异，认识到不同发展水平的儿童有着不同的社会和情感需要，某些材料不适合某些学生。一个新手教师完全有可能不能处理学生的个体需要。事实上，有些教师从来就没有进入到第三阶段。由此可见，新教师在成长过程中的每一个阶段都有自己的需要，这些需要将影响他们的课堂行为和教学活动。教师成长的阶段实质上是教师从新手成长为专家教师的过程，研究这一过程和研究专家教师的特征将有助于促进教师的成长。

2. 教师成长的五阶段论

从职业的角度来看，教师的成长可归结为由教学新手成为教学专家的过程。美国亚利桑那州立大学心理学教授伯林纳（Berliner）根据教学专长的研究资料将教师从新手到专家的过程划分为五个阶段：新手教师、熟练新手教师、胜任型教师、业务精干型教师、专家型教师。

（1）新手教师。新手教师是经过系统的师范教育与学习，刚刚从事教学工作的教师。新手教师教学专长的特征主要表现在三个方面：①新手教师是理性化的，在分析和思考的基础上处理问题；②新手教师处理问题缺乏灵活性；③新手教师处理问题时，刻板地依赖特定的原则、规范和计划。在这个阶段，他们需要了解与教学有关的一些实际情况和具体的教学情境，对于他们来说，经验积累比学习书本知识更为重要。

（2）熟练新手教师（工作2～3年）。熟练新手教师的特征主要表现在以下四个方面：①实践经验与书本知识逐渐整合，并逐步掌握了教学过程中的内在联系；②教学方法和策略方面的知识与经验有所提高，处理问题表现出一定的灵活性；③经验对教学行为的指导作用提高，但还不能够很好地区分教学情境中的重要信息和无关信息；④对自己的教学行为还缺乏一定的责任感。

（3）胜任型教师。胜任型教师具有以下四个特征：①他们的教学行为有明确的目的性；②能够区分出教学情境中的重要信息，并选择有效的方法或手段达到教学目标；③他们对自己的行为结果表现出更多的责任心，对于成功和失败表现出强烈的情绪情感反应；④胜任阶段教师的教学行为还没有达到快捷性、流畅性、灵活性的程度。

（4）业务精干型教师。该阶段教师的最突出特征表现在以下三个方面：①具有较强的直觉判断能力。由于在长期的教学实践中积累了丰富的经验，他们对教学表现出的与以往教学情境类似的情况能做出直觉地观察与判断，并做出相应的反应。②教学技能方面接近了认知自动化的水平。在教学活动中，业务精干型教师无须太多的意识努力便能对教学情境做出准确地判断和有效地处理，尽管如此，仍未达到完全的认知自动化水平。③业务精干型教师的教学行为已经达到了快捷、流畅和灵活的程度，这是他们在教学实践中积累了丰富知识和经验的结果。

（5）专家型教师。从新手教师到胜任型教师阶段，教师处理问题都是理性化的，业务精干型教师是直觉型的，而专家型教师处理问题则是非理性的。专家型教师对教学情境的观察与判断是直觉性的，不需要进行仔细的分析和思考，凭借他们的经验便能准确地发现问题，并采取适当的解决方法。他们对教学情境中的问题的解决不仅达到了快捷性、流畅性和灵活性的程度，而且已经达到了完全自动化的水平，在没有意外情况发生的情况下，不需要有意识的努力就可以处理遇到的各种教学问题。在一般情况下，他们很少表现出反省思维，一旦问题的结果与预期不一致，他们才会对问题进行反思和分析。

教师的发展是分阶段的，在教学专长发展的过程中，并非所有的教师都会发展成专家型教师，只有业务精干型教师中的一部分能发展成为专家型教师。

二、专家型教师与新手型教师的对比

专家型教师和新手型教师专在专业知识、解决问题的效率、洞察力，以及课前计划、课堂教学过程、课后教学评价等方面进行对比，存在以下差异。

（一）在解决问题方面的差异

1. 专业知识

专家型教师对问题的深层结构敏感，往往根据与问题解决途径有关的原理对问题进行分类。新手型教师对问题的表层结构更敏感，常常根据问题陈述中的实体对问题归类。

2. 解决问题的效率

专家型教师能在较短的时间内完成更多的工作，或者是只需要较少的努力就能获得较好的效果。

3. 洞察力

专家型教师非常关注问题本身，对问题性质进行深入透视，快速有效地区分与问题解决相关和无关的信息，并对信息进行组织和比较，从而更能创造性地解决问题。

(二)在教学方面的差异

在课前计划、课堂教学过程和课后教学评价方面的对比。

1. 课前计划

专家型教师的课前计划有以下几个特点：第一，突出课的主要步骤和教学内容，不会型涉及一些细节；第二，专家型教师会根据学生的先前知识来安排教学进度，课前计划具有很大的灵活性；课前计划具有预见性，能在制订计划时预测执行时的情况。新手型教师的课前计划正好与专家型教师相反，主要表现在：第一，大量时间用在课时计划的一些细节上，不能把计划与课堂情境中的学生行为联系起来。第二，严格按照计划进行授课，不会随课堂情境的变化修正计划。第三，教师更多的想到自己做什么，而不知道学生要做什么。

2. 课堂教学过程

(1)课堂规则的制定与执行。专家型教师制定的课堂规则明确，并能坚持执行，而新教师的课堂规则较为含糊，不能坚持执行。专家型教师能鉴别学生的行为哪些是合乎要求的，哪些是不合乎要求的，从而集中关注学生应该做的和不应该做的。同时，专家型教师知道许多课堂规则是可以通过练习与反馈来习得的，所以他们能教会学生一些重要的鉴别课堂活动的能力。如上课时教师声音大小的变化，而新教师却不会这样去做，因为新教师在阐述规则的时候，往往是含糊其词的。

(2)吸引学生的注意力。专家型教师有一套完善的维持学生注意的方法，而新教师则相对缺乏这些方法。有研究表明，专家型教师采用下述方法吸引学生注意：在课堂教学中运用不同的"技巧"来吸引学生的注意力，如从一个活动转移到另外一个活动或有个重要的信息时，可通过声音、动作及步伐的调节来提醒学生注意。新教师往往在没有暗示的前提下就要变换课堂活动；遇到突发的事情，如有课堂活动之外的事情干扰，就会自己停下课来，但却希望学生忽略这些干扰。

(3)教材的呈现。专家型教师在教学时注重回顾先前知识，并能根据教学内容选择适当的教学方法，新教师则不能。一般来说，专家型教师在上课之前往往会复习之前所学内容。而新教师则经常忽视这一点，直接进入新内容的学习。在教学内容的呈现上，专家型教师通常是用导入式，从实例出发，慢慢地引入所要讲的教学内容。其课堂中新材料的呈现基本上通过言语表达或演示实验。新教师往往注意不到学生尚未进入课堂学习状态。

(4)课堂练习。专家型教师将练习看作检查学生学习的手段，新教师仅仅把它当作必经的步骤。在学生做练习时，专家型教师往往会提醒学生在规定的时间内做完练习，帮助学生把握做作业的速度，并会对练习情况提供系统的反馈等。而新教师往往会出现如下情况：对课堂练习的时间把握不准；只会照顾自己关心的学生，不顾其他学生；要求学生做作业时要安静，并把这看作是课堂中最重要的事情。

(5)家庭作业的检查。专家型教师具有一套检查学生家庭作业的规范化、自动化的常规程序，而新教师则缺乏这样的程序。在实际的教育教学过程中，专家型教师在问每道题目的答案时，都会要求学生一起回答。如果学生回答的声音减弱下来，说明这道题较难，专家型教师就记录下这个问题。相比之下，新教师会要求他认为最差的学生回答各题的答案，但是学生往往回答得相当慢。最后，新教师纠正错误并给出正确答案，但往往不会记录每道题上学生的作业情况。

(6)教学策略的运用。专家型教师具有丰富的教学策略，并能灵活应用，而新教师缺乏或不会运用教学策略。在提问策略与反馈策略上：①专家型教师比新教师提的问题更多；②在学生正确回答后，专家型教师比新教师更多地再提另外一个问题；③对于学生错误的回答，专家型教师更易针对同一学生提出另一个问题；④专家型教师比新教师在学生自发的讨论中更可能提出反馈。

3. 课后教学评价

在课后评价时，专家型教师和新教师关注的焦点不同。新教师的课后评价要比专家型教师更多地关注课堂中发生的细节。他们多谈及自己是否解释清楚，如板书情况、对学生问题的反应能力和学生在课堂中的参与状况等。而专家型教师则多谈论学生对新材料的理解情况和他认为课堂中值得注意的活动，很少谈论课堂管理问题和自己的教学是否成功。专家型教师都关心那些他们认为对完成目标有影响的活动。

三、教师专业成长与发展的基本途径

教师专业成长与发展的基本途径主要有两种：第一，通过师范教育培养新教师作为教师队伍的补充，为教师的成长提供最基本的知识和技能训练；第二，通过实践训练提高在职教师的素质，为新手型教师向专家型教师的转变提供所必需的知识和经验。研究显示，有效地促进在职教师成长与发展的基本途径主要有以下四种。

(一)观摩和分析优秀教师的教学活动

课堂教学观摩可分为组织化观摩和非组织化观摩。组织化观摩是有计划、有目的的观摩。一般来说，组织化观摩一般在观摩之前制订较详细的观察计划，确定观察的主要行为对象、角度以及观察的大致程序，也可以进行有组织的讨论分析。一般来说，为培养提高新教师和教学经验欠缺的年轻教师易进行组织化观摩，这种观摩可以是现场观摩(如组织听课)，也可以观看优秀教师的教学录像。非组织化观摩，与组织化观摩相对立，是指没有明确目，要求观摩者有相当完备的理论知识和洞察力，否则难以达到观摩学习的目的。通过观摩分析，学习优秀教师驾驭专业知识、进行教学管理、调动学生积极性等方面的教育机智和教学能力。

为有效进行观摩，在观摩前教师要先思考和预测如下问题：本节课若由自己上，会使用什么样的教学模式、教学策略，为什么要使用这样的教学模式或者教学策略？在观摩的过程中，要仔细观察他人运用了什么样的教学模式、教学策略，他人是如何运用的？观摩之后，对比预测和实际情况的不同，思索自己能够从中学到什么。

(二)开展微格教学

微格教学指以少数的学生为对象，在较短的时间内(5～20分钟)，尝试做小型的课堂教学。可以把这种教学过程摄制成录像，课后再进行分析。这是训练新教师、提高教学水平的一条重要途径。开展微格教学要注意以下方面。

(1)明确选定特定的教学行为作为要着重分析的问题。

(2)观看有关的教学录像，指导者说明这种教学行为具有的特征，使实习生和教师能理解要点。

(3)实习生和教师制订微格教学的计划，以一定数量的学生为对象，实际进行微格教学，并录音或摄制录像。

(4)和指导者一起观看录像，分析自己的教学行为。指导者帮助教师和实习生分析一定的行为是否合适，考虑改进行为的方法。

(5)在以上分析和评论的基础上，再次进行微格教学。要考虑改进教学的方案。

(6)重新选一定数量的学生为对象进行微格教学，并录音录像。

(7)和指导者一起分析第二次微格教学。

(三)进行教学决策训练

教师的教学过程中包含着一系列的决策，判断自己的教学行为所引起的学生的反应是否符合期望、如何改进等。通过让教师或实习生进行教学决策的训练可提高教师的教学能力。专家教师所具有的教学常规和教学策略是可以教给新教师的，新教师掌握这些知识后，会在一定程度上促进其教学。将"有效的教学策略"教给教师，这其中的关键程序有：

(1)每天进行回顾；

(2)有意义地呈现新材料；

(3)有效地指导课堂作业；

(4)布置家庭作业；

(5)每周、每月都进行回顾。这种做法虽然可行，但仅靠短期训练来缩小专家与新手的差别是不够的。

(四)反思教学经验

反思教学经验是对教学经验的反思，又称反思性实践或反思性教学。这是一种思考教育问题的方式，它是在对教学的道德责任以及技术性教学的实际效果的分析基础上发展起来的，要求教师具有做出理性选择并对这些选择承担责任的能力。波斯纳(R. A. Posner)提出了一个教师专业化成长公式：成长＝经验＋反思，没有反思的经验是狭隘的经验，至多只能形成肤浅的知识。如果教师仅仅满足于获得经验而不对经验进行深入思考，那么他的发展将大受限制。

1. 反思框架

科顿(J. Cotton)等人提出了一个教师反思框架，将反思的过程分为四步：第一步，教师选择特定问题加以关注；第二步，教师开始分析收集来的资料，形成对问题的表征，以理解这一问题；第三步，建立假设以解释情境和指导行动，对行动的短期和长期效果加以考虑；第四步，实施行动计划。

2. 反思方法

布鲁巴奇(Brubacher)等人1994年提出了四种反思的方法：(1)反思日记：在一天教学工作结束后，要求教师写下自己的经验，并与其指导教师共同分析。

(2)详细描述：教师相互观摩彼此的教学，详细描述他们所看到的情景，教师们对此进行讨论分析。(3)交流讨论：来自不同学校的教师聚集在一起，首先提出课堂上发生的问题，然后共同讨论解决的办法，最后得到的方案为所有教师及其他学校所共享。(4)行动研究：为弄明课堂上遇到的问题的实质，探索用以改进教学的行动方案，教师以及研究者用以进行调查和实验的研究。它不同于研究者由外部进行的旨在探索普遍法则的研究，而是直接着眼于教学实践的改进。

3. 反思阶段

教师反思要经历具体经验、观察与分析、重新概括、积极验证四个阶段。

(1)具体经验阶段。这一阶段的任务是使教师意识到问题的存在，并明确问题情境。

(2)观察与分析阶段。教师开始广泛收集并分析有关的经验，特别是关于自己活动的信息，以批判的眼光反观自身，包括自己的思想和行为，也包括自己的信念、价值观、目的、态度和情感。

(3)重新概括阶段。在观察分析的基础上，教师重审旧思想，并积极寻找新思想与新策略来解决所面临的问题。

(4)积极验证阶段。检验上阶段所形成的概括的行动和假设，它可能是实际尝试，也可能是角色扮演。

在检验的过程中，教师会遇到新的具体经验，从而又进入第一阶段，开始新的循环。

(五)行动研究

行动研究是指教师在现实教育教学情境中，基于学校，源于教师教育教学行为，自主进行反思性探索，并以解决工作情境中特定的实际问题为主要目的，制订计划、系统地收集资料、分析问题、提出改进方案并实施、检验和反省成果，把学习与培训、学习与行动结合起来的行为方式。行动研究是以探究实际问题、改进实践为目的的研究。研究课题来自实际工作者的需要，研究在实际工作中进行，研究由实际工作者和研究者共同参与完成，研究成果为实际工作者所理解、掌握和实施，研究以解决实际问题、改善社会行动为目的。其成果直接用于学校教学实践的改进和教师教学实践能力的提高，并以研究成果为依据，进行教育改革，提升教学质量。实现教师学习培训和教学过程相统一，促进教师专业成长。

因此，近年来，行动研究已经成为教师专业成长、课程改革的重要手段之一。

教师行动研究的特点是"为了行动而研究，对行动进行研究，在行动中研究"。主要表现为：第一，研究问题可以是来自于自己的日常教学经验中的任何问题，而不一定是大的课题；第二，研究途径可以是任何非正式的探索方法，包括做笔记、写日志、谈话记录以及保留学生的作品等，而不一定像专家们那样恪守研究套路；第三，教师可以形成研究者的团体，其中包括教师与其他成员之间的正式的网络联系，而更重要的是在课堂教学中与学生的联合。

第四节　教师的课堂管理

一、课堂管理的概述

(一)课堂管理及其功能

1. 课堂管理的定义

对于课堂管理的认识，不同的研究者有不同的认识。近年来中外学者从不同侧面对课堂管理做出了界定，从不同角度揭示了课堂管理的本质与含义。埃默（E. T. Emmer）认为："课堂管理是指一套旨在促使学生合作和参与课堂活动的教师行为与活动，其范围包括物理环境的创设、课堂秩序的建立和维持、学生间问题行为的处理、学生责任感的培养和学习的指导。"古德（C. V. Good）等人认为："课堂管理是为了实现教育目标而处理或指导课堂活动所特别涉及的问题，如纪律、民主方式、教学资料、环境布置及学生社会关系。"莱蒙齐（Lemlech）认为："课堂管理是一种提供能够开拓学生潜在能力和促进学生学习进步的良好的课堂生活，使其发挥最大效能的活动。"

国内学者近年来主要从课堂目标和课堂行为两个方面对课堂管理进行了概括性界定，即：课堂管理是教师通过协调课堂内的各种教学因素而有效地实现预定的教学目标的过程，是鼓励课堂学习的教师行为和活动。由以上定义可看出对于课堂管理，不同类型的认识体现了不同的取向或价值倾向。总体上表现为功能性取向、行为改变取向和人际互动取向。

随着教育的改革和管理理论的推进，人际互动取向越来越受到人们的重视。

尊重学生被视为课堂管理的基本准则，学生自我发展被视为课堂管理的主要目标。

2. 课堂管理的功能

课堂管理始终制约着教学和评价的有效进行，具有促进和维持的功能。

(1)促进功能：是指教师在课堂管理中创设对教学起促进作用的组织结构和良好的学习环境，尽可能满足课堂内容个人和集体的合理需要，最大限度地激发学生潜能，实现教学目标。

(2)维持功能：指教师通过一定的管理手段，持久地维持良好的课堂内部环境，使学生的心理活动始终保持在课业上，以保证教学目标的顺利达成。

(二)影响课堂管理的因素

1. 教师的领导风格

教师的领导风格对课堂管理有直接的影响。普雷斯顿(Preston)认为，参与式领导和监督式领导对课堂管理有不同的影响。参与式领导注意创造自由空气，鼓励自由发表意见，不把自己的意见强加于人。而监督式领导则待人冷淡，只注重于集体讨论的进程，经常监督人的行为有无越轨。

2. 班级规模

班级规模的大小是影响课堂管理的一个重要因素。首先，班级规模的大小会影响成员间的情感联系。班级越大，情感纽带的力量就越弱。其次，班内的学生越多，学生间的个别差异就越大，课堂管理的调控阻力也可能增大。再次，班级规模的大小也会影响交往模式。班级越大，成员间相互交往的频率就越低，对课堂管理技能的要求也就越高。最后，班级越大，内部越容易形成各种非正式小群体，而这些小群体又会影响课堂教学目标的实现。

3. 班级的性质

影响教师课堂管理的另一个情境因素是班级本身。不同的班级往往有不同的群体规范和不同的凝聚力，教师不能用固定不变的课堂管理模式对待不同性质的班级，而应该在深入了解的基础上，掌握班级集体的特点，运用促进和维持的高度技巧，获得理想的管理效果。

4. 对教师的期望

人们对教师在学校情境中执行任务往往有一种比较固定的看法。即使某一位教师的外貌谈吐并不符合这种固定的看法，人们还是会按照这种固定的看法去看待和解释教师们的行为，这就是定型的期望。它包括人们对教师理应表现的行为及其所具有的动机和意向的期望。一般说来，它的形成是教师长期交往方式和一般行为的结果。

班内学生对教师的课堂行为同样会形成定型的期望，他们期望教师以某种方式进行教学和课堂管理，这种定型的期望势必影响课堂管理。

(三)课堂管理的原则

1. 目标原则

课堂管理应该有正确而明晰的目标，它为教学目标的实现提供保障，最终指向教学目标的实现。为了有效地贯彻目标原则，教师在课堂上应该运用多种方法，使学生明确每一节课的教学目标，让师生双方都能明确努力的方向。

2. 激励原则

课堂管理追求的是通过各种手段激发学生内在的学习动力和求知热情，在学习中保持活力。为了有效贯彻激励原则，教师在课堂上要努力创设和谐愉悦的教学氛围和民主气氛，发扬教学民主，鼓励学生主动发问、质疑和讨论。

3. 反馈原则

运用信息反馈原理，对课堂管理进行主动及时的修正和调节，是反馈原则的基本思想。贯彻反馈原则要求教师在课堂管理中及时收集信息，及时分析把握教学目标与课堂管理现状之间的存在的问题，适时调整，增强课堂管理的针对性和时效性。

二、课堂气氛概述

(一)课堂气氛及其类型

课堂气氛作为教学过程的软情境，通常是指课堂里某些占优势的态度与情感的综合状态。课堂气氛是班级气氛的组成部分，是课堂教学中师生所呈现的一种心理状态，也是教师与学生集体相互作用所构成的一种心理环境，它影响着课堂上师生的思想和行为、教学效果和学生个性的发展。我国学者将课堂气氛划分为积极的、消极的和对抗的三种类型。

1. 积极的课堂气氛

积极的课堂气氛是恬静与活跃、热烈与深沉、宽松与严格的有机统一。收放有度，课堂中学生有较强的参与意识，思维活跃，课堂发言踊跃，师生双方都有饱满的热情。在热烈的课堂气氛下，学生保持冷静的头脑，师生关系融洽，配合默契，课堂气氛宽松而不涣散，严谨而不紧张。

2. 消极的课堂气氛

消极的课堂气氛常常以学生的紧张拘谨、心不在焉、反应迟钝为基本特征。在课堂学习进程中，学生情绪压抑、无精打采、注意力分散、小动作多，有的甚至打瞌睡。对教师的要求，学生一般采取应消极应对，很少主动发言，课堂参与积极性缺失。更有甚者，学生害怕上课，或提心吊胆地上课。

3. 对抗的课堂气氛

对抗的课堂气氛实质上是一种失控的课堂气氛。教师失去了对课堂的驾驭和控制能力，学生在课堂学习过程中各行其是，教师常常不得不停止讲课而维持课堂秩序。

(二)影响课堂气氛的因素

影响课堂气氛的因素有很多种，其中的主要因素可以归结为以下几个方面。

1. 教师的因素

教师在课堂教学中起着主导作用，教师的领导方式、教师威信、教师对学生的期望以及教师的情绪状态便成为影响课堂气氛的主要因素。

(1)教师的领导方式。教师的领导方式是教师用来行使权力与发挥其领导作用的行为方式。勒温曾在 1939 年将教师的领导方式分为集权型、民主型和放任型三种类型。这三种不同的领导方式会使学生产生不同的行为反应，从而形成不同的课堂气氛，其中民主型的课堂气氛最佳。

在集权型(专制作风型)的教师管理下，教师决定一切学习计划并控制学生的行为，在教师的监督下，学生表面上学习，而实际的效果并不一定理想，教师督促学生努力学习，表面上看似有效，但教师一离开，学生的学习状态马上发生改变。在这种课堂组织管理方式下，教师对学生进行控制、命令和监督，课堂气氛过于严肃，学生谨小慎微，因而着重个人学习，使课堂气氛死气沉沉。

在民主作风型的教师管理下，师生共同设定学习目标，拟订学习计划，师生间、学生间经常讨论，进行探索，提出评价，寻求结果，成效卓著。学生自觉努力学习，不论教师是否在场，都能严格要求自己，师生间、同学间协调行动，互相合作有秩序而且生动活泼。在这种课堂组织管理方式下，师生友好，心情愉快，学习有兴趣，对成功有信心，富有探索，有创造气氛。

在放任作风型的教师管理下，教学缺乏计划和要求，使课堂教学缺乏指导，任凭学生自由交往，教师不指导学生，遇着困难即行停止，教师对学生的学习不做要求，学生自行任意学习，不知具体方向，学习效率低。教学秩序表面上生动活泼，实际缺乏纪律，常出现吵闹混乱的局面。在这种课堂组织管理方式下，学生喜怒无常，时而兴高采烈，时而忧郁丧气，无正常课堂舆论。

(2)教师的威信。教师的威信是有效影响学生的重要条件。教师的威信是以教师爱护学生为基础的，它影响学生的情感体验，是制约课堂气氛的重要因素。教师有威信有利于良好课堂气氛的形成，学生对有威信的教师的课，会认真学习，听从教师的教导，对没有威信的教师的态度则相反。原因在于：首先，学生相信教师讲授和指示的正确性，会提高学习和接受知识的主动性；其次，教师的要求能够有效转化为学生的需要，可以提高学生学习的积极性；最后，教师的表扬或批评能够唤起学生相应的情感体验，有威信的教师的表扬，学生会感到愉快和自豪，并激起自己更积极学习的心理愿望，对于批评也能够以正确的态度接受并改正。

(3)教师的期望。教师的期望对于学生群体、课堂气氛一直都是一个重要的影响因素。教师期望一般是通过四种途径来影响课堂气氛的：①接受。教师通过接受学生意见的程度，为高期望的学生创造亲切的课堂情绪气氛，为低期望的学生制造紧张的课堂情绪气氛。②反馈。教师通过交往频率、目光注视、集体接触、赞扬和批评等向不同期望的学生提供不同的反馈。③输入。教师向不同期望的学生提供难度不同、数量不等的学习材料，对问题做出程度不同的说明、解释、提醒或暗示。④输出。教师允许学生提问和回答问题、听取学生回答问题时的耐心程度，是否鼓励学生大胆发表自己的不同见解等，都会对课堂气氛产生不同的影响。

(4)教师的情绪状态。教师的积极情绪状态往往会投射到学生身上，使教师和学生的意图、观点和情绪连接起来，从而在师生间产生共鸣性的情感反应，有利于创造良好的课堂气氛。

2. 学生因素

学生是课堂活动的主体，课堂气氛是师生共同营造的。在课堂气氛的影响因素中，除了要发挥教师的主导作用，还要发挥学生的主体性，即调动学生的参与意识。

首先，学生对集体目标的认同是良好课堂气氛形成的必要前提。其次，学生自觉遵守课堂纪律，具有良好的品德和学习习惯，有利于良好课堂气氛的形成。最后，课堂中的具体舆论、学生间的合作与竞争关系都会影响课堂气氛。

在课堂教学中教师要充分关注学生在学习过程中的主体地位，调动和激励学生以主人翁的姿态参与教学过程。学生的参与程度能够影响教师的教学积极性，如果学生的学习态度积极，也会增强教师的自信心，激励教师不断调整自己的行为方式，以更积极的态度投入课堂教学，由此造成一种良性循环，教学相长，相得益彰。如果课堂上学生无精打采，对教师的劳动不屑一顾，就会严重影响教师的教学情绪，影响良好气氛的形成。在教学实践过程中，通过提倡学生在学习上的合作与适度竞争，并在此过程中处理好同学之间的关系，是提升学生主体意识与教学参与度的主要途径。

三、课堂纪律与课堂问题行为

（一）课堂纪律及其维持策略

1. 课堂纪律的定义

为了维持正常的教学秩序，协调学生的行为，实现课堂目标，必然要求学生共同遵守课堂行为规范，从而形成了课堂纪律。所谓课堂纪律，主要是指对学生的课堂行为施加的外部控制与规则。良好课堂纪律的形成不仅需要强制性的规则，还依赖于学生的主体作用的发挥，要形成学生的自制与自律。因此，教师在提出课堂行为规范，进行外部控制的时候，必须注意培养学生遵守纪律的自觉性，对课堂规范形成思想上的认同感，并自觉发展纪律。

2. 课堂纪律的类型

研究表明，由于形成的原因不同，课堂纪律一般可分为以下四类。

（1）教师促成的纪律。教师促成的纪律主要指在教师的帮助指导下形成的班级行为规范。一般情况下，年龄越小的学生对教师的依赖越强；教师促成的纪律所发挥的作用也就越大。随着年龄的增长和自我意识的增强，学生一方面会反对教师的过多限制，另一方面又需要教师对他们的行为提供一定指导和帮助，保证课堂活动有序开展。所以，教师促成的纪律在不同年龄阶段所发挥作用的程度是不同的。

(2)集体促成的纪律。集体促成的纪律主要指在集体舆论和集体压力的作用下形成的群体行为规范。从儿童入学开始，同龄人集体在儿童社会化方面就开始发挥了越来越重要的作用。随着学生年龄的增长，同伴群体对学生个体的影响会越来越大。当一个儿童从对成年人的依赖中逐渐解放出来时，他同时开始对他的同学和同龄人察言观色并以此作为自己行为处事的出发点。青少年学生常以"别人也都这么做"为理由而从事一些事情，在一定时期他们的见解、爱好、憎恶等多以所处群体的意见而定。同伴集体的行为准则为青少年学生提供了价值判断和日常行为的参照点，同时结束了青少年学生在思想、情感和行为方面的不确定性、无决断力、内疚感和焦虑，从而导致了他们往往过高地估计同伴集体行为准则的价值，并积极地认同和服从它。

集体促成的纪律也有两类：一是正规群体促成的纪律，如班集体的纪律、少先队的纪律等；二是非正规群体促成的纪律，如学生间的友伴群体的纪律等。教师应着重对非正规群体加以引导，帮助他们形成健康的价值观和行为准则，并使之融合到正规群体中来，使每个学生都认同班集体的行为规范。

(3)任务促成的纪律。任务促成的纪律主要指某一具体任务对学生行为提出的具体要求。这类纪律在学生的学习过程中占有重要地位。

任务促成的纪律是以个人对活动任务的充分理解为前提的，学生对任务的意义理解越深刻，就越能自觉遵守任务的纪律要求。教师要很好地运用学习任务来引导学生，加深学生对任务的理解，不仅可以有效地减少课堂纪律问题，还可以大幅度提高学习效率。

(4)自我促成的纪律。自我促成的纪律换言之就是自律，是在个体自觉努力下外部纪律内化而成的个体内部约束力。自我促成的纪律是课堂纪律管理的最终目的。当学生能够自律地、客观地评价自己的和集体的行为标准时，便意味着他能够为更高层次的集体标准的发展做出贡献，同时也标志着学生的成熟水平达到了一个新高度。

3. 影响课堂纪律形成的因素

学生、学习过程和学习情境是课堂的三大要素，这三大要素的相对稳定的组合模式就是课堂结构。它包括课堂情境结构与课堂教学结构，都对课堂纪律有着重要的影响。

(1)课堂情境结构。课堂情境结构主要是指课堂学习情境的安排上要考虑以下几方面。

①班级规模的控制。过大的班级规模限制了师生交往和学生参加课堂活动的机会，阻碍了教师对每一个学生的关注度，这样就可能导致一些纪律问题，从而间接影响学生的学业成绩。然而班级规模太小，在当前的教育状态下，又不现实，所以中小学班级人数最好以 25～40 人为宜。

②课堂常规的建立。课堂常规，也就是教室常规，是每个学生必须遵守的最基本的日常课堂行为准则。从上课、发言、预习、复习、作业，到眼保健操、值日制度等，课堂常规为学生提供了行为标准，具有约束和指导学生日常行为的作用。

③学生座位的分配。分配学生座位时，最值得教师关注的应该是对人际关系的影响，因此分配座位时，一方面要考虑课堂行为的有效控制，预防纪律问题的发生；另一方面要考虑促进学生间的正常交往，并有助于学生形成良好的人格特征。

(2)课堂教学结构。课堂教学结构是在一定教育思想的指导下为完成一定的教学目标，对构成教学的诸因素在时间、空间方面所设计的比较稳定的、简化的组合方式及其活动程序。课堂教学结构能使教师满怀信心地按照教学计划有条不紊地教学。而教师这样良好的心理状态又会感染全班学生，从而增强他们的安全感和自信心，减少课堂背离性，避免课堂秩序混乱。在课堂教学结构的安排中教师要考虑从以下几个方面入手。

①教学时间的合理利用。课堂活动分为学业活动、非学业活动和非教学活动三种类型。通常情况下，用于学业活动的时间越多，学习成绩便越好。因此，不应该使学生把过多的时间花费在等待教师帮助、"开小差"以及在课堂上嬉闹等方面。解决这一问题的关键就在于建立完善的课堂秩序，有效地将学生吸引到学习中，尽可能减少维持纪律上的时间。

②课程表的编制。课程表是课堂教学有条不紊进行的保证。在编制中要注意以下几方面：第一，尽量将一些理论课安排在学生精力最充沛的上午前三节课，而将音乐、美术、体育、书法等技能课安排在下午。第二，文科与理科、形象性与抽象性学科应交错安排，避免学生产生疲劳和厌烦，张弛有度。

③教学过程的规划。良好的教学设计是维持课堂纪律的重要条件。不少纪律问题是因为教学过程规划不合理造成的。因此无论是教学目标的设立，还是教学方法的选择，教师都应认真设计，尽可能做到科学合理。

4. 维持课堂纪律的策略

(1)建立有效的课堂规则。课堂规则是课堂成员应遵循的课堂基本行为规范和要求。积极、有效的课堂规则有以下特点：第一，课堂规则是由教师和学生充分讨论，共同制定的；第二，课堂规则内容少而精，表达多以正面引导为主。

(2)合理组织课堂教学。教师可以从三个方面入手：第一，增加学生参与课堂的机会；第二，保持紧凑的教学节奏，合理布置学业任务；第三，教学活动之间的过渡必须顺畅。

(3)做好课堂监控。教师应能及时预防或发现课堂中出现的一些纪律问题，通过言语提示、目光接触等方式提醒学生注意自己的行为。

(4)培养学生的自律品质。促进学生自律品质形成和发展，是维持课堂纪律的最佳策略之一。第一，教师要对学生提出明确的要求，加强课堂纪律的目的性教育；第二，引导学生对学习纪律有正确、积极的态度，并产生积极的纪律情感体验，进行自我监控；第三，集体舆论和集体规范是促进学生自律品质形成和发展的有效手段，教师应对其加以有效利用。

(二)课堂问题行为及其对策

1. 课堂问题行为的定义

所谓课堂问题行为，一般是指发生在课堂上与课堂行为规范和教学要求不一致并影响正常课堂秩序及教学效率的课堂行为。这样的行为不仅影响学生的身心健康，并且常常引起课堂纪律问题，阻碍了教学活动深入、有效的开展，从而影响教学质量。国外有关研究发现，一个学生的不良课堂行为不仅仅只是影响学生个体的学习，同时还会影响其他学生的学习。在一般情况下，一个学生的问题行为可能简单地诱发另一个学生不听课，也可能把问题蔓延开来，诱发许多学生产生类似的问题行为，即产生所谓的"病原体传染"现象，甚至波及全班，破坏正常的课堂秩序，影响教学活动的正常进行。在实际教学中，这类问题行为很多教师都曾经遇到过，解决起来既花时间又花精力。因此，对课堂问题行为及时加以控制和防范，也是课堂管理的重要内容之一。

2. 课堂问题行为的类型

布罗菲和罗尔肯帕(Brophy & Rohrkemper)于 1981 年提出，将课堂问题行为分为三种类型。第一种类型是属于教师的问题：学生的行为让教师的要求受挫，从而引起教师的不快或烦恼；第二种类型是属于学生的问题：由于意外事件或他人（除教师外）的干扰，学生的要求受挫；第三种类型是师生共有的问题：师生彼此使对方的要求和目标受到相同程度的挫折。由此可见，课堂问题行为不仅表现与学生，也会存在于教师身上。实际上，课堂上的不少问题行为的确是由教师自身造成的，如教师粗暴的态度、对学生频繁的训斥等不当行为都会引发一系列课堂问题行为，所以教师不仅要关注学生的问题行为，还要时时自省课堂行为的正确性。

关于课堂问题行为的类型有多种分类方法，目前最普遍的一种分类是根据学生行为表现的倾向，将课堂问题行为分为两类：一是外向性问题行为；二是内向性问题行为。外向性问题行为主要包括相互争吵、挑衅推撞等攻击性行为，交头接耳、大声喧哗等扰乱秩序的行为，做滑稽表演、口出怪调等故意惹人注意的行为，以及故意顶撞班干部或教师、破坏课堂规则的盲目反抗权威的行为。外向性问题行为容易被觉察，它会直接干扰课堂纪律，影响正常教学活动的进行，教师对这类行为应果断、迅速地加以制止，防止在课堂中蔓延。内向性问题行为主要表现为在课堂上心不在焉、胡思乱想、思想开小差、发呆等注意力涣散行为；害怕提问、抑郁孤僻、不与同学交往等退缩行为；胡涂乱写、抄袭作业等不负责任的行为；迟到、早退、逃学等抗拒行为。内向性问题行为大多不会对课堂秩序构成直接威胁，因而不易被教师察觉。但这类问题行为对教学效果有很大影响，对学生个人的成长危害也很大。因此，教师在课堂管理中不能简单地只根据行为的外部表现判断问题行为，只关注外向性问题行为，对内向性问题行为也要仔细观察认真防范，及时矫正。

3. 课堂问题行为的产生原因

在教学活动中，有很多因素都可能导致课堂问题行为的产生，但教师的问题、学生的问题是产生课堂问题行为最主要的因素。

(1)教师的问题。在教学中，教师对学生的要求不当，要求苛刻或要求过低都可能造成课堂问题；教师滥用惩罚手段，缺乏自我批评的精神也会造成学生的抵触情绪，产生课堂问题。此外，教师的教学内容与方法不当也会引起不同的问题行为。

(2)学生的问题。学生无法适应学校生活以及性格因素，或者是寻求关注与地位等因素，都可能成为引起课堂问题行为的因素。

4.课堂问题行为的管理策略

教师如何有效地进行课堂管理，防止或减少课堂问题行为的产生一直是广大教师思考的问题。经过大量的实践研究，从以下几个方面入手对课堂问题行为进行管理是有效的。

(1)将一般要求变为课堂程序和常规。有效的课堂管理，实际上是在建立有序的课堂规则的过程中实现的。教师每天面对的是几十个性格各异、活泼好动的孩子，如果没有一套行之有效的课堂程序和常规，很难把精力充沛的学生们有序地组织在教学活动中。实践表明，教师适时将一些一般性要求固定下来，成为学生的课堂行为规范并严格监督执行，这不仅可以提高课堂管理效率，避免秩序混乱，而且学生一旦适应了这些规则后还会产生心理上的稳定感，强化了对课堂教学的认同感。相反，如果一个教师不注意课堂规则的建立，只凭着不断提出的各种要求、指令维持课堂秩序，不仅管理效率低，浪费时间，还会因要求不当而引起新的课堂问题行为。

(2)及时巩固课堂管理制度。一旦形成了课堂管理规则，就要及时反复巩固它，必要时还要加以修正。教师要注意：①认真监控。指教师应仔细认真地观察课堂活动，讲课时应密切注意学生的动态，做作业时要经常巡视全班学生。善于指导学生行为的教师，一般都能在学生的不恰当行为造成混乱之前就有所察觉，并采取针对性的应对策略。②及时恰当地处理问题行为。只发现问题还是不够的，教师还必须采取有效的措施处理问题行为。③灵活运用奖惩手段。运用奖励手段鼓励正当行为，通过惩罚制止不良行为，这是巩固管理制度，提高管理效率的有效途径之一。

(3)降低课堂焦虑水平。焦虑是一种情绪状态，是一个人自尊心受到威胁时的情绪反应。适度的焦虑可以有效激励学生的学习，因而是十分必要的。但焦虑过度则可能影响学生的学习成绩并导致问题行为。有效的课堂管理应该帮助学生在焦虑过度而尚未形成问题行为前降低焦虑的强度。

课堂中不仅学生存在焦虑，教师也会产生焦虑。通常情况下，课堂纪律问题是引起教师焦虑的一个重要原因。有些教师特别是一些新教师，由于缺乏课堂管理的成功经验，对学生纪律问题经常忧心忡忡，担心课堂上出现问题行为，于是常常采取一些简单粗暴的措施控制课堂，频繁指责训斥学生。这种做法反而激化了矛盾，出现更多的课堂问题行为，进一步加剧了教师的焦虑。教师如果能真正关心、尊重、爱护学生，了解学生的要求，讲求工作方法，学生反过来会维护、支持教师的工作，课堂问题就容易解决，课堂纪律就容易维持，教师的焦虑水平也会大大降低，课堂管理效率会得到相应提高。

(4)实行行为矫正，开展心理辅导。行为矫正是用条件反射的原理来强化学生良好的行为以取代或消除其不良行为的一种方法。行为矫正的方法比较适合解决比较简单的问题行为，如上课爱讲话、好动等行为。行为矫正的具体步骤包括以下几点：①确定需矫正的问题行为；②制订矫正目标；③选择适当的强化物和强化时间；④排除维持或强化问题行为的刺激；⑤以良好行为逐渐取代或消除问题行为。

心理辅导的方法有助于解决课堂行为问题，提高课堂纪律水平，形成良好行为习惯。心理辅导的主要目标是通过调整学生的自我意识，排除自我潜能发挥的障碍，以及帮助学生正确认识自己和评价自己来改变学生的外部行为。从这一点看，心理辅导是从内而外地做工作，它不像行为矫正那样完全以改变外部行为表现为目标，因而比较适合于调整比较复杂的问题行为。但心理辅导工作能否奏效，还取决于师生之间是否真正建立起了信任、融洽、合作的人际关系，能否展开真诚的思想、情感交流。因此，这项工作对教师的要求是比较高的。

【练习题】

一、单项选择题

1. 教师的专业成熟，教师的不断超越自我和发展自我，即教师对各种教育观念、言论、教育方法、教育活动、教育事实和教育现象进行的自主判别和审视，离不开教师的（　　）。

A. 自我发展　　　B. 自我反思　　　C. 专业成长　　　D. 政府的要求

2. 自觉性、果断性、坚韧性和自制力是持教师的哪种心理品质（　　）。

A. 感知　　　　　B. 记忆　　　　　C. 意志　　　　　D. 思想

3. 受学生欢迎的教师特征有（　　）。

A. 幽默　　　　　B. 善解人意　　　C. 宽容　　　　　D. 以上答案都对

4.（　　）是指个体逐步接受现实社会的生活方式、道德规范和行为准则的过程。

A. 社会适应　　　B. 环境适应　　　C. 人际适应　　　D. 学习适应

5. 人际关系建立的前提和基础是（ ）。

A. 情感　　　　　B. 认知　　　　　C. 行为　　　　　D. 思维

6. 当生活环境的条件改变时，个体试图采用忍耐环境的这种适应方式是（ ）。

A. 积极适应　　　B. 消极适应　　　C. 主动适应　　　D. 拒绝适应

7. 课堂里某些占优势的态度与情感的综合状态称为（ ）。

A. 群体凝聚力　　B. 群体规范　　　C. 课堂气氛　　　D. 人际关系

8. 师生关系融洽，配合默契，课堂气氛宽松而不涣散，严谨而不紧张，这样的课堂气氛属于（ ）。

A. 积极的课堂气氛　　　　　　　B. 消极的课堂气氛

C. 中立的课堂气氛　　　　　　　D. 对抗的课堂气氛

9. 课堂管理始终制约着教学和评价的有效进行，具有（ ）。

A. 维持动机作用　　　　　　　　B. 促进和维持功能

C. 思想教育作用　　　　　　　　D. 培养纪律功能

10. 班级的大小是影响课堂管理的一个（ ）。

A. 可用因素　　　B. 微弱因素　　　C. 重要因素　　　D. 利弊兼有的因素

11. 群体规范会形成群体压力，对学生的心理和行为产生（ ）。

A. 极大的影响　　B. 不大的影响　　C. 积极的影响　　D. 消极的影响

12. 有利于创造良好课堂气氛的教师领导方式是（ ）。

A. 权威型　　　　B. 放任型　　　　C. 民主型　　　　D. 专制型

13. 学生"品德差、学习差，几乎没有合作行为，而且谁也不知道该做什么"，这是学生对（ ）领导方式的典型反应。

A. 民主型　　　　B. 放任型　　　　C. 专断型　　　　D. 综合型

14. 学生在课堂上常表现为注意力不集中，做小动作，提问时没有人发言等，这样的课堂气氛属于（ ）。

A. 积极的　　　　B. 消极的　　　　C. 对抗的　　　　D. 不能确定

15. 教师通过惩罚、奖励等方式控制和维持纪律属于（ ）。

A. 教师促成的纪律　　　　　　　B. 家长促成的纪律

C. 集体促成的纪律　　　　　　　D. 任务促成的纪律

二、判断题

1. 教师是你的职业，是你在人生舞台上扮演的唯一的角色，所以要好好扮演。（　　）

2. 教师的职责是将学生的利益最大化，自己存在的价值可以被忽略。（　　）

3. 将教师比作春蚕与蜡烛，是将学生的利益最大化，而完全忽略教师自己存在的价值。（　　）

4. 影响课堂心理气氛的主要因素是教师的领导方式。（　　）

三、简答题

1. 简述教师威信形成的过程。

2. 简述课堂气氛的类型。

3. 简述创设良好课堂气氛的条件。

4. 简述课堂问题行为处理方法。

四、材料分析题

张老师三年级班上的学生没有一刻钟是安分的，不管有没有给他们布置要单独完成的作业，或者要他们认真听课，课堂里总是有一些骚动或噪声。开学的头几天，学生们看上去表现不错，很少有出格的时候，几乎所有的学生都很合作并且按时完成作业。过不了多久，一些不当行为又多了起来，大声说话、叫喊以及其他一些干扰行为，甚至一些原先很安静的学生也会这样。张老师上课的时候，学生们漫不经心，因而很难完成教学。有时候张老师甚至因为学生们太难控制而试图停下教学，有时候还不得不在黑板上写下违纪学生的名字来维持课堂秩序。但是这个方法并不怎么见效，因为黑板上的人名太多，没上黑板的人反而会被其他同学耻笑。

1. 请分析案例，指出这个班级课堂管理的问题在哪里，并制订出改善这种情况的方案。

2. 上课的时候，突然有个学生站起来大声说："老师，我要去洗手间！"引起全班同学哄堂大笑。结合所学课堂管理的相关知识，思考怎样才能处理好这个问题，并说明这样做的原因。

五、论述题

用实例说明教师的职业素质与其教学效果的辩证关系。

参考文献

[1] 张春兴. 现代心理学[M]. 上海：上海人民出版社，2009.

[2] 张春兴. 教育心理学[M]. 杭州：浙江教育出版社，1998.

[3] 李传银. 普通心理学[M]. 北京：科学出版社，2011.

[4] 郑日昌. 心理学[M]. 北京：北京师范大学出版社，2008.

[5] [瑞士]皮亚杰. 发生认识论原理[M]. 王宪钿，等，译. 北京：商务印书馆，1985.

[6] 朱智贤. 儿童心理学[M]. 北京：人民教育出版社，1993.

[7] 林崇德. 发展心理学[M]. 北京：人民教育出版社，2009.

[8] 彭聃龄. 普通心理学（第3版）[M]. 北京：北京师范大学出版社，2004.

[9] 彭聃龄. 普通心理学（第4版）[M]. 北京：北京师范大学出版社，2013.

[10] 张世富. 心理学[M]. 北京，人民教育出版社，1999.

[11] 申继亮等. 当代儿童青少年心理学的进展[M]. 杭州：浙江教育出版社，1993.

[12] 罗明东等. 心理学[M]. 昆明：云南大学出版社，2011.

[13] 冯忠良等. 教育心理学[M]. 北京：人民教育出版社，2004.

[14] 章志光. 小学教育心理学[M]. 北京：科学出版社，2003.

[15] 陈琦，刘儒德. 当代教育心理学（第2版）[M]. 北京：北京师范大学出版社，2007.

[16] 王耘，叶忠根，林崇德. 小学生心理学[M]. 杭州：浙江教育出版社，1993.

[17] 徐胜三. 中学教育心理学[M]. 北京：人民教育出版社，1993.

[18] 汪安圣. 思维心理学[M]. 上海：华东师范大学出版社，1992.

[19] [美]约翰·杜威. 我们怎样思维·经验与教育[M]. 姜文闵，译. 北京：人民教育出版社，1991.

[20] 李晓东. 小学生心理学 [M]. 北京：人民教育出版社，2003.

[21] 沈德立. 基础心理学[M]. 上海：华东师范大学出版社，2003.

[22] 程素萍，林慧莲. 心理学基础[M]. 北京：高等教育出版社，2011.

[23] [美]伯格. 人格心理学（第8版）[M]. 陈会昌，译. 北京：中国轻工业出版社，2014.

[24] 王争艳. 人格心理学[M]. 北京：高等教育出版社，2011.

[25] [苏联]B.A.苏霍姆林斯基. 给教师的建议[M]. 周蕖，等，译. 武汉：长江文艺出版社，2014.

[26] 张大均，郭成. 教育心理学[M]. 北京：人民教育出版社，2010.

［27］章永生．教育心理学［M］．石家庄：河北教育出版社，1996．

［28］孟昭兰．情绪心理学［M］．北京：北京大学出版社，2005．

［29］白学军．心理学概论［M］．北京：北京师范大学出版社，2015．

［30］莫雷．教育心理学［M］．广州：广东高等教育出版社，2002．

［31］柳长友，张建鲲，张伟娜．教育心理学［M］．北京：北京师范大学出版社，2015．

［32］［美］罗伯特·斯莱文．教育心理学：理论与实践［M］．吕红梅，姚梅林，译．北京：人民邮电出版社，2016．

［33］赵俊峰．教育心理学［M］．北京：高等教育出版社，2011．

［34］但菲，刘野．心理学［M］．北京：北京师范大学出版社，2011．

［35］赵国祥．心理学［M］．北京：高等教育出版社，2011．

［36］教育部人事司，教育部考试中心．教育心理学考试大纲（适用于中学教师资格申请者）［M］．北京：北京师范大学出版社，2002．

［37］教育部师范教育司，教育部考试中心．中小学和幼儿园教师资格考试标准及大纲（试行）［M］．北京：人民教育出版社，2011．